Passions

Du même auteur

Georges Mandel, le moine de la politique, Grasset, 1994.

Au bout de la passion, l'équilibre. Entretiens avec Michel Denisot, Albin Michel, 1995.

Libre, Robert Laffont, 2001 ; Pocket, 2003.

La République, les religions, l'espérance. Entretiens avec Thibaud Collin et Philippe Verdin, Cerf, 2004 ; Pocket, 2005.

Témoignage, XO, 2006 ; Pocket, 2008.

Ensemble, XO, 2007.

La France pour la vie, Plon, 2016.

Tout pour la France, Plon, 2016.

Nicolas Sarkozy

Passions

Éditions de
L'Observatoire

ISBN : 979-10-329-0831-0
Dépôt légal : 2019, juin
© Éditions de l'Observatoire/Humensis, 2019
170 *bis*, boulevard du Montparnasse 75014 Paris

Toute ma vie j'ai eu de la chance, beaucoup de chance, peut-être même trop de chance quand je pense à tous ceux qui n'ont d'autre choix que d'affronter la grisaille d'un quotidien désespérant et, souvent, douloureux. Ce n'est pas que les épreuves m'ont été épargnées. J'ai eu mon lot d'échecs professionnels et personnels. J'ai même l'impression d'avoir parfois dû payer un prix élevé au succès, et à la notoriété. Mais jamais, au grand jamais, je n'ai connu l'ennui. D'aussi loin que je m'en souvienne, j'ai pu vivre avec passion, rencontrer des interlocuteurs souvent hors normes, et me confronter à des événements dont l'histoire pourra garder le souvenir. La passion et le besoin d'engagement ont toujours été présents au cœur de mon identité. Au fond, si je ne connais pas le « pourquoi » de cette inclination si ancrée en moi, au moins ai-je eu l'envie d'expliquer le « comment ». J'ai pris beaucoup de temps avant de m'engager sur ce chemin d'une vérité que je veux la plus sincère possible, même si je sais qu'elle sera, par nature, relative... Le temps est nécessaire pour comprendre, pour gagner la distance sans laquelle aucune réflexion approfondie n'est possible, pour bannir les sentiments d'amertume aussi, si présents dans nos natures humaines. Régler des comptes, blesser, critiquer systématiquement sont des activités qui, pour être courantes, n'en sont pas moins inutiles et peu dignes de ceux qui, comme moi, ont eu de grandes responsabilités, une situation sinon enviable, du moins plus que privilégiée. Cette réalité crée, à mes yeux, beaucoup de devoirs. Bien sûr, je parlerai avec franchise de certains comportements qui m'ont surpris, souvent heurté, parfois blessé ! Mais je me suis astreint à le faire sans acrimonie et sans méchanceté. Les caractères et les tempéraments que je décris le seront dans le seul souci d'éclairer une décision ou un événement. Je n'ai aucun plaisir à détruire. Je n'ai jamais éprouvé de haine pour quiconque. Et je sais trop, par ailleurs, qu'il a pu m'arriver tout au long de ma carrière d'avoir eu, parfois, de mauvaises attitudes, et pas davantage excusables parce qu'elles venaient de moi. J'ai par ailleurs une méfiance ancienne et viscérale pour les donneurs de leçon. Ce n'est certainement pas à ce moment de ma vie que je voudrais en servir à quiconque.

J'ai attendu sept années après ma défaite à la présidentielle de 2012 avant de prendre la plume pour écrire, au travers de mon expérience personnelle déjà longue, sur la France et les Français. J'aime la France. Je l'ai toujours aimée non pas « physiquement » comme l'écrivait le général de Gaulle dans ses Mémoires, pas davantage comme un mythe, voire une image d'Épinal pieuse et idéalisée, mais d'une manière plus concrète, plus quotidienne, plus prosaïque. Mon attachement à la France est d'abord un attachement aux Français. Cela pourra paraître naïf, convenu, ou construit. Il n'en est rien. J'ai toujours cherché le contact, l'échange, parfois la confrontation avec nos compatriotes.

Ce n'est pas l'idée de la France qui m'ait jamais fait rêver. C'est la volonté de gagner la confiance, et même l'amour, des Français qui a toujours été au cœur de mon engagement. La France, ce sont les Français et ce que, chaque jour, ils décident d'en faire. Je me sens proche de l'esprit français. J'aime la foule. J'ai adoré ces salles bondées qui parfois chaviraient de passion, de contentement, d'adhésion. Je me sens partie intégrante de ce peuple français qui vibre dans les stades, qui acclame les coureurs sur les routes du tour de France, qui se presse pour entendre les lectures de Fabrice Lucchini, qui fait la queue pour le plaisir d'une exposition au Grand Palais. Certes, tout ne me plaît pas dans notre histoire. Je ne peux admirer la Commune de Paris, qui a voulu livrer aux flammes la capitale, le Louvre compris ! J'ai bien du mal à comprendre la fascination pour ce trio mortifère et assassin que sont à mes yeux Marat, Danton et Robespierre. Mon cœur se révolte quand je pense à cette forme d'antisémitisme ancrée au cœur de certains de nos compatriotes, depuis des décennies. Et que dire de Pétain, de Laval, de Bousquet ? Que dire de notre « jalousie » nationale et même de nos penchants répétés pour la Révolution, les têtes coupées et la violence ? Tout ceci, je l'ai bien présent à l'esprit, mais il n'empêche. Notre peuple est dans le même élan, capable comme nul autre dans le monde de brio, de générosité, d'inspiration, d'épopée, de désintéressement. Je me sens définitivement de ce sang, de cette langue, de cette culture, de ce peuple. Je le prends comme un tout, j'accepte tout : faiblesse comme grandeur. Il y a une continuité historique du peuple français qui aujourd'hui encore me fait rêver.

Écrire des Mémoires n'était pas mon but. Curieusement, je me sens trop jeune pour l'exercice. D'ailleurs, je ne suis pas certain qu'on puisse être le meilleur observateur de sa propre action. Les historiens, les journalistes, les observateurs, les spécialistes, certains de mes anciens ministres mêmes, ont déjà beaucoup écrit... La production est impressionnante, en quantité. Quant à la qualité, chacun est à même d'en juger... J'ai préféré parler de ce que j'ai vécu, sans ordre chronologique, sans souci thématique, sans arrière-pensée politique. Je veux parler de la vie. De ce que fut la mienne en même temps que celle des Français. De ce qui, au-delà des contraintes de l'actualité et du combat politique, m'a touché, m'a enthousiasmé, parfois même bouleversé. Il s'agit de raconter un peu d'une vie qui n'est pas au-dessus des autres, cela va de soi. Je sais trop combien chaque existence est un miracle, à la fois si semblable et si différente. Je n'ai pas voulu l'enjoliver, la dramatiser, la mettre en scène. Peut-être que certains lecteurs retrouveront, dans ce long cheminement, des sentiments qu'ils ont eux-mêmes pu éprouver. Cette proximité fera comprendre, c'est en tous les cas mon vœu le plus cher, pourquoi j'éprouve une profonde reconnaissance envers chaque Français de m'avoir permis de vivre, à leur tête, un moment de leur histoire. Cette Histoire de France qui demeurera toujours à mes yeux un miracle.

Tout a commencé à Nice en un dimanche ensoleillé de la fin du mois de juin 1975. Cela sera ma seule concession à l'ordre chronologique parce que c'est ce jour-là que ma vie a basculé. À l'époque, j'étais bien loin de l'imaginer. Et pourtant, quarante-quatre ans plus tard, je suis bien obligé de me rallier à cette évidence.

Jacques Chirac était Premier ministre, et Charles Pasqua, en charge de l'organisation de ce grand événement qu'étaient les Assises de l'UDR, avait demandé qu'on invitât quelques dizaines de jeunes de son département des Hauts-de-Seine. J'étais du nombre. Je n'étais jamais allé à Nice pas plus que je n'avais vécu, du moins ainsi, de l'intérieur, un quelconque événement politique. J'avais 20 ans et de nombreux copains de mon âge. Je persuadai sans mal quelques-uns de me suivre dans l'aventure. Ils le firent davantage par amitié que par réelles convictions. L'un d'entre eux avait à disposition l'appartement de sa tante qui se trouvait sur la promenade des Anglais. Nous y passâmes la nuit à moindres frais, ce qui coïncidait heureusement avec mon maigre train de vie d'étudiant. Le voyage fut épique. Nous prîmes le train-couchette qui mettait toute la nuit pour traverser la France du nord au sud. Six couchettes par compartiment ! Je découvrais avec bonheur la fraternité militante. Le sentiment d'appartenir à une famille. De nouveaux amis de tous les âges, et de toutes les conditions. Nous parlâmes toute la nuit. La vie était devant nous. Forcément, elle nous appartenait. J'ignorais jusqu'à la signification du mot fatigue. Nous étions inépuisables à force d'enthousiasme, d'espérance, de joie, de soif de tout découvrir. Ce monde politique, si nouveau pour moi, me fascinait. Je vibrais à l'énoncé de tous ces noms de personnages qui allaient s'exprimer devant nous. Même si j'étais, par mon absence d'ancienneté dans le parti, par ma jeunesse, par mon manque de connaissance, un novice et l'un des militants les plus anonymes, je m'imaginais déjà l'un des leurs.

Au petit matin, nous arrivâmes à Nice. Le soleil était éclatant. La mer scintillait à nous en aveugler. Même l'odeur si particulière de cette côte d'Azur m'enivrait. Je fus saisi par la beauté, le charme, la musique, l'âme de cette ville. Cet amour ne s'effacera jamais. Tout me plaisait. Tout m'attirait. Dès la première minute, je me suis senti chez moi. Je ne saurais dire d'où me vient cette attirance pour la Méditerranée, non seulement elle ne m'a jamais quitté, mais je peux même dire qu'elle s'est renforcée avec les années qui ont passé.

Le samedi, pour le déjeuner, nous n'avions pas les moyens d'aller au restaurant. Nous achetâmes des sandwiches tout en déambulant sur la promenade des Anglais. Le soleil, la mer, les jeunes filles, la pensée des assises du lendemain me mettaient dans un état second. Je ne marchais plus, je volais. Je me souviens d'être passé devant l'hôtel Negresco. La décoration rococo, les serveuses en tenue de la belle époque, le restaurant en forme de rotonde. Avec ma naïveté de jeune homme qui n'avait rien vu ni rien connu, je ne pouvais concevoir que puisse exister un endroit plus somptueux. Je réussis à convaincre mes amis d'entrer. Il était inimaginable de passer à côté d'une telle opportunité... Je ne savais vraiment pas quand ni comment je pourrais revenir dans cet endroit que j'imaginais « miraculeux ». Nos maigres ressources ne nous autorisèrent pas le déjeuner, nous dûmes nous contenter d'une glace que nous partageâmes deux par deux. Mais quelle glace ! Je me souviens encore de ce « banana split » où se trouvait juchée au sommet une ombrelle en papier ! Cela pourra paraître ridicule mais, ce jour-là, j'étais parfaitement insouciant, et sans doute complètement heureux. La nuit fut courte. Je ne pus trouver le sommeil qu'au petit matin. La pression du lendemain était trop forte. Charles Pasqua qui m'avait repéré du fait de mon appartenance « alto-séquanaise » m'avait dit que je pourrais peut-être parler quelques minutes. « Cela fera bien de montrer des jeunes », disait-il avec sa force et son accent reconnaissable entre tous. Il est vrai qu'après la défaite de Chaban-Delmas au premier tour de la présidentielle un an auparavant, le mouvement gaulliste n'était pas en grande forme. Je ne sais pas ce qui m'effrayait le plus : que mon premier mentor revienne sur sa décision et me prive de ce moment de gloire, ou qu'à l'inverse il tienne son engagement et que je doive monter à la tribune. Bel exemple de mon absence totale d'expérience, j'avais la veille de mon départ écrit un petit texte sur une feuille de papier recto verso. Ce fut la première et la dernière fois, car j'ai tout de suite compris que le recto verso n'est vraiment pas adapté à l'art oratoire... Le dimanche matin nous nous mirent en route sans tarder. Nous arrivâmes sur place au moins deux heures avant le début des discours. La salle me parut gigantesque. J'appris par la suite qu'il y avait cinq mille personnes. Mais sur le moment ces centaines de rangées de chaises alignées me faisaient l'impression d'un espace sans limite. La tribune m'impressionna surtout. Elle faisait plusieurs mètres de hauteur : 5, 6, 8 mètres, je ne saurais dire, avec un éperon qui la surmontait, où l'orateur du moment devait prendre place. Je ne pouvais plus dire un mot. J'étais ébahi. Mes jambes flageolaient. J'avais le souffle coupé. Rapidement les militants arrivèrent par centaines, par milliers. Ils chantaient, criaient, s'apostrophaient, applaudissaient. Le bruit était assourdissant. J'avais les cheveux longs, je portais un jean et une veste de velours. J'étais absolument inconnu de tous et de toutes. Je ne me rappelle plus qui est venu me chercher pour me faire attendre derrière la tribune. Mes copains n'avaient pas pu m'y suivre. Après une bonne heure d'attente, on me fit prendre un escalier puis un couloir, une porte s'ouvrit et à ma stupéfaction je me retrouvai derrière Jacques Chirac, assis à la tribune, conduisant les débats, et distribuant la parole. Il se tourna vers moi, une cigarette aux lèvres. Ses mots claquaient comme autant d'ordres dont j'ai bien senti qu'ils convenaient de les respecter. « C'est toi, Sarkozy ? » me demanda-t-il en lisant le papier où l'on avait dû inscrire mon nom auparavant. « Écoute-moi bien, tu as deux minutes, à la troisième je te coupe le micro. Tu as compris ? » Je n'ai pas eu le loisir de répondre. Je n'étais même pas sûr d'avoir compris. Je me rassis sur ma chaise d'où personne ne pouvait me voir, jusqu'à ce que j'entende, comme dans un songe : « Et maintenant je donne la parole à notre jeune compagnon, Nicolas

Sarkozy !» Je me levai comme un automate. Je n'entendais rien. Je me demandais juste si j'allais pouvoir prononcer un son car, à ce moment précis, j'étais persuadé d'avoir perdu ma voix ! Au moment d'arriver au pupitre central, je fus surpris par le nombre de micros. Je ne savais pas à quelle distance je devais me placer ni où mettre mes mains. Je fus plus étonné encore par la violence et l'intensité de la lumière des projecteurs. J'étais littéralement aveuglé. Naïvement, je m'étais imaginé que je pourrais voir mes amis, peut-être même leur faire un signe. Je percevais un bruit sourd mais ne voyais rien. C'est à cet instant que le miracle se produisit. J'entendis clairement ma voix ! Rapidement le silence se fit dans l'immense salle interloquée de voir sur les écrans géants la tête chevelue d'un jeune homme qu'on aurait aisément pu confondre avec un survivant des manifestations de 1968. Les premiers applaudissements me remplirent d'un bonheur aussi profond qu'inconnu. Quasi instantanément, je me sentis à l'aise. Je ne tardai d'ailleurs pas à m'enhardir. Mon débit s'accélérait. Le ton de ma voix devenait plus sûr. Certes, j'avais du mal à contenir une violence oratoire que l'assistance prit avec indulgence pour du dynamisme. Mais plus ils m'applaudissaient, plus j'étais heureux. Plus je me relâchais et plus, de nouveau, ils m'acclamaient. Au sommet de mon exaltation, j'allais même jusqu'à affirmer « Je suis un jeune gaulliste. Être un jeune gaulliste, c'est être un révolutionnaire ! Nous n'avons aucune leçon à recevoir des révolutionnaires de salon de 1968. » Était-ce le ton ? Était-ce le contraste ? Était-ce l'ambiance ? Toujours est-il que les applaudissements redoublèrent. Le toit en tôles ondulées de l'immense hangar où nous nous trouvions constituait une caisse de résonnance remarquable. Le bruit était assourdissant. Je quittai la tribune sous les ovations ayant largement dépassé mon temps de parole sans avoir eu à encourir le moindre reproche de Jacques Chirac. Tout le restant de la journée, je fis l'expérience de ma notoriété si nouvelle. Des tablées entières de militants m'invitaient à leur déjeuner. Il en était même qui me promettaient un grand avenir dans la politique si je persévérais ! Cet après-midi béni, je fis deux rencontres qui comptèrent dans ma vie. Dès ma descente de la tribune, un couple d'une très grande élégance vint me trouver pour me féliciter. La femme était grande, élancée, d'une beauté à couper le souffle. L'homme était à l'unisson parfaitement habillé, et assez semblablement spectaculaire. J'appris plus tard à mieux les connaître puisqu'il s'agissait de Catherine Nay et du journaliste Olivier Todd, le père de l'intellectuel qui concevrait, bien des années plus tard, la « fracture sociale » de Jacques Chirac. Catherine Nay deviendrait ma biographe et une chère amie. J'imaginais naïvement à l'époque que tous les journalistes étaient comme elle. Je compris bien vite que son talent, sa réserve, la qualité de son écriture et sa finesse la situaient dans le club très fermé des Françoise Giroud ou des Michèle Cotta, à mi-chemin entre l'écrivain et le journaliste, une espèce en voie de disparition avec l'invasion des réseaux sociaux et l'omniprésence des images. De toute façon, n'était pas Catherine Nay qui voulait l'être ! Je lui dois mon tout premier article dans un journal qui n'était pas très prestigieux, du moins au sens de l'actualité politique : *Mademoiselle Âge tendre*, où elle écrivit drôlement « tout d'un coup apparu à la tribune ce jeune homme doté d'un si bel organe ! » L'intention n'était certainement pas maligne mais elle me valut les rires appuyés et peu délicats de mes très nombreux copains de l'époque. Je découpai cependant « ce morceau de bravoure » et le conservai pieusement durant plusieurs années. L'autre rencontre fut plus déterminante encore, puisqu'il s'agissait du maire de Neuilly, Achille Peretti. Personnage politique de premier plan, ayant joué un rôle significatif dans la résistance, et occupé le perchoir de l'Assemblée nationale durant quelques années. Il avait les yeux très bleus. Il était toujours admirablement vêtu, et son débit était si rapide qu'on ne comprenait pas tout ce qu'il disait. Il avait demandé à ce que je vienne le rejoindre dans les premiers rangs de la salle du congrès où il se trouvait et d'où il m'avait écouté. Il me demanda s'il était exact que je résidais à Neuilly. Je lui répondis que ma mère, mes frères et moi venions tout juste d'y arriver à la suite de la mort de mon grand-père qui nous avait contraints à quitter Paris.

La mort de mon grand-père fut l'un de mes premiers grands chagrins. Nous vivions chez lui à la suite du divorce de mes parents. Je l'aimais beaucoup. Il parlait peu mais il compta tant. Enfant, j'avais l'habitude de faire de longues promenades en lui tenant la main. Nous quittions la maison pour aller invariablement à la bouche de métro la plus proche. Nous montions dans la rame et nous ne descendions jamais avant le terminus. Là, nous sortions pour pénétrer dans le premier café qui se présentait. C'était un homme d'habitude. Il commandait « un café noir et une orange pressée avec une tartine beurrée pour le petit ». Puis nous rentrions à la maison, toujours dans les voitures de seconde classe. C'était un homme économe, et prévoyant car il avait connu les deux Grandes Guerres. Dans son bureau, il n'allumait qu'une seule lampe. Le reste de la pièce demeurait plongé dans le noir. Je crois ne lui avoir connu qu'un seul manteau. Il portait le même chapeau et il ne lui serait jamais venu à l'idée de changer de constructeur automobile. Pour lui, c'était Citroën et rien d'autre. Il fallait être fidèle, et conserver ses habitudes. Ainsi, il ne s'était jamais fait aux clignotants. Quand il tournait, il sortait son bras par la fenêtre de la voiture. Dans l'autre sens, c'était évidemment plus complexe. Il n'était pas un excellent conducteur... Au fond, il est toujours demeuré un homme d'avant la Seconde Guerre mondiale. Durant nos promenades, il ne devait pas prononcer beaucoup plus de trois phrases, mais en sa compagnie j'avais l'impression de faire le tour du Monde ! Quand je repense à cette époque si présente à ma mémoire, et que je la projette sur mes enfants, sur la façon dont ils vivent aujourd'hui, j'ai l'impression que plusieurs siècles se sont écoulés. C'était pourtant hier, dans les années 1960 ! Je ne suis pas certain que l'afflux d'images, d'informations, d'occupations, de mots échangés dans tous les sens soient forcément l'expression d'un grand progrès... Toujours est-il qu'à la mort de mon grand-père, il nous fallut déménager. Ma mère trouva cet appartement de l'avenue Charles-de-Gaulle où nous nous installâmes. C'est ce qui expliqua l'intérêt du maire de Neuilly. Achille Peretti, satisfait de me savoir Neuilléen, fût-ce si récemment, me dit : « Dans deux ans, il y aura les élections municipales, je vous proposerai d'être sur ma liste. » J'étais bien sûr enthousiaste, sans savoir s'il tiendrait parole. Ces deux années d'attente imposée me semblèrent une éternité. L'avenir me montra qu'il était homme à tenir ses engagements, y compris à l'endroit d'un tout jeune homme. Il fut vraiment l'un des tout premiers à m'accorder sa confiance. Je lui dois beaucoup. Rien n'aurait été possible sans son affection et sa bienveillance. Encore aujourd'hui, je pense souvent à lui, et à la chance qu'il m'a si généreusement offerte.

Pour l'heure, j'avais fait mes premiers pas à Nice. Ma résolution était profondément ancrée. Je ferai de la politique ma vie. Non seulement j'allais persévérer, comme m'avait engagé à le faire ce militant anonyme, mais surtout je voulais accélérer. Déjà !

Le retour à Paris fut plus calme. Nous étions écrasés de fatigue, autant par l'absence de sommeil que par l'accumulation d'émotions si vives. Nous nous retrouvâmes à la gare de Lyon au petit matin sans avoir vu le temps passer. À cette époque, je travaillais chaque jour comme jardinier-fleuriste à la maison Truffaut, avenue Charles-de-Gaulle à Neuilly, et je suivais des études de droit à la faculté de Nanterre. J'aimais cette parenthèse que m'offrait la vie active alors que je m'ennuyais ferme sur les bancs de la faculté. Elle me permettait d'assurer mon indépendance par un modeste salaire et de surcroît j'appréciais le contact avec mes collègues salariés de la maison Truffaut. C'est ma mère qui m'avait fortement incité à commencer à gagner ma vie, et qui même avait trouvé ce premier travail pour moi. L'entreprise comptait huit employées femmes et un homme, un dénommé Germain, que j'accompagnais de temps à autre aménager terrasses et jardins afin d'y planter les azalées ou les rhododendrons en fonction de l'ensoleillement ou de la saison. Nous utilisions une camionnette grise. Germain prétextait de sa compétence, il est vrai bien supérieure à la mienne, pour me faire remplir toutes les tâches de simple exécution. C'était de bonne guerre, et il était si jovial que je ne protestais pas. Il avait notamment en horreur de porter ces sacs de 50 kilos de terre, nécessaires aux différentes plantations que nous devions réaliser. Ses calculs étaient cependant assez douteux. Un jour que nous devions aménager au 6ᵉ étage d'un immeuble de grand standing un massif de rhododendrons, il me dit : « Tu as de la chance, ils n'aiment que la terre légère ! » Il voulait dire que je me fatiguerais moins à monter ce dont nous avions besoin ! J'eus un certain mal à le convaincre que 50 kilos de terre légère étaient au moins aussi pesants que 50 kilos de terre lourde ! Finalement, il s'en tira en me disant que cela se voyait bien que j'avais fait des études... J'ai gardé de cette période une grande appétence pour les jardins, les fleurs, les plantes, et surtout les arbres. Les propriétaires, mes patrons de l'époque, étaient de bonne composition. Il y avait le père, la mère qui régnait à la caisse et le fils Guy Hermès qui, du fait de sa qualité d'ingénieur horticole, avait le droit de porter une blouse blanche. La nôtre était bleue, à mon grand désarroi... J'y ai passé deux années. À mon départ, Guy Hermès me dit avec beaucoup d'affection : « Tu devrais rester avec nous. Mes parents vont bientôt partir à la retraite, j'aurai besoin d'un second de ta trempe... » Il ajouta : « C'est un beau métier, tu sais ! » Je le croyais, autant que j'étais sensible à sa gentillesse, mais finalement sans trop hésiter je déclinai son offre généreuse ! Au fond, les changements de carrière tiennent à bien peu de choses...

Ce lundi matin, de retour de Nice, j'embauchais comme à l'accoutumée. La journée se déroula sans qu'il ne m'en reste un souvenir marquant. Cependant, à l'heure du déjeuner, je vis arriver ma mère, de façon inhabituelle. Elle était très agitée : « Qu'est-ce qui s'est passé à Nice ? Qu'as-tu fait ? Une certaine Madame Esnou vient d'appeler à la maison, tu es convoqué chez le Premier ministre demain, dans l'après-midi. » J'eus bien des difficultés à lui fournir la moindre explication, je n'avais aucune idée du pourquoi de cette invitation, pas plus que je savais comment ils avaient bien pu trouver mon adresse. Et je savais encore moins où se trouvait l'hôtel de Matignon ni bien sûr comment on pouvait s'y rendre. J'en étais presque à me demander s'il ne s'agissait pas d'une mauvaise plaisanterie. Je dus expliquer à mon employeur les raisons de mon absence pour l'après-midi du lendemain. Il eut la gentillesse de me croire, ou au moins de dissimuler sa vraisemblable et compréhensible incrédulité. Pour l'occasion, j'empruntai à ma mère sa voiture, une coccinelle Volkswagen bleue dont les deux ailes latérales étaient sérieusement cabossées. Je me renseignais précautionneusement sur le chemin à suivre pour se rendre à l'hôtel Matignon. Mon excitation intérieure était à son comble. J'avais gardé mon jean mais mis pour l'occasion une cravate en laine. Je restai un long moment à la guérite des gendarmes autorisant les entrées par la rue de Varenne. On vérifia mon identité avec soin. Je sentis que l'état de mon véhicule impressionnait défavorablement. Enfin, le garde téléphona pour prévenir de mon arrivée imminente. J'obtins l'autorisation de ranger ma voiture dans la cour. Au moment où j'en descendais, un huissier vint me chercher. J'entrai ainsi pour la première fois dans le sein même du pouvoir.

Je regardais tout avec avidité. La chaîne des huissiers, que je croyais en argent massif, l'escalier en marbre que nous gravîmes trop rapidement à mon goût, les portes majestueuses devant lesquelles nous passâmes, et où je m'imaginais tant de lourds secrets dissimulés. Arrivés au premier palier, nous laissâmes sur la gauche une grande salle, dont j'appris par la suite qu'elle était réservée aux visiteurs officiels du Premier ministre, pour continuer tout droit au travers d'un petit couloir au bout duquel se trouvait un vaste salon. J'étais installé, sans le savoir, dans les appartements privés du Premier ministre Jacques Chirac. L'huissier me dit de m'asseoir et d'attendre quelques minutes. Au début, je n'osais pas utiliser l'un des moelleux fauteuils de la République. Je restais debout, emprunté et mal à l'aise. L'attente s'éternisant, j'eus tout loisir d'examiner la pièce, notamment les tableaux de Braque et de Matisse que je voyais pour la première fois et qui me frappèrent par la force des couleurs, et la modernité des traits. Mais ce qui m'impressionna bien davantage fut la table basse qui se trouvait juste devant le grand canapé. Je n'avais jamais vu une chose pareille. Elle était totalement transparente, sans doute faite de plexiglas, et, en son intérieur, entièrement remplie de feuilles d'or délicatement enchevêtrées. J'étais bien loin de savoir qu'il s'agissait d'une œuvre de l'artiste Yves Klein. Et qu'il puisse se trouver des tables regorgeant de feuilles d'or, voilà qui dépassait mon imagination ! Je ne pouvais détourner mon regard de cet « objet inanimé » qui comblait, et même au-delà, tous les rêves de grandeur qui germaient dans mon imagination. Le temps passa ainsi. J'avais fini par m'asseoir, quelque peu abasourdi par ce que j'étais en train de vivre. Je ne pensais pas une seconde à ce qu'il me faudrait dire à Jacques Chirac.

J'étais tout juste capable de vivre l'instant présent, sans pos-sibilité de me projeter plus avant. Tout était nouveau, incon-gru, excitant. Je m'étais tant ennuyé dans mon enfance. Les journées s'écoulaient alors si lentement.

Longtemps, je suis resté solitaire. Je passais des heures à jouer seul dans ma chambre. J'avais mon monde intérieur. J'attendais que cela passe, surtout, je voulais atteindre l'âge où je serais enfin libre. L'école était un pensum. Ma vie semblait étroite, monotone, prévisible. J'adorais ma mère qui se débattait dans mille difficultés, et n'avait donc que peu de loisirs à consacrer à ses fils qu'elle chérissait pour-tant. Mon grand-père nous protégeait, nous aimait, mais il était si peu loquace. Et ma tante, célibataire, qui vivait avec nous, nous adorait comme ses enfants mais ressentait une peur panique pour toutes choses, spécialement celles qui venaient de l'extérieur. Nous allions au « spectacle » une fois dans l'année, et pour une occasion soigneusement choisie, en général les fêtes de Noël. Je n'ai pris l'avion que tardivement. Le train était le moyen de transport habituel, et raisonnable. J'aimais cette famille mais, intuitivement, je tournais en rond dans cet univers trop tranquille, trop bour-geois, trop replié et surtout trop prévisible. Comme tous les adolescents, je rêvais d'être connu, de grands espaces, d'une vie faite de passions, d'engagements et d'aventures. Pour la première fois, à 20 ans, une porte semblait s'ouvrir, et pas n'importe laquelle puisque c'était celle de Jacques Chirac !

La soudaineté de l'événement déclencha en moi l'envie irrépressible de saisir ma chance et d'être à la hauteur de ce que je pressentais être une opportunité quasi miraculeuse. Au bout d'une grosse demi-heure d'attente dans ce salon si chargé d'émotions et de nouveauté, j'entendis comme une cavalcade bruyante de l'autre côté du mur à gauche de la pièce. La porte ne s'ouvrit pas à proprement parler puisque j'eus l'impression qu'elle explosa tant elle fut franchie à une vitesse folle, et avec une brutalité saisissante. C'était Jacques Chirac lui-même. Il me sembla encore plus grand que je ne le croyais. Le bras droit immense tendu dans ma direction. La main largement ouverte, avec les doigts curieusement écartés. Je me levais d'un bond, et, avant que je ne puisse formuler un mot, il me dit : « Assieds-toi, tu es fait pour la politique. Je t'ai entendu à Nice ! Je veux que tu viennes travailler avec moi ! » J'étais au comble de la stupéfaction. Il me faut préciser que c'était le Chirac de la grande époque. Son physique était impressionnant, comme son énergie. On aurait dit un acteur américain dans ces films inoubliables remplis de héros qui n'avaient ni faiblesses, ni peurs, ni défauts. Je buvais ses paroles. Ce n'est qu'au bout de quelques minutes que j'ai vu, à côté de lui, une jeune fille mince, sympathique, simple, juste un peu plus jeune que moi. C'était Laurence. Elle était en jean et portait des mocassins en velours bleus que j'avais trouvés d'une élégance extrême. J'ai, par la suite, souvent repensé à ce moment parce qu'il en disait beaucoup sur l'intimité des Chirac. Il avait voulu que sa fille assiste à ce premier entretien. Sans doute imaginait-il que je pourrais l'intégrer au mouvement de jeunes qu'il voulait développer au sein du parti gaulliste. Ce n'est que rétrospectivement que j'ai compris l'intensité de cette première rencontre. Car il n'y en aurait plus d'autres, en tout cas avec Laurence. Durant l'été qui suivit, la malheureuse allait développer cette maladie qui ferait de sa vie un long cortège de souffrances. Quelques semaines après notre rencontre, elle partit en Corse avec ses parents et sa sœur. Elle en revint définitivement fragilisée et profondément altérée par la méningite contractée. J'ai toujours été ému par ce drame intime de la famille Chirac. En presque quarante ans de compagnonnage, Jacques ne m'en parla jamais. Bernadette, à l'inverse, l'évoqua très souvent en ma présence, et même jusqu'à l'extrême fin. Le jour de la disparition de Laurence, elle me téléphona en larmes pour me dire que sa fille venait de mourir et me demanda de la rejoindre à son domicile où son corps reposait sur le lit. Une heure durant, j'essayais de trouver les mots pour apaiser son chagrin immense. Nous étions seuls entourant le corps sans vie, pas encore mis en bière. Jamais je n'oublierai ce moment. Je pensais à l'ironie du destin, à la fugacité des choses. Ma première rencontre avec les Chirac remontait à 1975, en présence de Laurence, et quarante-trois années plus tard, je me retrouvai devant sa dépouille, aux côtés de Bernadette éplorée, sachant Jacques Chirac diminué par la maladie. Le temps avait passé. Il avait été bien cruel. Ce n'était pas le meilleur qui restait à vivre pour eux. Mais je tiens à dire que même au plus fort de mes affrontements avec Jacques Chirac, et dieu sait qu'ils furent parfois brutaux, j'ai toujours éprouvé du respect et de la peine pour ce qu'ont enduré, avec une grande dignité, les parents de Laurence. Ces derniers moments partagés avec Bernadette ont encore renforcé ce lien étrange et complexe qui m'unit définitivement et affectivement à toute la famille Chirac. Ils font partie de ma vie. Nous avons vécu tant de choses. Des liens se sont créés qui vont au-delà des sentiments. En tout cas, je ne serais pas ce que je suis devenu sans eux.

Je dois mes premières émotions politiques à mon grand-père. Je dis bien émotions, et pas convictions, car il s'agissait alors bien davantage de sentiments instinctifs que de raisonnements réfléchis et argumentés. C'est d'ailleurs souvent une erreur d'imaginer qu'un engagement aussi profond et ancien que le mien, qui a occupé quarante années de ma vie, ne repose que sur la rationalité. La vérité, c'est que j'ai d'abord été emporté vers le mouvement gaulliste bien avant d'en comprendre la signification profonde, parce que mon grand-père me hissait, tous les 11 novembre, sur ses épaules pour voir passer le général de Gaulle dans son command-car, à la tête de la parade militaire commémorant l'armistice de la Première Guerre mondiale. Je n'avais que 7 ou 8 ans mais j'aimais jouer avec mes petits soldats, et plus encore voir les « vrais » défilés militaires. J'ai le souvenir de la très haute stature du général en uniforme de l'armée de terre. Je l'apercevais à peine quelques secondes mais cela suffisait à enchanter ces moments de partage avec mon grand-père. Puis nous revenions à pied des Champs-Élysées jusqu'à la rue Fortuny. Nous traversions cet endroit enchanteur qu'est toujours le parc Monceau. Je rêvais à ce spectacle grandiose qui m'impressionnait profondément. Aussi étrange que cela puisse paraître, j'avais le sentiment qu'un lien s'était tissé entre notre famille, dans l'anonymat du public patriote, et ce géant toujours vivant et déjà dans l'histoire de France. À son passage, nous applaudissions vigoureusement. Mon grand-père, d'une nature réservée autant que digne, ne criait pas les « Vive de Gaulle » que nous entendions autour de nous, mais il n'en pensait pas moins. Je l'aimais. Il vénérait le Général. J'avais donc décidé que je l'aimerais aussi, envers et contre tout. Je dois reconnaître avoir toujours eu le tempérament cocardier. J'aime voir flotter le drapeau français immense sous l'Arc de Triomphe balayé par un vent quasi permanent. J'aime encourager nos équipes nationales, quel que soit le sport concerné. À 17 ans, je me suis rendu seul à Munich pour les Jeux olympiques de 1972. Je dormais dans le studio de mon cousin hongrois Istvan qui exerçait la noble profession de taxi de nuit dans la capitale de la Bavière. Il avait été clair avec moi : « Je ne suis pas là de toute la nuit, tu arrives donc après 20 heures, tu pars avant 7 heures. » Forcément, cela limita nos effusions, mais comme il ne parlait qu'allemand et hongrois et que je ne pratique aucune de ces deux langues, nos échanges auraient forcément été limités. Je retrouvais sur place un ami français plus âgé, Serge Danlos. Avec lui, j'ai traversé de long en large Munich en arborant l'immense drapeau français que j'avais emporté. Mon amour pour le sport est né à cette époque, mais il passait d'abord par un soutien inconditionnel à toutes les équipes de France.

J'ai encore aujourd'hui la même envie de vibrer dans les stades ou les manifestations publiques lorsque l'hymne national est chanté à tue-tête par la foule rassemblée. Président de la République, j'ai toujours été ému au moment de passer les troupes en revue. Toutes les manifestations patriotiques me faisaient me sentir différent, comme si le poids de l'État reposait physiquement sur mes épaules.

Jeune, j'ai même sans doute été chauvin en considérant, sans nuance, que la France était forcément plus grande, plus forte, plus belle que n'importe quel autre pays. Ma jeunesse s'est déroulée ainsi. J'étais gaulliste, patriote, cocardier, chauvin. Ici encore, le temps a fait son affaire. J'ai apaisé ces sentiments en adoptant une vision plus européenne d'abord, plus universaliste ensuite, grâce aux innombrables voyages que j'ai eu la chance d'effectuer. Car, curieusement, cet attachement viscéral à notre communauté nationale n'a jamais été un frein à ma soif inextinguible de découvrir la planète. Dès que j'ai été en âge de voyager, et dès que j'en ai eu les moyens, surtout, je suis parti aussi souvent que possible. Le virus me tient toujours au moment d'écrire ces lignes. Pour le coup, c'était bien l'inverse de mon grand-père que je n'ai pas le souvenir d'avoir vu une seule fois hors des frontières de l'hexagone.

Au moment où j'assistais à ces commémorations du 11 novembre, Mai 1968 n'avait pas encore eu lieu, mais déjà le gaullisme commençait à passer de mode. Les jeunes se tournaient naturellement vers la contestation de l'ordre existant. Peu m'importait. J'étais parfaitement insensible à ce vent nouveau. Je ressentais toutes attaques contre le grand homme comme une forme de blasphème. Elles choquaient mon grand-père. Elles me choquaient donc également. Aurais-je suivi un autre chemin si ma famille avait été engagée à gauche ? La question peut légitimement se poser. Pourtant, une fois devenu jeune adulte, je n'ai jamais renié ces premiers engagements. Quand de Gaulle mourut, au mois de novembre 1970, j'avais 15 ans. Je me suis rendu à l'Arc de Triomphe avec mon grand-père pour déposer une fleur, au milieu de dizaines de milliers de Français transportés de tristesse à l'idée que le Général ne ferait plus partie de leur quotidien. Plus tard, à la faculté, je n'ai jamais été attiré par les extrêmes. À l'époque, la politique était physiquement plus violente qu'aujourd'hui. Les étudiants s'affrontaient dans de véritables batailles rangées. Je n'ai jamais pensé qu'un manche de pioche dans la main pouvait aider à la réflexion ! Extrême droite et extrême gauche m'inspiraient une égale répulsion. Je n'ai pas davantage agrafé sur le mur de ma chambre les portraits de Mao ou de Che Guevara tellement en vogue à l'époque. Je sentais bien confusément le poids et la profondeur des mensonges qu'ils recouvraient. Et puis la pagaille, le manque d'autorité, l'égalitarisme forcené, les postures vertueuses de la gauche militante m'exaspéraient déjà. Tous ces « petits marquis » qui prétendaient détenir la vérité, en pérorant à longueur de journée, ne me tentaient vraiment pas. Pas davantage d'ailleurs que les jeunes giscardiens, pourtant fort en cour au milieu des années 1970. Trop bourgeois, trop élitistes, trop prévisibles, trop marqués au sceau d'une certaine éducation et d'un certain milieu. Ce milieu aisé dont je me sentais exclu, et que ma mère cherchait tellement à fréquenter. Nous étions à sa frontière, du moins socialement. Trop aisés pour être pauvres, trop « justes » pour être aisés. J'avais l'impression que nous n'étions nulle part à notre place. Je sentais bien que, malgré leur gentillesse, les amis de ma mère ne nous considéraient pas vraiment comme étant des leurs. J'en ressentais une humiliation confuse, plus pour elle que pour moi. Je ne voulais pas leur ressembler mais j'espérais ardemment qu'un jour, je pourrais les impressionner. C'est à cette époque que je conçus de la réserve à l'égard de toutes formes d'invitation chez les autres. Je m'y suis toujours senti prisonnier, mal à l'aise, surnuméraire. Bien sûr, ces sentiments se sont atténués mais je n'aime toujours pas être invité. Les réminiscences de l'enfance viennent parfois se nicher dans des endroits bien étranges !

En fait, j'ai été bien plus inquiet pour ma mère que pour moi-même. Quand elle s'est séparée de mon père, j'étais trop jeune pour en souffrir. Ce fut d'ailleurs presque un soulagement. J'avais 5 ou 6 ans et les colères terrifiantes de mon père, comme son physique si massif, me faisaient peur. Il était sans doute trop immature et trop préoccupé de lui-même pour accorder une quelconque importance à l'éducation de ses enfants. Je ne lui en veux pas, ou plutôt je ne lui en veux plus. Sans doute a-t-il fait comme il a pu. Sa propre éducation, son déracinement, son histoire l'ont rendu insensible au sort des autres. Ce sont autant de circonstances atténuantes. J'ai appris à apaiser ma colère, et à considérer chaque vie dans son infinie complexité. En revanche, je me faisais beaucoup de soucis pour ma mère, dont je ressentais la solitude dans son statut de femme divorcée. Dans les années 1960, la société n'avait rien à voir avec ce qu'elle est devenue. Ainsi, avec mes frères à l'école, nous étions quasiment les seuls à être des enfants de divorcés. Cela semble bien étrange aujourd'hui où la chose est devenue si banale, mais c'est pourtant la vérité ! Je craignais la solitude de ma mère. Je détestais la laisser à la maison, surtout le samedi soir quand nous commencions à sortir et qu'elle restait seule devant sa télévision. J'avais toujours peur qu'il ne lui arrive quelque chose. Enfant, j'étais si inquiet quand elle avait du retard le soir, au moment de rentrer à la maison. Elle travaillait dur et ne finissait jamais ses journées avant 20 heures. Elle n'était pas vraiment belle au sens classique du terme, mais elle avait beaucoup d'allure et, surtout, elle était rayonnante d'intelligence et d'humour. Elle aimait rire, blaguer, sortir, vivre. Elle était enthousiaste, énergique et ne se plaignait jamais. Elle trouvait cela vulgaire. Il fallait être digne, c'est-à-dire pudique et réservé ! Elle prenait beaucoup d'espace. La vie devait s'organiser autour d'elle, mais elle ne s'aventurait jamais là où elle estimait ne pas avoir sa place. Son royaume était petit mais c'était le sien. Elle ne le partageait pas mais n'avait aucune envie de l'agrandir, en tout cas pas de façon inconsidérée. Au début, elle trouvait mon ambition trop grande. Peut-être avait-elle peur que je lui échappe. Elle était protectrice, attentive, et assez peu tendre. Mes frères et moi lui devons beaucoup. Au moment de son décès, ils m'ont demandé de prononcer quelques mots devant son cercueil. Je n'avais aucun titre de plus qu'eux pour le faire. J'aurais d'ailleurs bien volontiers laissé ma place. Mais je l'ai fait, en pensant au chef-d'œuvre d'Albert Cohen, *Le Livre de ma mère*. « Les fils ne savent pas que leurs mères sont mortelles... Aucun fils ne sait vraiment que sa mère mourra et tous les fils se fâchent et s'impatientent contre leurs mères, les fous si tôt punis ! » J'ai relu aussi sa dédicace si bouleversante. « Je dédie ce livre à tous les insensés qui croient leur mère immortelle. » J'ai moi aussi été impatient et parfois exaspéré. Je m'en veux, car avec mes frères, nous l'avons tant aimée. À l'église, tous ses petits-enfants étaient en larmes. Ce qui démontre bien que l'amour donné n'est jamais perdu. En arrivant avec Carla pour chercher son cercueil et l'amener à l'église, j'eus la surprise de trouver deux motards de la police pour accompagner sa dépouille. C'était une attention du président Macron, qui m'a touché. Ma mère était simple et elle ne s'était pas habituée aux honneurs. Je suis certain que cela lui a fait plaisir. Et à nous aussi... pour elle. C'est sans doute en pensant à elle et à sa situation que, toute ma vie, j'ai ressenti une telle volonté de protéger les femmes, les ai souvent considérées comme victimes potentielles, été en empathie avec elles. On a parfois dit que j'étais faible avec elles, ce n'est sans doute pas tout à fait inexact. Durant la campagne présidentielle de 2007, les observateurs, y compris les plus avisés, soulignaient à l'approche du traditionnel débat télé-visé du second tour, le risque que représentait pour moi la féminité de Ségolène Royal ! Je pense que, depuis, le résul-tat a dû apaiser ces craintes quelque peu surjouées... Mais il est vrai que je suis toujours plus enclin à la compréhension, à la sympathie, parfois même à l'indulgence quand il s'agit d'une femme plutôt qu'un homme. J'entends d'ici les réac-tions prévisibles de ce nouveau mouvement féministe qui pense plus pertinent d'attaquer les hommes que de défendre les femmes. Je vois bien le procès en « machisme » qui peut être injustement intenté à toute personne qui invoque la vulnérabilité de la femme. Ma vie privée devrait pourtant me mettre à l'abri de ces caricatures car elle montre que j'ai toujours choisi des femmes à forte personnalité. Je suis bien éloigné de toute forme de modèle social de domination masculine. Je me suis marié trois fois, ce qui n'est, certes, pas un bon exemple à suivre ! Mais, à chaque fois, je me suis engagé pleinement et, forcément, pour toujours. Cela n'a pas fonctionné, souvent par ma faute, mais au moins ai-je été toujours sincère et totalement engagé.

Dieu sait que mon ambition a toujours été grande, par-fois dévorante, mais jamais elle ne m'a fait renoncer à mes sentiments, au contraire de ce que j'ai pu constater chez quelques-uns de mes prédécesseurs. Cela a pu me conduire à commettre des maladresses ou des erreurs mais je n'ai pas voulu sacrifier l'amour au pouvoir. Rétrospectivement, je comprends combien mon divorce, à peine élu, a pu désta-biliser les Français. Sans parler des dix jours de l'été 2007 passés aux États-Unis à essayer, contre l'évidence, de sau-ver mon couple. Pourtant, qu'aurais-je pu ou dû faire dif-féremment ? Ma femme souhaitait une autre vie. Je venais d'être élu. Le divorce était la seule issue raisonnable. C'est peu dire qu'à l'époque l'attitude de Cécilia me stupéfia. Je n'avais rien anticipé. Je n'y avais rien compris. Je subissais sans pouvoir contrôler une situation qui, chaque jour, devenait plus incompréhensible. Je fus ainsi le premier président dont le divorce fut prononcé dans son bureau à l'Élysée. C'est une première, dont je me serais assurément bien passé... Je reconnais avoir souffert de ce déballage au cours duquel certains de mes adversaires d'alors n'hésitèrent pas à appuyer là où cela faisait mal. « Comment peut-il diriger la France alors qu'il ne peut pas maîtriser sa femme ? » disaient à qui voulait les entendre les amis de Dominique de Villepin, pensant ainsi servir les intérêts de leur champion. Et ce brave député socialiste qui hurla à mon arrivée dans l'hémicycle, alors que j'étais sur le banc du gouvernement : « Elle est où Cécilia ? » provoquant l'indignation des uns et les rires des autres. Sans parler de cette cruelle couverture de *Paris Match* où l'on voyait Cécilia et son nouveau compagnon, alors que nous étions toujours mariés. C'en était arrivé au point où, à chaque instant, je m'attendais au pire. J'aurais dû couper dans le vif bien avant. Je ne l'ai pas fait, ce fut une faiblesse et une erreur d'ailleurs plus personnelle que politique. Politiquement, mes mésaventures conjugales me valurent, en réalité, plus de sympathies que de moqueries. Au fond, les Français pensaient que, pour le reste, je n'étais pas à plaindre et qu'il fallait bien tout de même que j'aie quelques problèmes à affronter... Je pense, par ailleurs, que nombre de femmes me surent gré de ne jamais avoir prononcé la moindre parole désagréable à l'endroit de Cécilia. Je l'ai fait pour notre fils Louis parce que j'ai toujours respecté les mères de mes enfants et parce que je ne voulais pas brûler ce que j'avais aimé. L'idée de la souffrance est souvent pire que la souffrance elle-même. Alors que je m'étais tant battu pour sauver ma famille, le lendemain du divorce, je me réveillais au Portugal où je me trouvais pour un sommet européen avec un poids immense en moins. J'étais soulagé. C'était fait. Je l'avais craint, j'avais tort. Je m'étais accoutumé à l'idée de vivre mon quinquennat en célibataire. Au moins aurais-je toute mon énergie pour accomplir mon mandat. La suite montra que je m'étais trompé et que c'était sans compter sur les mystères du destin et les traits appuyés de mon tempérament. Je suis un sentimental qui aime profondément partager la vie quotidienne. J'aime protéger ceux que j'aime. J'aime la vie de famille. J'ai besoin des miens. Je n'ai rien d'un ermite pouvant vivre seul. La dimension affective de ma vie a toujours été prépondérante. Je n'en ressens ni fierté ni honte. C'est ainsi. Rien ne me semble plus triste qu'une vie solitaire.

En revanche, je ne connais pas la nostalgie. Celle-ci m'est étrangère, qu'il s'agisse des personnes comme des lieux. C'est ainsi que je n'ai jamais compris la réaction de Valéry Giscard d'Estaing qui a toujours refusé de remettre les pieds à l'Élysée après sa défaite de 1981 ! Deux mois après son élection, Emmanuel Macron nous invitait, Carla et moi, pour un dîner amical. Avec délicatesse, au téléphone, il me demanda si revenir à l'Élysée me gênait. Je répondis : « En aucun cas, je n'y ai gardé que de bons souvenirs ! » C'est avec plaisir que nous franchîmes les grilles du parc. Je retrouvais avec joie des lieux familiers, et des visages amicaux. Les huissiers et les maîtres d'hôtel me demandèrent des nouvelles de Giulia qu'ils avaient vu naître au Palais. En m'y installant, juste après mon élection, je savais pertinemment que je n'étais que de passage, que les lieux ne m'appartenaient pas. Je n'ai donc eu aucun mal à les quitter et pas davantage à les retrouver, ne serait-ce que l'espace d'une soirée. Le dîner fut d'autant plus agréable qu'il commença par une déclaration de Brigitte Macron précisant : « J'ai toujours eu de la sympathie pour vous et je ne le regrette pas. » J'ai été sensible à la sincérité et la simplicité de Brigitte Macron. C'est une femme de qualité. J'apprécie son engagement auprès de son mari, et la conscience avec laquelle elle remplit son rôle.

En tout cas, cette cordialité nous a bien agréablement changés de la brutalité qui fut celle de François Hollande au moment de la passation de pouvoir. Du haut du perron de l'Élysée, en le voyant arriver, j'avais compris qu'il n'était pas encore entré dans les habits du président, qu'il était toujours le candidat socialiste. Contrairement à ses habitudes, car il peut aussi être très sympathique, il avait été discourtois, notamment avec Carla, ce qui m'avait profondément déplu. La suite montra qu'il avait eu tort car les Français lui en firent majoritairement le reproche. J'en avais été choqué d'autant plus que je me souvenais précisément de la même situation, mais cette fois-ci inversée, avec Jacques Chirac. À l'époque, c'est moi qui arrivais et lui qui partait. Ce jour-là, j'avais senti mon prédécesseur si désemparé devant la perspective du vide d'une vie sans l'exercice du pouvoir que cela m'avait ému. C'est la première fois, à cette occasion, que je l'ai tutoyé alors qu'il me le demandait depuis des années. Au pied du grand escalier de l'Élysée qui mène au bureau du Président, nous nous sommes arrêtés un instant. Je lui ai dit « Voilà, maintenant que je suis devenu Président, je peux te tutoyer. Regarde comme la vie a passé. Te souviens-tu de

Nice en 1975 ? Si tu n'avais pas été là ce jour-là, je ne serais pas ici. Je veux te dire merci. » Il était ému. Je l'étais tout autant. Puis, nous avons parlé quarante-cinq minutes dans ce bureau qui n'était déjà plus le sien. Ce furent des banalités dites avec une courtoisie assez amicale, et, en tout cas, bien différente de l'ambiance de la campagne électorale. Nous avons ensuite redescendu l'escalier ensemble sans échanger la moindre parole. Je le sentais tendu. J'ai insisté pour le raccompagner jusqu'à son véhicule. Je ne suis retourné dans le Palais qu'une fois sa voiture sortie de la cour d'honneur. Pour la première fois depuis bien longtemps, Jacques Chirac me touchait. C'était un moment sans doute très triste. Il n'y avait chez lui aucun soulagement à l'idée de quitter ses responsabilités. C'est ce jour-là qu'il m'est apparu le plus digne, le plus grand, le plus respectable. Il avait consacré sa vie à la France et à la politique. C'était fini. Il savait que ce qui lui restait à vivre ne serait pas le plus facile. Derrière les images, les fonctions, les histoires, il y a des hommes qui ne sont guère différents de tous les autres. J'ai pensé aussi à moi et à ce que serait ma réaction confronté à la même situation. Je me suis dit « ne te brûle pas les ailes, cela t'arrivera aussi ». Je suis beaucoup plus lucide qu'on l'imagine parfois. Visiblement, François Hollande n'avait pas anticipé en 2012 que, cinq ans plus tard, il serait, à son tour, confronté à l'épreuve du départ...

Pour en revenir à la question des femmes, je reste persuadé que le juste impératif d'égalité entre les sexes ne peut et ne doit pas conduire à l'ignorance de nos différences et de nos spécificités. Je veux donc persister en affirmant qu'il est bien vrai qu'une femme divorcée dans les années 1960 était vulnérable. C'était bien réel à l'époque, comme il est exact que, de nos jours, la vie politique est plus difficile au quotidien pour une femme qui a de jeunes enfants et un mari lui-même en plein début de carrière que pour un homme. J'ai toujours voulu mettre en avant des femmes de talent. J'ai eu la chance d'en compter beaucoup dans mon proche entourage professionnel. Les gouvernements que j'ai dirigés n'en manquaient pas. Christine Lagarde fut une ministre de l'Économie et des Finances compétente, active, inspirant confiance, et fidèle, ce qui n'est pas la moindre de ses grandes qualités. Rachida Dati et dans une moindre mesure Rama Yade représentaient une énergie inépuisable, et incarnaient le renouveau tellement nécessaire dans un personnel politique si peu divers à l'époque, spécialement à droite. Je tenais beaucoup à permettre l'éclosion de cette diversité, qui était un volet de ce que j'avais défini comme l'ouverture. Elle me fut beaucoup reprochée, notamment par mes amis politiques ! Je suis convaincu que, pour gouverner la France sans la violence qui est un danger permanent chez nous, « l'ouverture » sur les origines comme sur les identités politiques est une nécessité absolue. Les gouvernements entièrement socialistes de 1981 et complètement chiraquiens de 1995 étaient pour moi de parfaits contre-exemples. La brutalité et la rapidité de leurs échecs ont beaucoup tenu au sectarisme qui avait présidé à leur formation. Le rétrécissement du recrutement politique est toujours l'expression d'une faiblesse.

On ne peut pas diriger la France entouré de ses seuls amis politiques, de ses fidèles, de sa famille de conviction. Le message envoyé à un pays de 67 millions d'habitants est alors bien trop réducteur, et même brutal, en tout cas pour ceux qui n'en sont pas. C'est facile à comprendre mais difficile à mettre en œuvre. Vous venez d'être élu. Ceux qui vous ont soutenu et se sont tant battus pour vous attendent légitimement de faire partie de la nouvelle équipe gouvernementale. Or, il y a peu de places au gouvernement. Il y a donc beaucoup de déçus et bien peu de satisfaits. Si l'on doit donner en plus des fonctions à ceux qui n'étaient pas à vos côtés... Le choix se resserre. C'est pourtant ce que j'ai tenu à faire en proposant à Bernard Kouchner, à Martin Hirsch et à Jean-Pierre Jouyet des postes importants. Aucun des trois ne m'avait soutenu au premier ni au second tour de la présidentielle. Pour des raisons différentes, ces trois personnalités furent décevantes. Par manque de courage. Par manque d'implication et, parfois aussi, de travail. Par souci de leur propre image, ils n'allèrent pas au bout de leurs engagements, préférant constamment garder un pied dedans et un pied dehors. L'efficacité de leur action ministérielle s'en ressentit fatalement. Bernard Kouchner a un grand talent mais il voulait absolument passer pour un homme de gauche, ne comprenant pas que cette dernière ne le reconnaîtrait jamais comme l'un des siens. Jean-Pierre Jouyet est compétent et travailleur, mais il souhaitait préserver ses relations avec François Hollande, dont il se sentait d'autant plus proche qu'il devait se faire pardonner sa trahison initiale. Martin Hirsch est très habile mais il s'ingénia à mettre en œuvre une politique d'assistance bien différente de celle que je souhaitais pour le RSA. La lisibilité de son action en pâtit beaucoup.

Malgré ces difficultés et ces déceptions que je ne sous-estime pas, leur présence au gouvernement fut utile car elle contribua à élargir notre base politique et me protégea de toute accusation de sectarisme. Si c'était à refaire, je le referais. Je déteste définitivement l'esprit de clan. J'allais d'ailleurs plus loin en décidant de confier systématiquement la présidence des commissions des Finances de l'Assemblée nationale et du Sénat à un représentant de l'opposition. Ainsi cette dernière a pu bénéficier des mêmes informations que la majorité sur la réalité de la situation économique et financière. Le président du groupe des députés UMP, Jean-François Copé, ne partageait pas ces choix et m'en fit violemment le reproche. Pour lui, c'était clair. Nous avions gagné, nous devions tout prendre. Tout garder. Tout avoir. Je lui fis remarquer que le « nous » s'appliquait assez mal à l'élection présidentielle. Et qu'en conséquence, la majorité ferait ce à quoi je m'étais engagé devant les Français. Je fus conforté dans mon analyse quelques années plus tard, lorsqu'il devint l'éphémère président de mon propre parti politique. Conformément à ce que l'on pouvait attendre de lui, il plaça tous ses amis à la tête de l'UMP, avec méthode et obstination. Cela n'empêcha pas, peut-être même cela accéléra, sa démission forcée à peine quelques mois plus tard. L'esprit de clan ne fonctionne jamais. Ouverture et rassemblement restent bien à mes yeux les deux idées qui, quelles que soient les époques ou les orientations politiques, doivent prévaloir pour un président qui a la charge de conduire la France. La démocratie française a en permanence ce besoin d'équilibre. Le président de la République a beaucoup de pouvoirs. Les droits de l'opposition renforcés et l'ouverture apportent une respiration politique bienvenue, sinon indispensable, au fonctionnement harmonieux du pouvoir. Par ailleurs, les intelligences et les talents ne peuvent pas appartenir à un seul camp, fût-il celui du vainqueur des élections.

J'ai souvent pu me tromper dans le choix des personnes, moins dans celui des grandes orientations politiques. L'ouverture en est une majeure.

Valérie Pécresse et Nathalie Kosciusko-Morizet ne représentaient pas l'ouverture, mais ce qu'il y avait de mieux dans nos élites féminines, et que dire de l'intelligence remarquable de ma directrice de cabinet à l'Élysée, Emmanuelle Mignon. J'ai aimé travailler avec elles. Elles ont, chacune à leur manière, beaucoup apporté aux équipes que je dirigeais. Il a pu m'arriver d'être déçu par certains de leurs comportements. J'ai même rencontré chez les femmes politiques plus de trahisons et de cruautés que chez les hommes. En vérité, il s'agissait moins de trahisons, si fréquentes en politique, que de l'expression d'un complexe assez répandu chez certaines femmes de pouvoir. « Que va penser le milieu politique si je ne m'autonomise pas vis-à-vis de lui ? » Ainsi, à peine nommée secrétaire d'État, Rama Yade, pleine de talent et d'avenir, devint littéralement obsédée par l'idée de se singulariser, alors qu'elle n'en avait nul besoin. Elle était déjà si singulière ! Au bout du compte, elle s'est exclue elle-même de tout ! Je ne peux m'empêcher de penser que c'est un gâchis. Nathalie, qui était aussi fine qu'amicale, tenait, quant à elle, absolument à passer pour quelqu'un de « dur », sans doute pour affirmer son autorité. À l'arrivée, elle n'a réussi qu'à se caricaturer, et tous se sont peu à peu détournés d'elle. Là encore, ce fut bien dommage car elle était, à mes yeux, un grand espoir de ma famille politique. À trop vouloir démontrer, on finit juste par se caricaturer. C'est malheureux pour elles et plus encore pour notre vie politique.

Au demeurant, la question de l'ingratitude ou de la trahison n'est en rien une question de sexe, d'âge ni d'orientation politique. Elle se retrouve à toutes les époques et dans tous les camps avec une régularité de métronome. Elle s'explique par la rudesse de la concurrence, le peu de postes à occuper, l'inquiétude de passer à côté d'une carrière accomplie, l'hypertrophie des egos propre à tous les métiers publics. J'ai, moi-même, été qualifié de traître à une période de ma vie politique, quand j'ai choisi de soutenir Édouard Balladur. Je fus ainsi caricaturé pendant des mois en « Iago » par les marionnettes des « Guignols de l'info ». J'avais trouvé cela particulièrement injuste, car j'avais pris la précaution de prévenir Jacques Chirac, dès la fin de l'année 1993, que si Édouard Balladur était candidat, c'est lui que je soutiendrais. C'était un temps où le président du RPR n'avaient pas encore baissé dans les sondages. Nous étions dans les locaux du parti, Chirac m'avait répondu : « Ne mets pas tous tes œufs dans le même panier ! » C'est sans doute ce qu'il aurait fait, lui, dans la même situation. Sa réponse m'avait blessé. Elle était trop cynique, et brutale. Que pouvais-je faire d'autre ? J'étais le porte-parole de Balladur, son ministre du Budget, j'étais devenu son confident politique. Des liens d'amitié existaient entre nous. Il avait choisi d'être candidat, certes au mépris de son engagement initial. Je ne pouvais pas, et je ne voulais pas, l'abandonner. Quelques semaines auparavant, il y avait déjà eu une passe d'armes entre les deux hommes à mon propos. Jacques Chirac avait dit à Balladur « Sarkozy, c'est mon homme. » Ce dernier lui avait répondu « l'essentiel, c'est que vous le croyez » ! Nul besoin d'être grand clerc pour comprendre qu'il me fallait choisir rapidement. C'est ce que je fis, avec les conséquences que l'on connaît. Jacques Chirac et surtout sa fille Claude me poursuivirent à compter de ce jour d'une rancune profonde et tenace. Je ne me faisais guère d'illusions, n'ayant jamais cru Jacques Chirac quand il affirmait, avec une grande conviction, « je n'ai aucune mémoire et aucune rancune ». C'était en vérité l'exact contraire. Avec le recul, je peux comprendre leur réaction, leur déception et même leur colère. Peut-être aurais-je réagi de même ? Il m'est aussi arrivé de penser, et de dire, à Jacques Chirac qu'au cours de sa longue vie et de sa brillante carrière, il n'avait pas toujours été lui-même un parfait exemple de rectitude. Tout ceci, à mes yeux, n'a donné que davantage de poids au soutien affectueux que m'a constamment accordé Bernadette.

J'ai souvent observé, d'abord avec étonnement, puis avec fatalisme, que les gens vous en voulaient davantage de ce que vous leur aviez donné que de ce que vous leur refusiez. Ainsi, nombre de ceux que j'ai nommés ministres ne m'en furent jamais reconnaissants, pire, certains m'en veulent

Passions

encore aujourd'hui, et moins leur entrée au gouvernement était logique, plus ils en sont restés amers. Ce n'était pas assez prestigieux, pas assez long, pas assez tout court. À l'inverse, je n'ai pas le souvenir d'un seul auquel je n'ai rien proposé, ou dont j'ai refusé la demande, et qui m'en ait gardé la moindre rancune. En cela, il s'agit d'un bien étrange trait de caractère de la nature humaine. En vérité, tout le monde n'a pas la force de supporter le choc d'une nomination ministérielle. Certains décompensent, dépassés par les événements, d'autres s'imaginent en victime. En fait, le rêve était trop grand. Quand il se termine, il faut un coupable qui serve d'exutoire. Cela n'a pas grande importance même si cela permet d'enrichir la galerie des portraits de la Comédie humaine. Les exemples qui me viennent à l'esprit sont trop nombreux pour être cités. Je m'abstiendrai donc. Ici encore, j'ai dû me tromper dans le casting. Mieux vaut l'oublier. Je pense d'ailleurs que j'ai une part de responsabilités dans certains échecs des anciennes jeunes pousses de mes gouvernements. J'ai, sans doute, voulu trop donner, et surtout trop vite. Je me suis moi aussi trop emballé, trop enthousiasmé devant ces talents que je pressentais. Ce faisant, j'ai contribué à les gâcher. Je n'ai pas assez géré ces prometteuses carrières. Or, le pouvoir, la politique, les médias agissent comme des drogues qui brûlent bien des ailes et font tourner bien des têtes. Jacques Chirac m'avait dit avec une grande lucidité, au début des années 2000, « Tu sais, à la réflexion, j'ai été nommé Premier ministre trop jeune. Je n'étais pas assez préparé à la fonction. » À l'époque, j'avais pris cette remarque comme une pique à mon endroit. Avec le recul, je pense qu'il avait raison. Au sommet du pouvoir, l'expérience est irremplaçable. Elle s'acquiert par soi-même à la suite des échecs, des épreuves, des crises traversées. De ce point de vue, les quatre années passées au ministère de l'Intérieur et les presque trois à Bercy furent une préparation bien utile au moment de connaître « les chocs telluriques » qu'un président de la République se doit d'affronter, tôt ou tard, mais de façon inéluctable. En fin de compte, si la jeunesse est un grand atout pour conquérir le pouvoir, elle est une faiblesse au moment de l'exercer, le président Valéry Giscard d'Estaing, le président Emmanuel Macron et moi-même avons été confrontés à cette contradiction. Je souhaite au Président actuel de la résoudre mieux que ses prédécesseurs ont pu le faire, moi compris.

C'est amusant de constater l'absence complète de mémoire dès qu'il s'agit de la vie politique. Il en va notamment ainsi de la question de la « modernité », véritable marronnier du débat public. Tous les nouveaux présidents arrivent entourés du filtre de la nouveauté et quittent le pouvoir accablés de celui de l'archaïsme. C'est une règle constante, aussitôt à la mode, aussitôt démodé.

Ainsi, le président Valéry Giscard d'Estaing donna un fameux coup de vieux au président Georges Pompidou qui lui-même avait agi ainsi avec le général de Gaulle. Le président François Mitterrand fit vieillir prématurément son cadet le président Valéry Giscard d'Estaing. À mon tour, je théorisais la rupture avec le président Jacques Chirac comme le président Emmanuel Macron l'a invoquée contre le président François Hollande. Au fond, il n'y a que ce dernier qui ne fut jamais moderne puisqu'il se revendiquait en « président normal ». Ce qui constituait déjà une profonde erreur d'analyse, car les Français sont tout à la fois royalistes et régicides. Ou plutôt, royalistes parce que régicides. Ils veulent un président souverain et « royal », proche et majestueux, puissant et symbolique pour pouvoir mieux le remplacer lorsqu'il aura fait son temps. Mais, si le président est seulement normal, ou se définit comme tel, c'est la fonction qu'il banalise. Or, celle-ci n'a vraiment rien de normal et encore moins de banal ! Il n'y a alors plus aucune statue à déboulonner. Les Français en ont été frustrés comme s'ils avaient été privés du pouvoir que leur a justement accordé la constitution de la Ve République.

J'ai souvent réfléchi à cette question de l'incarnation présidentielle, notamment lorsque je remontais les Champs-Élysées. La première fois, ce fut au mois de mai 2007. Le soleil était éclatant, la foule était enthousiaste, et innombrable. Les applaudissements m'étaient généreusement destinés. Je venais d'être élu. J'étais heureux mais pas grisé : j'appréciais le moment, mais je faisais tout pour demeurer lucide en me forçant à imaginer, dès le premier jour de mon installation à l'Élysée, ce que serait ma réaction lorsque ce même peuple qui m'acclamait se détournerait. Je savais le rendez-vous inéluctable, j'essayais de m'y préparer. En cela, le pouvoir présidentiel ne m'a jamais tourné la tête, euphorisé ni drogué. C'est pourquoi j'ai pu le quitter sans amertume et sans regret. Je connaissais la règle. J'ai fait en sorte de ne jamais l'oublier durant ces cinq années à l'Élysée. Si il a pu m'arriver de perdre pied lorsque je fus ministre, de devenir arrogant, suffisant, trop satisfait de ma personne, autant, une fois président, plus jamais ! La charge était trop lourde. Les enjeux immenses. Le temps tellement compté. Souvent, on m'a demandé si, aujourd'hui, la politique me manquait. Invariablement, je réponds non, et je vois bien que peu nombreux sont ceux qui me croient. Pourtant, c'est la vérité, si l'on veut bien se donner la peine de comprendre que ce n'est pas la politique que j'aime, c'est la vie ! Et comme la politique, c'est la vie sous une loupe, j'aime aussi la politique. Mais la vie ne s'arrête pas quand la politique a fait son temps.

Je crois au fond qu'il n'y a qu'une seule philosophie de vie qui soit vraiment cohérente. C'est celle qui consiste à vivre pleinement, à vivre totalement, à vivre complètement jusqu'à la dernière seconde comme si nous, pauvres humains, avions l'éternité devant nous. Nos vies durent un moment si bref. On ne sait rien du pourquoi, et, si peu du comment. Devant l'immensité de cette ignorance du futur, je me sens culturellement chrétien parce que c'est mon éducation, mon monde, mes valeurs, mes références. Je suis profondément attiré par toutes les problématiques mystiques. Je ne crois pas que la vie soit supportable sans la transcendance. J'aime l'idée de croire. J'aime le chemin de la foi, même si je ne possède pas ou si mal cette grâce. Je suis persuadé que l'apport des religions à la culture et à la civilisation est immense et surtout irremplaçable. Enfin, je suis assez optimiste pour croire, et suffisamment pessimiste pour douter. Mais sans doute tomberai-je toujours du côté de l'espérance par tempérament, par caractère, par identité. Pour moi, la vie n'est qu'une succession de renaissance. Le grand défi est bien celui-ci : renaître. Renaître après une maladie, un échec, un divorce, la mort d'un proche. Je pense fondamentalement qu'on ne change pas ou si peu, mais qu'en revanche on renaît avec ses défauts et ses qualités et qu'il faut se remettre à vivre. Le 15 mai 2012, je me suis remis à vivre comme au premier jour de ma vie d'avant.

La première personne, non qui me fit confiance, mais qui débuta mon initiation aux implacables réalités du pouvoir fut Édouard Balladur. Jusqu'à ma rencontre avec lui, je ne voyais la politique que comme un combat où seules comptaient l'énergie, la force, la bataille, la résistance. À mes yeux de très jeune responsable politique, il fallait être le plus fort, et quand une porte ne s'ouvrait pas, il suffisait de l'enfoncer. En cela, je me sentais si proche de Jacques Chirac qui ne s'embarrassait pas de convictions, qu'il jugeait souvent inutiles, ni de fioritures idéologiques qui ne correspondaient en rien à son tempérament. Il fonçait. Alors, je fonçais aussi, même si c'était loin derrière lui. Il s'épuisait en combats souvent vains ou à côté de la plaque comme sa dénonciation du « parti de l'étranger » rédigée sur son lit d'hôpital, à l'occasion des premières élections européennes de 1979. Je m'épuisais tout autant à essayer de le suivre. Nous passâmes ainsi avec une rapidité stupéfiante du gaullisme souverainisme au reagano-thatchérisme des années 1980, devenant libéralo-maniaques jusqu'à la fracture sociale de 1995 où, sous l'impulsion de quelques-uns, dont sa fille Claude, le parti se retrouva quasiment à gauche de l'échiquier politique. Chaque jour, je devenais plus sceptique, et plus sévère sur l'étrangeté grandissante de tous ces virages pris sur l'aile, sans mesure et sans cohérence. J'ai même entendu Jacques Chirac expliquer en 2003 devant un conseil des ministres, ébahis, que le libéralisme avait tué plus de monde que le communisme ! Une tentative hardie de minimiser l'importance de ce que furent les goulags !

J'avais fini par me demander où tout cela allait nous conduire. Je m'épuisais moi-même à la tête des jeunes du RPR dans des discours répétitifs, et sans beaucoup de contenus. Sans le savoir vraiment, je commençais pour la première fois à douter de Jacques Chirac.

Ma première élection à l'Assemblée nationale agit comme un détonateur. J'étais si heureux de pénétrer dans le Saint des Saints de la démocratie parlementaire. En devenant député, j'allais enfin pouvoir jouer un rôle sur la scène politique nationale. Je voulais prendre très au sérieux ma mission de législateur. J'avais 33 ans, c'en était fini, du moins à mes yeux, de la jeunesse. Il était grand temps de devenir politiquement mature. La première réunion du groupe parlementaire auquel je m'étais inscrit, en ce mois de juin 1988, me fit découvrir un volet de la politique que je n'avais pas encore expérimenté : les lendemains de défaite ! Jacques Chirac venait de perdre pour la seconde fois les élections présidentielles. Il en était sorti politiquement et personnellement affaibli. Je ne fus pas déçu par le spectacle. Le premier parlementaire qui se leva pour s'adresser à lui fut Jean Noël de Lipkowski, à l'époque député-maire de Royan. Son intervention fut implacable. Une charge violente menée à la mitrailleuse lourde contre notre candidat. Tout y passa, y compris la manière dont ce dernier « ne savait pas parler ». Jacques Chirac encaissa, ne répondit pas un mot, fit comme si cela n'avait aucune importance. J'étais stupéfait en comprenant que, parfois, refuser le combat était plus courageux et surtout plus utile que de le mener. J'appris aussi combien la défaite était orpheline, et les retournements de veste aussi rapides que brutaux. Je compris enfin pourquoi Jacques Chirac était le chef. Stoïque sous la charge. Plein de sang-froid. Au fond, tellement indifférent à tous et à toutes. C'est sans doute pour cela, et, à cause de cela, qu'il put tenir si souvent, et surtout si longtemps. Donner des coups était une chose, savoir les encaisser une tout autre. Je venais de le comprendre. La leçon me servirait plus tard.

Je sentais intuitivement que, si je voulais franchir un nouveau palier, il me fallait changer profondément ma manière d'appréhender la politique. C'est ainsi que j'eus l'idée de rendre visite à Édouard Balladur dans ses locaux, alors situés boulevard Saint-Germain. C'est peu dire qu'il était différent de Jacques Chirac. Aussi glaçant que l'autre était chaleureux. Aussi distant que s'il avait appartenu à une autre époque où il était de bon ton de ne pas se mélanger avec le « commun ». Aussi attentif aux idées et aux dossiers de fond que méprisant sur le quotidien de la politique, par définition ordinaire. Aussi pessimiste sur la nature humaine et sur toutes choses que j'étais optimiste de tout et pour tout. Et, surtout, ne manifestant jamais le moindre enthousiasme, de peur d'être finalement déçu. Autant dire que notre rencontre ne se présentait pas sous les meilleurs auspices. Je savais son rôle aux côtés de Jacques Chirac, sans vraiment avoir eu l'occasion de le rencontrer. J'étais pourtant bien décidé à le connaître, et à le séduire. Je sentais que j'avais besoin de sa différence. Peut-être avais-je déjà compris que Jacques Chirac avait désormais moins à m'apprendre qu'Édouard Balladur. Je marchais sur des œufs lors de notre première rencontre. Un rien pouvait le choquer, lui sembler déplacé ou, pire, incongru. Je fus bien aidé par son jeune directeur de cabinet de l'époque, Nicolas Bazire. Officier de marine passé par l'ENA, il était un travailleur acharné, doué d'une finesse peu commune, d'un humour toujours bienveillant, et d'une humanité profonde. Nous devînmes amis à la première seconde de nos échanges. Surtout, nous le restâmes. Rien ne nous sépara. J'ai toujours pu compter sur son affection inconditionnelle. Curieusement, avec Édouard Balladur, le courant passa aussi, instantanément. Heureux de me voir si proche de l'autre Nicolas, il ne tarda pas à nous associer à tout, en toutes circonstances, et à tout propos. J'eus droit, ainsi, à un cours accéléré et quasi permanent sur ce qu'était l'État, ce que devait être son service et ce qu'impliquait sa gestion.

Édouard Balladur fut un professeur exigeant, ne laissant rien passer, souvent méfiant. Il me prit rapidement en sympathie mais je mis longtemps à gagner sa confiance. Une fois celle-ci obtenue, ce fut un réel plaisir de travailler à ses côtés. Il est pointilleux, intelligent, et, somme toute, original en dépit des apparences, comme souvent trompeuses. Sa pensée est moderne, étayée et jamais démagogique. Parfois, il peut se laisser impressionner, notamment dans tout ce qui concerne les finances et l'économie, par les raisonnements classiques et habituels de Bercy, et du monde de l'inspection des Finances. Mais, dans l'ensemble, je le vis très fréquemment faire le choix de la modernité, du changement, et de la nouveauté. Au fond, il est moins conservateur et beaucoup plus réformateur que Jacques Chirac. De surcroît, il est capable d'une humanité réelle, d'une amitié sincère et d'une conversation toujours pleine d'un humour courtoisement corrosif. Il sait aussi être injuste, susceptible et même agaçant. Pour autant, j'ai aimé travailler avec lui, et pour lui. Il m'a beaucoup donné, appris, apporté. À partir du moment où je l'ai rencontré, je me suis investi passionnément dans les dossiers de fond que j'avais souverainement ignoré tout au long des années précédentes. J'avalais littéralement toutes les notes, documents de synthèse, rapports divers qui me passaient entre les mains. Tous les sujets y passèrent. Je voulais naïvement devenir incollable sur tout. Je privilégiais cependant les dossiers européens où mes connaissances étaient plus que sommaires, et les questions internationales où mon ignorance était abyssale. C'est d'ailleurs à la fin des années 1980 que je commençais à vraiment voyager à l'étranger de façon soutenue. À l'époque, je parlais un anglais très médiocre, et je mesurais chaque jour davantage l'immensité du travail qui me restait à engager pour simplement me mettre à niveau.

Quand François Mitterrand nomma Édouard Balladur à Matignon, en 1993, j'ai eu à effectuer mon premier choix politique sensible. Jacques Chirac souhaitait que je devienne secrétaire général du RPR. Au même moment, Édouard Balladur me proposait d'entrer au gouvernement. Les deux fonctions n'étaient pas compatibles. Les relations ne s'étaient pas encore dégradées entre les deux hommes, mais déjà les prémices d'une compétition féroce, reposant sur des sentiments ambigus, s'annonçaient. Ils se connaissaient depuis longtemps. Édouard Balladur commettait l'erreur de mépriser Jacques Chirac. Ce dernier se trompait en sous-estimant Édouard Balladur. Ainsi se noua le drame. Je compris la réelle jalousie qui existait entre eux quand, à ma grande surprise, lors d'un dîner qui nous réunissait à Deauville, ils se disputèrent avec une fausse cordialité pour savoir lequel des deux avait, le premier, été nommé conseiller technique au cabinet du président Georges Pompidou ! Vingt-cinq années étaient passées mais, visiblement, la cicatrice ne s'était pas refermée. Je compris, à cet instant, que les grands fauves n'oubliaient rien, ne pardonnaient rien, n'abandonnaient jamais le moindre pouce de terrain.

Le choix du gouvernement fut pour moi une évidence, tant j'en avais rêvé. Appartenir au gouvernement de mon pays, rien ne pouvait me combler davantage. J'étais tellement heureux que, le jour de ma nomination, je me suis installé devant la télévision pour entendre le secrétaire général de l'Élysée prononcer mon nom comme ministre du Budget, et porte-parole du gouvernement. J'étais si fier de cette nomination. Je ne connaissais rien au budget, mais j'étais ministre ! C'était plus de bonheur, et d'honneur, que je n'avais pu en rêver. Ma joie était naïve, presque enfantine. Peut-être même déplacée. Je le reconnais d'autant mieux qu'aujourd'hui encore, je suis resté enthousiaste par nature, presque par principe. Je n'aime pas les gens blasés. Être au gouvernement, à quelque fonction que ce soit, est un privilège. Rien ne m'agace plus que d'entendre certains de mes jeunes amis politiques déclarer sentencieusement qu'ils ont déjà été au gouvernement et qu'y revenir ne les intéresse pas, et qu'ils feraient peut-être, tout juste, une exception pour le poste de Premier ministre ! Il s'agit d'une grave erreur. Quand on est appelé au gouvernement, c'est pour servir son pays. On n'a pas le droit de refuser de servir. En outre, cela participe d'une prétention de parvenu. Il est vrai que celle-ci est largement entretenue, voire encouragée, par un système médiatique qui ferait tourner la tête aux plus sages. Pour ma part, j'aurais accepté n'importe quel poste si on ne m'avait pas laissé d'autres possibilités. Toutefois, le budget était mon premier choix. J'avais besoin d'apprendre et, dans ce ministère, on voit tout. Alors qu'Édouard Balladur, un mois avant sa nomination, m'avait demandé quelle serait ma préférence, au cas où, je lui avais répondu le budget. Il ne m'avait dit ni oui ni non, préférant sans doute me laisser dans l'incertitude. Il ajouta toutefois, pince-sans-rire, « cela n'est pas très poli d'insister », me faisant comprendre que la discussion était close, et que j'en avais assez dit. J'espérais donc, sans certitude absolue. L'attente ne fut pas bien longue puisque, moins d'une heure après sa nomination, il me fit venir « de toute urgence » à son bureau du boulevard Saint-Germain, où il se trouvait toujours, pour me signifier en deux minutes que j'allais devenir ministre du Budget. Je sortis de son bureau rayonnant. J'avais à peine passé sa porte quand il me rappela : « J'ai oublié de vous dire, vous êtes également porte-parole du gouvernement. » Je rentrai ému et gonflé d'espérance à la mairie de Neuilly, pour commencer à travailler à la composition de mon futur cabinet. J'étais place de la Concorde quand le téléphone de la voiture sonna. Le Premier ministre voulait me revoir immédiatement. Interloqué, et légèrement angoissé, je me demandais s'il n'avait pas changé d'avis. Je pénétrais avec inquiétude dans son bureau. En fait, il voulait simplement que je demeure à ses côtés toute la journée. Ainsi, me dit-il, « vous serez associé à la composition du gouvernement, vous allez continuer à apprendre ».

Alors que je n'avais jamais été ministre, j'assistais ainsi à toutes les tractations qui président à la formation d'un gouvernement. Édouard Balladur avait déjà sa liste en tête. Avec méthode et rigueur, il déroula son plan. Je vis de près les caprices, les exigences, les renoncements si humains, et si habituels, dans ce genre de situations. Le gouvernement comptait quatre ministres d'État, Simone Veil, Charles Pasqua, François Léotard et Pierre Méhaignerie, dont la cohabitation n'avait rien à envier avec celle que déjà devait supporter Édouard Balladur avec le président François Mitterrand, d'une part, et le chef de son propre parti Jacques Chirac, d'autre part. Parmi les personnalités entrantes, Michel Barnier se révéla particulièrement sourcilleux, se faisant une assez haute idée de ses compétences. Il commença par formuler des exigences quant aux décrets d'attribution du ministère de l'Environnement qui lui était promis. Le Premier ministre n'était pas d'humeur à accepter quoi que ce soit. Il me demanda d'appeler Michel Barnier pour lui signifier « que c'était déjà bien qu'il soit ministre, et que la proposition était à prendre ou à laisser ». Je joignis l'impétrant pour lui signifier, le plus diplomatiquement possible, que dans son propre intérêt il valait mieux pour lui qu'il s'inclinât. Ce qu'il fit promptement, sans même protester. Je compris, à cet instant, que la fermeté évitait bien des discussions. Une fois la décision prise, tous ceux qui, quelques instants auparavant, promettaient le pire s'inclinaient avec une rapidité qui, à l'époque, m'avait proprement stupéfié. Cette leçon me fut bien utile quelques années plus tard.

Simone Veil était d'une tout autre trempe. Elle admirait Édouard Balladur, et ce dernier savait la considérer, et comment la traiter. C'est à cette époque que je l'ai bien connue, et aimée. Elle était intelligente, drôle, autoritaire, parfois brutale et assez souvent de mauvaise humeur. Dès le départ, elle m'a honoré de son amitié et même de son affection. Aujourd'hui encore, j'en ignore la cause ! Dès qu'il y avait le moindre problème, elle disait à son cabinet : « Appelez Nicolas ». Je devais, dans l'instant, aller la visiter, entendre ses doléances, et, surtout, essayer de les régler, budgétairement parlant. J'ai aimé cette époque car nous pouvions, elle et moi, bavarder interminablement. Elle n'avait pas un grand esprit de synthèse et surtout adorait les digressions. Quand elle disait « j'en ai pour cinq minutes », je savais que cela durerait au moins une heure. Elle commençait par pester contre tous « ces imbéciles et ces lâches » qui se mettaient en travers de ses nombreux projets de réforme de la Sécurité sociale. Elle avait deux têtes de Turc favorites : Alain Madelin et François Bayrou. Le premier, parce qu'elle le trouvait trop libéral, et ne se privait pas de lui en faire le reproche. « La vie n'est pas une théorie », disait-elle fréquemment. Le second, parce que, à ses yeux, il personnifiait « les trahisons successives ». Dès qu'il s'agissait de lui, Simone Veil se livrait sans retenue, racontait mille anecdotes illustrant son propos, concluant invariablement par : « Et en plus, il se dit chrétien. » Le tout conclu dans un immense éclat de rire pour signifier l'étendue de son mépris à l'endroit de l'intéressé. Pour le reste, Simone Veil, dans le privé, savait être charmante, attentive, amicale, et tellement drôle. Nous avions pour un rien des fous rires complices qui agaçaient prodigieusement Édouard Balladur. Elle aimait profondément sa famille, son mari Antoine, tout à la fois son souffre-douleur, son complice, son partenaire indispensable et son amant éperdument amoureux, ses fils dont elle parlait souvent, et ses petits-enfants. Il y avait deux choses qui la mettaient dans une fureur noire : la lâcheté, et qu'on ose lui demander de renoncer à l'une de ses convictions fortes. Dans ces deux cas, cela ne pouvait que très mal se terminer. Simone pouvait aimer quelqu'un et être en désaccord avec lui, et surtout le lui dire. Cela m'est quelquefois arrivé, sans que cela modifie son amitié et son indulgence à mon endroit. Aujourd'hui encore, Simone et Antoine, car je ne peux les dissocier, me manquent. Quand ils sont partis, j'ai senti que tout un pan de mon époque était en train de disparaître. C'est bien dommage, car avec eux, il n'y avait ni médiocrité, ni petitesse, ni calcul. Je n'ose imaginer ce qu'ils pourraient bien penser de notre actualité politique.

Nous étions au mois d'avril 1993. Dès le premier conseil des ministres, Édouard Balladur énonça clairement les règles : « Je préviens Mesdames et Messieurs les ministres que durant les comités interministériels, ils n'auront dorénavant pas le droit de lire des notes préparées par leurs services ou d'être accompagnés d'un collaborateur. » Je me souviens du si aimable Michel Giraud qui se pencha pour me dire : « C'est fou, comment allons-nous faire ? » Intérieurement, je mesurais l'ampleur du défi pour le ministre du Budget que j'étais, et qui se devait de connaître les dossiers mieux que n'importe quel autre membre du gouvernement. Je redoublais donc d'ardeur au travail pour ne pas décevoir mon mentor. À juste titre, il exigeait des ministres qu'ils assument leur rôle politique en refusant de n'être que les porte-paroles de leur administration. Vaste ambition ! Le sujet est encore, hélas, d'actualité.

Durant ces deux années au gouvernement, Édouard Balladur me téléphona pratiquement tous les matins aux alentours de 7 heures, et tous les soirs avant 20 heures. Je compris à la longue que, sous des apparences de glace, il était très angoissé. Il faut dire qu'il y avait de quoi. La période n'était pas des plus calmes. Ma proximité avec lui ne faisait que se renforcer. Je finis même par occuper un bureau à Matignon, une vaste pièce à la gauche de l'escalier qui mène au salon d'attente du Premier ministre. Ce fut une période exaltante, enthousiasmante, éprouvante mais si enrichissante. Je ne serai jamais assez reconnaissant à Édouard Balladur de la grande confiance qu'il m'accorda. Je pus tout voir, tout connaître des grands arbitrages, et tout vivre du drame shakespearien qui se déroula entre Chirac et son ancien ami. Avec Nicolas Bazire, nous formions un trio qui vivait absolument à l'unisson. Ce fut une expérience inoubliable, même s'il m'est arrivé de penser, par la suite, que, sans doute, j'avais eu trop de pouvoirs au regard de mon jeune âge et de mon manque d'expérience.

J'ai d'innombrables souvenirs de cette époque. Notamment la crise monétaire de l'été 1993. Nicolas Bazire et moi-même passâmes la nuit seuls, dans le bureau du Premier ministre, alors que lui-même était, comme à l'accoutumée, rentré chez lui à 20 heures. Situation assez étrange pour le jeune et inexpérimenté ministre du Budget que j'étais. Au cours des négociations, je demandai respectueusement au président François Mitterrand si je devais le réveiller dans la nuit au moment des arbitrages européens sur le nouveau spectre d'élargissement du serpent monétaire qui encadrait alors les fluctuations des différentes monnaies européennes. Royalement, il me répondit : « Vous n'y pensez pas ! » Je me le tins pour dit. Avec Nicolas Bazire, nous nous retrouvâmes donc aux commandes, en compagnie des seuls Jean-Claude Trichet, alors directeur du Trésor, et de Jacques de Larosière, gouverneur de la Banque de France. Tous deux grands serviteurs de l'État, et, vigilants gardiens des dogmes habituels de Bercy. Le ministre de l'Économie, Edmond Alphandéry, déjà en disgrâce, faisait ce qu'il pouvait à Bruxelles. Nous donnâmes finalement le feu vert, vers 3 heures du matin, aux résultats des discussions bruxelloises. Édouard Balladur tint, le lendemain, une conférence de presse où il présenta les données de l'accord comme s'il l'avait suivi de bout en bout. J'apprenais ainsi à quel point, quand on était au sommet du pouvoir, il fallait savoir déléguer pour garder la distance nécessaire avec l'événement que l'on était censé piloter. C'est sans doute ce qu'il m'a été le plus difficile d'acquérir. J'ai mis un temps fou à me débarrasser de cette mauvaise habitude de tout vouloir faire par moi-même.

Je ne connaissais pas François Mitterrand avant de devenir son ministre durant la cohabitation. Pour tout dire, je ne l'aimais pas. J'étais un jeune opposant, plein d'ardeur, et de sectarisme. Il était tout ce dont on m'avait appris à me méfier, voire à détester. Je respectais la fonction, voire la stature, mais je prenais garde de ne point trop m'en approcher. D'ailleurs, qu'aurais-je bien pu lui dire ? J'étais nommé par Édouard Balladur, pas par François Mitterrand. C'était sans compter sur un aspect, à mes yeux, peu sympathique, de la personnalité de ce dernier. Il s'acharnait à vouloir séduire ceux dont il pensait qu'il ne l'aimait pas ou pas encore. Ma première véritable rencontre avec lui eut lieu après un conseil des ministres, au beau milieu des mouvements étudiants contre le contrat d'insertion professionnelle (CIP).

Nous étions au printemps 1994. Alors que tous les ministres se levaient pour quitter la table du conseil, le président François Mitterrand s'adressa à moi : « Monsieur le ministre du Budget, pouvez-vous rester, je voudrais vous voir ! » Interloqué, je rebroussai chemin pour traverser la grande salle du conseil. Je croisai tous les ministres et passai devant Édouard Balladur qui me glissa sur un ton de reproche à peine voilé : « Qu'avez-vous bien pu faire ? » Je répondis dans un souffle « rien », je n'avais d'ailleurs aucune idée de ce que le Président pouvait bien avoir à me dire. Il me demanda de le suivre jusqu'au salon des ambassadeurs, qui se trouve au rez-de-chaussée du Palais. Nous nous assîmes dans de moelleux fauteuils « Je vous ai vu hier soir à la télévision lors du débat sur le CIP », commença-t-il. « Quel débatteur ! J'aurais aimé vous faire entrer dans mes gouvernements. » Je me demandai comment réagir. Était-il sérieux ? Était-ce un piège ? J'étais si étonné que je finis par balbutier : « Merci, Monsieur le Président, mais je ne suis pas socialiste ! » Il fit un petit geste de la main pour signifier que cela n'avait, à ses yeux, que bien peu d'importance. Le mot « débatteur » était suranné. Je n'avais guère l'habitude de l'entendre, et encore moins de l'utiliser. Je compris que le Président appartenait à une autre époque, qu'il avait ses propres codes et ses anciennes habitudes. « Il faudra que nous parlions davantage », me dit-il pour conclure. La scène avait duré moins de dix minutes. Rentré au ministère, le Premier ministre avait déjà appelé pour connaître le contenu de cet entretien. Je le lui racontai scrupuleusement, et sentis que tout ceci l'avait agacé. Il entendait bien que les contacts entre les ministres et le Président ne passassent que par lui. Il me mit en garde. « Méfiez-vous, il est si doué pour la manipulation. » En fait, j'avais été flatté par l'attention présidentielle, et n'y étais pas resté insensible. C'est l'un de mes défauts, hélas, assez constant. J'ai tendance à prendre à la lettre les compliments, pire, à les apprécier... Cela peut paraître puéril, voire naïf. Cela l'est sans doute. Mais dans un monde politique si brutal, où les attaques sont constantes, les critiques d'une violence inouïe, et les coups bas fréquents, il est possible de comprendre, à défaut d'approuver, cet appétit pour les petites oasis que peuvent représenter les compliments, même lorsqu'ils sont intéressés... Deux semaines plus tard, je recevais une invitation du protocole élyséen à me rendre dans la délégation présidentielle qui devait visiter successivement l'Ouzbékistan et le Turkménistan, voyage dont la durée prévue était d'une petite semaine. Je fis instantanément valoir que cela m'était impossible. Que le calendrier parlementaire était trop chargé, et que, de surcroît, je n'avais rien à faire de concret dans ces deux pays. La réponse fut sèche. C'était un ordre et je devais m'y plier. Tout juste le Premier ministre, que j'avais saisi, avait-il pu obtenir que je sois dispensé de Turkménistan, mais pas de l'Ouzbékistan ! Nous partîmes tous en Concorde. La délégation était imposante en nombre, et en qualité. À l'époque, la folie de la transparence n'avait pas encore frappé. Et François Mitterrand, en bon homme de gauche, ne lésinait ni sur les moyens ni sur l'apparat. Il avait même fallu faire installer un système spécial pour guider l'avion présidentiel, l'aéroport de Tachkent n'ayant jamais reçu un Concorde ! L'Ouzbékistan commençait tout juste à s'ouvrir. Le pays était encore dans un état dramatique. Dans sa folie, Staline avait transformé ce territoire en gigantesque champ de coton. La monoculture à la soviétique dans ce qu'elle avait de plus caricatural. Le résultat ne s'était pas fait attendre, avec la quasi-disparition de la mer d'Aral épuisée d'avoir à fournir en abondance l'eau nécessaire au coton. Le premier jour du voyage, je ne fus pas convié au dîner que donnait le Président à l'ambassade. Je demeurai seul à mon hôtel. J'étais furieux, on avait exigé ma présence, et ensuite, on me laissait ostensiblement isolé, me battait froid, on ignorait jusqu'à mon existence. Sans doute était-ce la punition qui m'était infligée d'avoir osé traîner les pieds pour venir. Le lendemain, je fis connaître mon mécontentement, sans beaucoup de ménagement, au porte-parole de François Mitterrand. Deux heures plus tard, le Président me signifia qu'il y avait dû y avoir un malencontreux malentendu, et que je serais naturellement au nombre des convives pour le dîner du soir. Je n'en croyais pas un mot. Le soir venu, François Mitterrand fut charmant. À la manière du prince de Machiavel, il savait à la perfection souffler le chaud et le froid. Il en jouissait, sans d'ailleurs s'en dissimuler. À la fin du repas, il m'interrogea sur mes lectures : « Vous devez aimer Malraux ? » me dit-il, sarcastique. « Oui », lui répondis-je, « naturellement, mais à dire la vérité, je lui préfère Hemingway, et, notamment *Pour qui sonne le glas*, qui est un de mes livres de chevet. » « Comme c'est intéressant, moi aussi j'aime ce livre ! » Tout d'un coup, j'étais reconnu digne de tenir une conversation. Nous parlâmes ainsi un long moment de littérature.

Je ne compris que le lendemain pourquoi il était venu en Ouzbékistan. Le véritable but du voyage était Samarcande, et le tombeau de Tamerlan qu'il tenait absolument à visiter. De façon assez baroque, nous passâmes une partie de la matinée à courir les cimetières de la ville. La fascination de François Mitterrand pour la mort n'était pas qu'une légende. Il était d'ailleurs assez fatigué. Un de ses officiers de sécurité humidifiait constamment sa nuque. Il est vrai que la chaleur était particulièrement étouffante.

Nous finîmes notre visite touristique devant la dépouille de Tamerlan. Nous nous recueillîmes puis, au bout de quelques minutes, il me dit : « On a bien de la chance, n'est-ce pas, Monsieur Sarkozy ? » Je répondis oui sans grande conviction, ne saisissant pas, dans l'instant, tout ce qu'il pouvait y avoir de bouleversant dans le besoin qu'exprimait cet homme de parler devant un tombeau alors qu'il sentait le souffle de la mort désormais si proche de lui. Puis, il se remit à parler politique. « Savez-vous combien de temps j'ai dû passer à attendre et à combattre avant de devenir président de la République ? Près de trente ans de préaux d'école, de sous-préfectures, de déplacements en voiture, en train, en avion. Trente années, c'est long ! Vous ne l'oublierez pas, vous qui êtes si pressé. Pour y arriver, il faut de la ténacité. Voyez Edgar Faure, il était plus intelligent que moi. Il n'y est pas parvenu ! La ténacité, Monsieur Sarkozy ! » Je regrette aujourd'hui de ne pas avoir assez remercié cet homme pour cette conversation de Samarcande, qui témoignait d'une forme d'humanité et de gentillesse à l'endroit du jeune loup si ambitieux que j'étais à l'époque.

Ce n'est que quelques mois plus tard que je fus touché, et même ému, par François Mitterrand. Il était si faible et si malade. C'est pourtant là que je l'ai trouvé le plus grand et surtout le plus digne. Son teint était devenu cireux. La mort se lisait à livre ouvert sur son visage. Sa peau se faisait si fine, presque transparente. Les os de son visage saillaient comme s'il s'était agi d'un squelette. Ses cheveux étaient devenus rares. Il se déplaçait douloureusement. Il souffrait. Il se battait sans relâche avec les maigres forces qu'il lui restait. Le spectacle de ce président aurait pu être pathétique.

Il n'en était rien. Un homme de grande dimension était en train de s'éteindre. La flamme vacillait chaque jour davantage, et pourtant il tenait. Il voulait tenir jusqu'au bout. Ce spectacle me fascinait littéralement. Lors des différents conseils des ministres, je ne pouvais détacher mes yeux de lui. Je le fixais constamment. C'était presque gênant. Je ne sais pas s'il s'en rendait compte. Un mercredi, il était si mal que j'ai bien cru qu'il allait s'évanouir durant la séance. Un huissier lui apporta aussi discrètement qu'il était possible une serviette éponge blanche au cas où il aurait été pris de vomissements. Nous étions stupéfaits. Sentant tous ces regards sur lui, il le repoussa rageusement. Je devais, ce jour-là, faire une communication sur le budget. Édouard Balladur me fit signe de raccourcir pour abréger les souffrances de François Mitterrand. Je m'exécutai, et bâclais littéralement mon rapport. Puis, je me tus. Il y eut un grand silence. Nous attendions un signe du Président pour nous lever et partir. Il redressa la tête et se tourna vers moi. Dans un souffle, je l'entendis dire : « Monsieur le ministre du Budget, parlez-nous plus longuement des finances de la France ! » Le vieux lion n'était pas encore mort. Il agissait comme s'il avait lancé un défi, non pas à nous, aux ministres présents, mais à la maladie, et derrière elle, à la mort. Je n'ai jamais oublié cette scène, car ce jour-là, François Mitterrand m'avait donné une leçon de vie. Sans vraiment le comprendre, à compter de cet instant, j'avais commencé à apprécier cet homme que j'avais tant combattu auparavant.

Ces sentiments furent encore renforcés lorsque les photographies de sa fille Mazarine, longtemps cachée, furent publiées, vraisemblablement avec l'accord de son père dans

Paris Match. François Mitterrand me demanda au sortir d'un comité interministériel : « Comment avez-vous trouvé ces photographies ?

– Belles, lui répondis-je, mais ce que je préfère, c'est le regard du père sur sa fille. Il y a tellement de fierté, et d'amour.

– Vous avez raison, mais comment les Français vont-ils le prendre ?

– Monsieur le Président, les Français sont sentimentaux. Ils aiment les histoires d'amour, et détestent les gaudrioles. Ils vont donc aimer. »

« Merci » fut son seul commentaire. J'étais bien loin de m'imaginer que, treize années plus tard, je serai à mon tour soumis au jugement des Français sur les rebondissements dévoilés de ma vie privée. Quand j'ai dit « avec Carla, c'est sérieux », je pensais à cette scène que j'avais vécue avec François Mitterrand. Mon obsession était de bien faire comprendre qu'il s'agissait d'amour, et que Carla ne serait jamais ma maîtresse puisque je voulais qu'elle devienne ma femme. Ainsi, elle serait protégée et nous seraient évitées les photographies volées au petit matin glauque. À l'Élysée, il ne peut y avoir de place pour une compagne, une petite amie, une fiancée. Il faut un statut à celle qui partage la vie d'un chef de l'État, sinon elle se trouvera exposée sans jamais pouvoir se défendre. C'est déjà assez compliqué d'être la « first lady » officielle, alors que dire, si elle est officieuse... La situation faite à Valérie Trierweiler était, dès le début, bancale et impossible. Quelles que soient ses qualités, elle ne pouvait trouver sa place. En tout cas, jamais il ne me serait venu à l'idée d'agir ainsi avec Carla, qui d'ailleurs, ne l'aurait jamais accepté. Ce n'est pas une question de tradition, de bourgeoisie, de machisme mal digéré. C'est simplement qu'aimer, c'est respecter, et protéger celle et ceux que l'on aime ! Je ne dirai jamais assez combien l'expérience peut se révéler un trésor inestimable...

Mis à part le décès de mon grand-père survenu l'année de mes 17 ans, je n'avais jamais été véritablement confronté à la mort. Je ne la connaissais pas. Je n'y pensais pas, en tout cas depuis que je n'étais plus l'enfant que la seule idée de la disparition de ma mère terrifiait. Je m'imaginais même cessant de respirer à cette seule perspective. Mais, mis à part cette angoisse de l'enfance, j'avais été épargné ! Ce n'est que durant mes deux premières années au gouvernement que j'ai commencé à la fréquenter vraiment.

La première fois, ce fut à l'occasion de l'affaire Human Bomb, au mois de mai 1993. Je ne reviendrai pas sur le détail de cette histoire tout à la fois dramatique et rocambolesque, qui a fait l'objet de si nombreux commentaires, articles et reportages. Y revenir n'amènerait rien de plus. Je veux en revanche dire comment je l'ai vécue de l'intérieur, et ce qu'elle m'a appris sur les autres, comme sur moi. D'abord, je n'ai pas eu le choix. Ce n'est pas moi qui ai eu l'idée de rentrer dans la classe. Je ne me suis pas porté volontaire. J'ai juste exécuté ce que l'on m'a demandé de faire. Je me suis concentré sur cela, et c'était déjà beaucoup. Lorsque Louis Bayon, le chef du Raid de l'époque, m'a dit : « Tout est bloqué, il faut tenter quelque chose. Monsieur le ministre, vous allez rentrer dans la classe pour négocier », j'ai eu peur. Assez peur même. Peur d'échouer. Peur de mourir. Peur d'être ridicule. Mais refuser était inenvisageable. Et puis cela a été si rapide que je n'ai pas eu le temps de penser. Je me suis retrouvé au cœur de l'action par un pur concours de circonstances. J'ai donc répondu « oui » sans réfléchir plus que cela, et, surtout, sans bien me rendre compte de tout ce que cela allait finalement impliquer. Louis Bayon me demanda seulement si je voulais un gilet pare-balles et une arme. Je lui demandai si le gilet servirait à quelque chose face aux 21 bâtons de dynamite installés à l'intérieur de la classe. Sa réponse fut dénuée d'ambiguïté : « À rien. » Quant à l'arme, ne sachant pas m'en servir, elle ne m'aurait pas été d'un grand secours. Louis Bayon m'intima l'ordre de le suivre jusqu'à la porte d'entrée de la classe. Tout le long de ce parcours, il y avait des tireurs d'élite casqués, en tenue noire, répartis un peu partout. Comme ultime conseil, il me recommanda fortement de toujours laisser un peu d'espace entre l'embrasure de la porte et mon épaule gauche « s'il faut tirer, nous le ferons par là, n'oubliez pas ! » Je dois dire que cela m'inquiéta davantage que cela me rassura. Je reçus le message en pleine figure, et ne compris qu'à cet instant que tout ceci pouvait mal se terminer. Puis, le chef du Raid entra dans la classe, insulta copieusement H. B., le prévint « qu'une personnalité » allait lui parler. J'écoutais, comme anesthésié. Je n'avais jamais vu une telle violence, en tout cas, pas de si près. Puis il vint me chercher pour m'introduire dans la pièce. J'étais seul désormais face au preneur d'otages. Il était grand, vêtu d'une combinaison bleu-gris, il portait des gants en caoutchouc. Son visage était dissimulé par une cagoule en plastique qui lui moulait le visage d'une manière assez effrayante. Il avait dans la main comme une petite poire reliée au dispositif de mise à feu. J'ai pensé alors au film de Kubrick, *Orange mécanique*, quand les braqueurs sont masqués. Le pire de tout était que durant les vingt minutes de notre première rencontre, il refusa obstinément de prononcer un mot. Je fis donc un long monologue, sans queue ni tête, complètement improvisé, parfaitement ignorant des codes et des savoirs utilisés dans ce genre de situations. J'étais épuisé. Je transpirais à grosses gouttes. À la fin, ne sachant plus trop quoi faire, j'eus l'idée de prendre un enfant dans mes bras au moment où H. B. me tendit une lettre à remettre « aux autorités ». « Je refuse de prendre la lettre si je ne peux emmener avec moi cet enfant », lui répondis-je avec la fermeté qu'il me restait. Je l'avais choisi au hasard. D'une manière surprenante, H. B. accepta. Ainsi, nous commençâmes un long processus qui, dans mon souvenir, se renouvela à huit ou neuf reprises. Chaque fois, un enfant, une fois même deux, était libéré. J'étais pris au piège. Je ne pouvais plus me dérober, même si j'en avais secrètement bien envie.

Enfant, j'avais souvent songé à vivre une situation qui me ferait braver tous les dangers. Je rêvais, à l'époque, d'Ivanhoé, de Thierry la Fronde ou de Zorro. Et voici que la vie me mettait face au défi de la peur, de la possibilité de la lâcheté, et de la gestion d'une crise majeure. C'était ma première. Ce fut loin d'être la dernière. En vérité, j'ai eu peur à chaque fois que je suis entré dans la classe, mais c'était la peur que mon corps me lâche, que mes jambes se dérobent, que je ne puisse physiquement assumer.

Jusque là, j'imaginais que la volonté faisait tout. Devant le risque ultime, j'ai senti que ce n'était pas vrai et qu'à tout moment malgré la volonté il était possible de craquer. Je compris aussi que le courage n'est en rien un état permanent, mais bien plutôt une question de circonstances. Selon les moments, on peut être courageux ou lâche tout en demeurant exactement la même personne. J'y ai beaucoup repensé en écoutant la belle chanson de Jean-Jacques Goldman « Si j'étais né en 17 à Leidenstadt sur les ruines d'un champ de bataille, aurais-je été meilleur ou pire que ces gens, si j'avais été allemand ? » J'ai compris que les décisions les plus importantes sont souvent et curieusement celles pour lesquelles on réfléchit le moins. C'est sans doute un bien réel paradoxe. Mais l'instinct, la force vitale, l'intuition servent davantage l'action qu'une sage et lente réflexion. Avant de se marier, de faire des enfants, de changer d'orientation professionnelle, de prendre un risque majeur, il serait sage de se donner le temps d'une mûre réflexion. La vie m'a montré qu'en fait, cela ne se passait que rarement ainsi. En tout cas pas dans mon propre cas.

La dernière nuit fut particulièrement pénible. Six petites filles étaient encore retenues. Le forcené ne voulait plus rien entendre. Je lui avais proposé à deux reprises de me prendre comme otage à la place des enfants. Après de longues discussions, il accepta, mais à la condition qu'il puisse garder encore une élève avec nous deux. C'était inacceptable. Comment d'ailleurs aurions-nous pu en choisir un parmi les six qui restaient ? En conséquence, la décision fut prise, avec Édouard Balladur et Charles Pasqua, d'intervenir. Cela ne pouvait plus durer. Quarante-huit heures venaient de s'écouler. La fatigue poussait chacun à bout. J'avais rédigé ma lettre de démission du gouvernement, car j'anticipais une issue dramatique. Dans le courant de la nuit, j'eus une dernière discussion avec celui des policiers du Raid qui avait été choisi pour entrer le premier. « Votre priorité, ce sont les enfants, qui doivent sortir vivants. Tout ce que vous croirez devoir faire dans ce sens, nous le couvrirons et l'assumerons », lui dis-je. Dans ce genre de situation, il n'y a pas de place pour les hésitations et les demi-instructions. Les hommes du Raid ont été d'un grand courage. Ils ont fait ce qu'ils avaient à faire. Leur sang-froid a été admirable. Ils ont abattu le forcené car, à tout moment, celui-ci pouvait actionner son dispositif et tout faire sauter : les enfants, l'école, nous... Je suis rentré dans la classe deux ou trois minutes après l'intervention. Le corps de H. B. gisait à terre. Une tache de sang se répandait sur le sol autour de sa tête. Je n'ai ressenti aucune émotion particulière. Son entêtement, sa folie, son désir d'argent nous avait mis dans la situation d'avoir à choisir entre lui et les enfants. Nous n'avons pas hésité longtemps. Il s'ensuivit une polémique qu'encore aujourd'hui j'ai du mal à accepter, et plus encore à comprendre. Alors que tous les enfants étaient sortis sains et saufs, nous fûmes violemment accusés d'avoir délibérément choisi de tuer H. B. ! Que la famille du preneur d'otages ait pu adhérer à cette thèse misérable, je peux le comprendre. L'amour a ses raisons que la raison ne connaît pas. Mais que le syndicat de la magistrature (déjà) ait voulu nous donner des leçons de respect des droits de l'Homme, pour le coup, c'en était trop. J'eus ainsi le privilège d'être autorisé par le conseil des ministres à répondre aux questions d'un magistrat qui enquêtait sur les conditions de notre intervention. Sa dernière question fut sans doute la plus déplacée : « Comment expliquez-vous que les trois balles tirées par la police aient pu pénétrer dans la tête du forcené par le même orifice ? » Je répondis du tac au tac : « Parce que nous avons choisi un bon tireur. » J'affirme aujourd'hui qu'à aucun moment nous n'avons voulu la mort de H. B. Tout ce que nous avons fait a scrupuleusement respecté les règles et les principes de l'ordre républicain. Les leçons sur les droits de l'Homme, et plus particulièrement sur les droits des enfants, c'est le forcené qui s'était mis en situation de les recevoir. La démocratie, la République doivent protéger les plus faibles. L'emploi de la force n'est pas seulement un droit, c'est un devoir. Trembler, hésiter, atermoyer au moment de la décision ultime n'est pas seulement une faute, cela peut même devenir un crime.

À force de polémiques nauséeuses, de débats incongrus, de vertus affichées dans le souci exclusif de l'image, tant de voyous, d'extrémistes, de désaxés, de pervers ont fini par s'imaginer qu'ils avaient tous les droits, ou au moins qu'ils ne couraient aucun risque. Un État de droit qui ne se fait pas respecter, qui n'inspire pas la juste crainte, que l'on sent hésitant à chaque décision, devient ni plus ni moins que le complice de cette explosion de violence à laquelle nous assistons.

En vérité, ce dont souffre le plus notre société, et ce n'est pas d'aujourd'hui, c'est d'un manque criant d'autorité. Il y a certainement un parallèle à faire entre la montée de l'insécurité, qui est bien réelle et n'est en rien un sentiment, et la disparition de l'autorité comme valeur cardinale de nos sociétés. Nous n'en finissons pas de payer la facture de l'année 68, et de l'inversion complète des valeurs qui s'ensuivit. L'autorité est si souvent assimilée à la brutalité, à l'inhumanité, à la dictature quand, à l'inverse, les sociétés heureuses seraient celles où l'absence de règles ferait le quotidien, l'autogestion serait le paradis, et la permissivité la marque de la modernité. Un jour que je rentrais à mon domicile, je passai devant la Maison de la radio dont une immense affiche recouvrait une partie des murs du nouveau slogan fièrement proclamé : « L'impertinence ». Comme si les impôts des Français devaient servir à rémunérer « l'impertinence » des journalistes de Radio France ! On aurait pu penser que ces derniers devaient d'abord être compétents, libres, professionnels, honnêtes, cultivés, curieux, passionnés. Eh bien non, ils sont impertinents et ils s'en vantent. Comme si l'impertinence pouvait jamais être une qualité. À l'école, lorsque j'étais enfant, c'était un défaut, et pas des moindres. Ce n'est pas parce que nous le pensions majoritairement il y a cinquante ans que ce serait moins vrai aujourd'hui. Sans autorité, sans ordre, sans hiérarchie, sans sanction, la société revient à l'état naturel, c'est-à-dire à la loi du plus fort. C'est très exactement le contraire de l'esprit républicain.

Je fus une nouvelle fois confronté à la mort quelques mois après l'épisode H. B. Nous étions le 24 décembre 1994. Je me trouvais dans un hôtel avec mes enfants, en lisière du parc de Versailles. Nous avions décidé d'y passer deux jours de repos bien mérité à nous promener, à dormir, à discuter de tout et de rien. Je venais à peine d'arriver quand je reçus un appel angoissé de Nicolas Bazire, le vigilant directeur de cabinet d'Édouard Balladur. « Où es-tu ? On a un gros problème avec un Airbus rempli de Français pris en otage sur le tarmac de l'aéroport d'Alger. Cela se passe très mal. Le Premier ministre souhaite ton retour immédiat. Il t'attend à Matignon. »

Nous refîmes en catastrophe les valises que nous venions à peine de défaire. Je remis les enfants dans la voiture, expliquant à Marie, leur mère dont je me trouvais séparé mais pas encore divorcé, que j'étais contraint de lui ramener les enfants en ce jour de Noël contrairement aux engagements que j'avais pris. Le contexte affectif rendait les choses anguleuses, sensibles, éruptives. Dans ces situations, le moindre changement peut provoquer des malentendus et des tensions inextricables. Un ministre en train de divorcer n'est pas un ministre, c'est un homme comme les autres avec ses maladresses, ses lâchetés, ses faiblesses. Comparé aux événements qui nous préoccupaient, c'était infiniment moins important, et en rien dramatique. Mais pour le père et le mari que j'étais encore, cela s'avérait un cauchemar. La conciliation un tant soit peu harmonieuse d'une vie publique avec les contraintes d'une vie privée est un exercice dans lequel je n'ai pas toujours excellé ! C'est le moins que je puisse en dire. Fort heureusement Marie, la mère de Pierre et Jean, se consacra à l'éducation de nos enfants avec un amour qui ne s'est jamais démenti. Elle peut être fière d'un résultat qui lui doit tant.

J'arrivais à l'hôtel Matignon en fin de matinée. Nicolas Bazire et moi passâmes la journée dans le bureau d'Édouard Balladur. Il était calme comme à l'accoutumée. Seule différence notable avec un jour ordinaire, la télévision était constamment allumée, branchée sur LCI, unique chaîne tout info à l'époque. Les caméras étaient braquées sur l'Airbus d'Air France, pris en otage par quatre terroristes islamistes. Une première tension éclata entre le ministre de l'Intérieur, Charles Pasqua, qui voulait que l'avion reste à Alger et que les Algériens s'en débrouillent, et le ministre des Affaires étrangères, Alain Juppé, qui souhaitait à l'inverse que l'Airbus soit rapatrié en France, craignant à juste titre un carnage en cas d'intervention des forces spéciales algériennes. Le choix était compliqué, d'abord par les relations exécrables qui existaient entre les deux ministres, ensuite et surtout par le fait que des écoutes réalisées depuis un de nos sous-marins en Méditerranée nous avaient révélé qu'un groupe islamiste souhaitait faire exploser un avion au-dessus de Paris ! De surcroît, il convenait de faire très vite car les terroristes, pour prouver le sérieux de leurs revendications, avaient ouvert la porte de l'Airbus, pris un malheureux jeune cuisinier français de 28 ans et, l'avait abattu d'une balle dans la tête avant de jeter son corps en dehors de l'avion sans autre forme de procès. La barbarie à l'état pur. C'était il y a bientôt vingt-cinq ans. Avec le recul, on mesure mieux la profondeur des racines de ce fléau qu'est le terrorisme islamiste, sa brutalité, sa cruauté, sa folie destructrice.

Quand on imagine qu'aujourd'hui même certains de nos responsables politiques en sont encore à hésiter à employer le mot islamiste, on mesure l'insondable naïveté, et la coupable faiblesse (le mot est insuffisant), d'une partie des élites françaises, jamais prêtes à mener la guerre, quelles que soient la barbarie de l'ennemi ou la gravité du sujet. C'est sans doute dans cette disparition de toute forme de volonté d'agir, dans cette absence de réactions fortes chez ceux pourtant censés incarner ce qu'il devrait y avoir de meilleur dans la Nation, que se trouve la preuve la plus flagrante de l'état de décadence avancée de l'Europe en particulier, et de l'Occident en général.

Édouard Balladur me demanda de téléphoner à la veuve de ce jeune français, si lâchement assassiné. La jeune femme digne et courageuse se retrouvait seule avec ses deux filles, dont une âgée de 4 mois ! Il donna ensuite l'instruction d'autoriser l'Airbus à se rendre en France comme le demandaient les terroristes, mais à la seule condition que l'avion se pose à Marseille et non à Paris !

Nous déjeunâmes dans le bureau du Premier ministre qui, malgré la tragédie qui se déroulait sous nos yeux, lisait attentivement une revue de décoration ! Nous eûmes même un débat assez vif sur le choix du menu ! Fallait-il des huitres ou du saumon ? Le saumon l'emporta. Ainsi était Édouard Balladur, obsédé par l'idée de ne jamais montrer ses émotions, en aucune circonstance, au risque même de paraître insincère ou futile. Il n'en était rien. Je percevais sous la carapace son angoisse. Je me demandais, tout au long de ces heures interminables, « Si un jour je suis dans cette situation, saurai-je garder mon sang-froid aussi bien que lui en est capable ? ». Il n'avait ni impatience ni agacement. J'ai décidé, ce jour, que j'essaierais désormais d'être le plus froid possible dans les situations les plus chaudes, ce qui n'était pas spontané chez moi. Au moins essaierais-je d'en donner l'apparence car, à force de persuader les autres de son calme, on finit, à la longue, par se convaincre soi-même. Au fond, on s'énerve souvent pour des choses futiles, qui n'ont pas vraiment d'importance. J'y ai moi-même succombé à d'innombrables reprises. Je m'en veux chaque fois, car c'est une preuve bien réelle de faiblesse. J'ai observé à l'inverse que, lorsque c'était grave, j'arrivais bien davantage à maîtriser mon tempérament.

Vers 18 heures, ce jour-là, nous vécûmes un moment irréel. Des coups de feu furent tirés de l'avion vers la tour de contrôle, à Marseille. Le GIGN en charge de la crise a alors cru que les terroristes avaient recommencé à assassiner des otages. Les consignes données par le Premier ministre étaient formelles : « Vous ne bougez pas, sauf s'ils tirent. » C'est sans doute ce qui expliqua l'impression réelle de précipitation quand les gendarmes intervinrent. La certitude qui était la nôtre d'otages exécutés nous a alors obligés à tenter le tout pour le tout. L'intervention fut d'une rare violence. Des cinq premiers gendarmes qui pénétrèrent dans l'avion, tous furent atteints par des balles ! Le Premier ministre, Nicolas Bazire et moi suivions ébahis l'intervention en direct sur LCI. Le bruit était assourdissant. Cela explosait et tirait de toutes parts. Nous ne disposions d'aucun autre élément d'information. Nous étions impuissants bien que décideurs. Il y eut un réel miracle, car les quatre terroristes furent tués et, surtout, tous les otages sauvés. C'est peu dire que nous étions soulagés. Édouard Balladur nous garda à dîner dans ce même bureau. Puis il rentra chez lui, un peu plus tard qu'à l'accoutumée, me laissant comme dernière mission d'aller à Orly accueillir l'Airbus qui était rapatrié de Marseille après le dénouement. Il était presque 3 heures du matin lorsque l'avion se posa finalement. Je montai quatre à quatre l'échelle de coupée en me demandant comment j'allais être accueilli par l'équipage héroïque et les passagers otages depuis plus de quarante-huit heures. Quand la porte s'ouvrit, je constatai un spectacle apocalyptique. À la droite de l'entrée se trouvait sur un brancard le co-pilote qui s'était fracturé la jambe en sautant par le hublot du cockpit. Les visages des passagers montraient clairement l'état d'épuisement dans lequel ils se trouvaient. L'odeur de renfermé prenait à la gorge. Ils venaient de passer quarante-huit heures dans ces conditions abominables d'angoisse, de terreur et d'inconfort. Quand elle me vit, l'hôtesse s'écria « Mon Dieu, un ministre, si j'avais su, je me serais remaquillée ! » Nous éclatâmes de rire et nous nous embrassâmes sans façon. La vie renaissait. Bien que la fatigue pesât lourdement, l'espoir irradiait chacun. J'ai pensé alors que la force de vie était bien la chose la plus puissante au monde. Ces gens sortaient littéralement de l'enfer. Ils avaient été dignes, solidaires, courageux, généreux. Pas une plainte, pas de cris, pas de pleurs chez tous ces héros anonymes. C'était la plus belle image qui puisse être donnée de la France.

Je suis convaincu qu'il y a bien deux France, antinomiques, contradictoires, et pourtant si perméables l'une avec l'autre. Il y a une France forte, indomptable, dont l'héroïsme et la générosité sont sans limites. Les exemples abondent dans notre longue histoire. Notre pays est sans doute comme nul autre au monde capable vraiment du meilleur, et dans les mêmes proportions du pire. Jeanne d'Arc, Bonaparte, François Ier, Louis XI, le général de Gaulle, Jean Moulin, Simone Veil, les résistants, les justes, les jeunes du chemin des Dames qui montèrent au front à peine leurs 16 ans dépassés, nos chercheurs, nos médecins, nos sportifs, nos artistes innombrables. Et puis à l'inverse, il faut bien reconnaître qu'il y a aussi le versant sombre : un antisémitisme bourgeois qui ne s'est jamais vraiment démenti, la collaboration, les foules enthousiastes acclamant Pétain. Tant de magistrats, de préfets, de policiers qui refusèrent de se poser trop de questions dérangeantes au moment où il aurait fallu choisir entre résister et collaborer. Et puis, notre capacité proverbiale à dénoncer le voisin, le conjoint, l'ancien ami détesté. Mon passage à Bercy m'a permis de voir le nombre de lettres anonymes de dénonciation reçues quotidiennement par le ministère. J'ai récemment lu la déclaration d'un procureur de la République expliquant sans honte que chaque courrier de dénonciation anonyme serait examiné avec le plus grand sérieux ! Alors que la seule chose sérieuse et républicaine serait d'envoyer ces courriers nauséabonds à la poubelle. Et que dire de tous ces sites qui font l'apologie de la stigmatisation, comme « Balance ton porc ! ». Mais si porc il y a, il faut porter plainte devant les tribunaux, pas en appeler à la vindicte populaire, et au jugement du tribunal de l'opinion publique ! Calomnier. Calomnier, il en restera toujours quelque chose. On en a le cœur au bord des lèvres. Il y a aussi la jalousie, comme si ce qui importait n'était pas de gagner plus mais que le voisin ne gagne pas davantage que soi-même.

Il nous faut donc faire avec ces deux France, à la fois grandiose et terrible. C'est bien pour cela que la France a, plus que tout autre pays, besoin d'institutions fortes, et d'un président dont le leadership doit être trempé dans les matériaux les plus solides et les plus résistants. Quand le pouvoir est faible, c'est tous les défauts de la France qui s'en trouvent exacerbés. Si au sommet tout est permis, si l'autorité est vacillante, si la volonté est évanescente, alors chacun, au sein des multiples alcôves et baronnies de nos administrations et de la multitude de petits chefs qui va avec, peut engager sa propre politique avec ses motivations personnelles, et, parfois aussi son souci de la revanche ou de la détestation. Quand la France est cadrée, tenue, maîtrisée, elle peut éclairer le monde de sa culture, de ses valeurs, de ses idées. Dans le cas contraire, la débandade n'est jamais bien loin. La IVe République en a montré d'innombrables exemples, et que dire de certaines périodes du mandat de François Hollande, où une petite Kosovare sans papiers, Léonarda, a pu intimer l'ordre au président de la République de s'en faire remettre, le tout retransmis en direct dans les journaux télévisés, ou les épisodes du scooter de la bien nommée rue du Cirque, qui ont fait rire de notre pays, dans le monde entier. Sans parler des multiples exemples de manipulations policières, et judiciaires, sur lesquelles j'aurai l'occasion de revenir.

Finalement, c'est d'abord durant mes quatre années au ministère de l'Intérieur, puis durant les cinq passées à l'Élysée, que j'ai réellement eu à côtoyer la mort. Mais ce qui changeait, c'est que chaque fois, j'avais d'une manière directe ou indirecte donné les ordres qui avaient conduit à la perte de soldats, de policiers, de gendarmes ou de pompiers. C'est sans conteste la partie de ces fonctions qui m'a le plus coûté, à laquelle je ne me suis jamais habitué, et qui, encore aujourd'hui, est demeurée le plus précisément en ma mémoire. Je me souviens des circonstances, des visages, des familles anéanties, des enfants devenus soudainement orphelins. Les images d'une cérémonie notamment ne me quitteront jamais. Nous étions en 2004. Le temps était magnifique. La Bretagne resplendissait à travers le hublot de mon avion. La mer était d'huile. J'étais attendu dans la cour d'une caserne pour présider la cérémonie en hommage à un jeune gendarme tué par un malfrat. Sa veuve éplorée mais forte tenait par la main son jeune fils qui ne devait pas avoir plus de 6 ou 7 ans. L'enfant ne pleurait pas. Il se tenait sérieux et droit en regardant fixement le cercueil de son père. Pendant que j'essayais de trouver les mots pour apaiser, à défaut de consoler, sa mère, je voyais bien qu'il écoutait attentivement. M'adressant à lui, je dis : « Ton père nous regarde. Il doit être fier de toi. Tu te comportes comme un homme courageux. Veux-tu m'accompagner pendant que je vais le décorer en accrochant la Légion d'honneur sur son cercueil ? ». Avec l'accord de sa mère, je lui pris la main, et nous nous retrouvâmes tous les deux immobiles devant la dépouille. Je sentais sa petite main serrer la mienne. Je pensais à cette famille brisée, à ma responsabilité de ministre de l'Intérieur, à cet enfant pétrifié de douleur et d'incompréhension. Je me disais que c'était trop tôt, beaucoup trop tôt, trop cruel, beaucoup trop cruel pour lui. La scène était bouleversante, et en même temps d'une grande violence. J'avais les larmes aux yeux. Je pensais à mes propres enfants qui pouvaient être à tout moment confrontés à la même épreuve. Je ressentais une colère froide mais profonde contre ces tueurs de policiers et de gendarmes. Je serrais les dents de rage. J'avais les mâchoires crispées. Il y eut la sonnerie aux morts. Puis *La Marseillaise*. Au moment où j'allais épingler la médaille, le petit me tira par la manche. Je me baissais pour qu'il puisse me parler à l'oreille : « Sors papa de la boîte. Sors-le ! », me dit-il en me regardant droit dans les yeux. Il n'y avait pas de larmes mais une détresse infinie. Je l'ai pris dans mes bras, et nous avons pleuré doucement. J'étais comme assommé. Quand à la fin j'ai dit au petit et à sa mère « Je ne vous oublierai jamais. Ce que nous venons de vivre est dans mon cœur jusqu'à la fin », je ne mentais pas. Je ne trichais pas. On ne triche pas avec la mort, ni la sienne ni celle des autres.

En 2005, j'ai dû participer à la messe d'enterrement de Nelly Crémel, cette jeune femme assassinée sauvagement par un tueur répondant au nom de Gateau, alors qu'elle pratiquait le jogging, son sport favori, dans son département de la Seine-et-Marne. Le tueur avait déjà tué. C'était un récidiviste, libéré pour bonne conduite ! Et qui naturellement en avait profité pour recommencer. Durant la cérémonie, j'étais assis à côté du mari de la victime et de sa fille. Une jolie petite blonde d'une dizaine d'années. J'avais été frappé par son calme, son sang-froid, et même sa noblesse. C'était sa mère que l'on enterrait. Elle ne sourcillait pas, ne sanglotait pas. J'imaginais qu'elle voulait soutenir son père lui-même plein de dignité. Le père et la fille me faisaient forte impression. À la fin de la cérémonie, cette petite fille se tourna vers moi. Ses mots me pénétrèrent comme autant de couteaux qui m'auraient transpercé : « Pourquoi as-tu laissé faire cela ? », me dit-elle calmement. Je restais interdit. Que pouvais-je répondre ? Expliquer ? Raisonner ? Il n'y avait rien à dire parce que la vérité sortait de la bouche de cette enfant. La vérité crue était bien là. J'étais ministre de l'Intérieur, et j'avais laissé faire cela.

On m'a beaucoup reproché d'avoir été un ministre qui surfait sur « l'émotion » suscitée par les faits divers. Quelle étrange polémique ! Comme si un ministre devait être une machine imperméable aux sentiments. Comme si la froideur pouvait avoir la moindre noblesse devant la détresse d'un enfant ou d'une victime. Je revendique d'avoir passionnément aimé ma fonction à Beauvau. Je m'y suis impliqué comme jamais je ne l'avais fait dans ma vie. J'ai partagé intensément les douleurs et les joies des femmes et des hommes que j'ai dirigés pendant quatre années. Ce ministère est le ministère de l'humain. Il faut donc beaucoup d'humanité pour le diriger, et l'incarner. Protéger les Français n'est pas une fonction comme les autres. Je ne suis pas sorti indemne de ces quatre années. J'ai vu le courage. J'ai vu le mal, l'immensité de la noirceur humaine. J'ai vu la douleur comme jamais je ne l'avais vue auparavant. J'ai appris que rien n'était écrit, que le pire était toujours possible. De ce jour, l'inquiétude pour les miens, pour ceux que j'aime, est devenue une pensée constante, parfois même obsessionnelle.

Alors que j'étais profondément ému, j'ai déclaré que le magistrat qui avait libéré le tueur Gateau « devait payer pour sa faute ». Ajoutant : « Moi, je le sais que la justice est humaine, mais ce n'est pas parce que c'est humain que l'on ne doit pas payer quand on a fait une faute. » Que n'avais-je pas dit ! Évoquer la responsabilité d'un magistrat équivalait ni plus ni moins qu'à faire trembler les colonnes de la République. Le scandale n'était pas que le tueur ait pu récidiver, qu'une petite fille soit orpheline, qu'un mari heureux devienne veuf. Le scandale, c'était le ministre de l'Intérieur qui l'incarnait ! Comme l'avait écrit Guy Béart : « Le premier qui dit la vérité, il doit être exécuté ! » La machine se mit en route. Les médias s'en saisirent. Au bal des hypocrites, Jacques Chirac et Dominique de Villepin dépassèrent toutes les espérances. « C'est un dérapage du ministre de l'Intérieur », clamèrent à l'unisson les deux plus hauts responsables de l'État. Le Président reçut alors en grande pompe le procureur général près de la Cour de cassation venu défendre l'honneur de tous les magistrats de France. Drapé dans son indépendance, et sa dignité offensée, ce dernier parla beaucoup et me donna de nombreuses leçons de comportement républicain devant tous les micros qui se présentaient à lui. C'est ce même homme tellement indépendant qui n'hésita pas en 2011 à participer aux meetings de Martine Aubry durant la primaire socialiste, aspirant sans doute à être nommé garde des Sceaux par cette dernière. Cette tartufferie illustre en vérité à quel point les victimes sont si peu considérées par certains corps intermédiaires, comme si leur souffrance gênait et empêcherait la République de ronronner si on leur attachait trop d'importance ! Je pense exactement le contraire. Les victimes devraient être au cœur de toutes les politiques républicaines pour que se trouvent réparés ou au moins pris en compte les profonds dommages physiques, moraux et matériels qui sont les conséquences des crimes et des délits.

Je ne peux pas évoquer les victimes dans leur ensemble sans qu'un visage s'impose à moi. Celui du père d'une des sept suppliciées du tueur en série Guy Georges. Violeur, assassin, multirécidiviste. Ce sinistre personnage aurait pu continuer longtemps à développer sa folie meurtrière s'il n'avait été confondu par l'utilisation, à l'époque « artisanale » et sans fichier, des empreintes génétiques. Confronté à cette preuve irréfutable de l'ADN, il put enfin être mis hors d'état de nuire.

Auparavant, il tuait et violait sans que l'on puisse l'arrêter. Il lui était même arrivé d'être mis en prison entre deux assassinats, pour d'autres faits moins graves. C'est cette affaire retentissante qui m'a conduit, en 2003, dans le cadre de la loi sur la sécurité intérieure, à faire adopter l'élargissement du fichier des empreintes génétiques à tous les crimes et délits. Cette réforme a complètement changé la façon de travailler des policiers et gendarmes.

Ici encore, lorsque je repense à la violence de la polémique suscitée par la mise en œuvre de cette arme aussi redoutable qu'indispensable contre les prédateurs sexuels, je demeure littéralement stupéfait par l'aveuglement idéologique d'une partie de la gauche française. Elle s'indigna, se mobilisa, m'accusa, manifesta, piétina, organisa concerts et meetings pour expliquer combien j'étais cruel et à quel point mon projet nous ferait entrer dans une société où les « gènes » seraient désormais l'unique critère de sélection. Une fois encore mes « amis » du syndicat de la magistrature étaient en première ligne. À aucun moment, tous ces défenseurs prétendument acharnés des droits de l'Homme ne s'inquiétèrent des droits des victimes. Naturellement, je ne cédais pas à la pression, et maintins mon projet envers et contre tous. J'étais intimement persuadé de son efficacité. C'est une bien réelle satisfaction que d'examiner aujourd'hui les statistiques en la matière, et leur évolution. Grâce aux fichiers des empreintes génétiques, c'est désormais un criminel sexuel sur deux qui se trouve être arrêté. Je fus moi-même impressionné par l'ampleur des résultats. C'est à cette occasion que je fis la connaissance de Jean-Pierre Escarfail, président de la petite association des victimes de Guy Georges. Sa fille avait été violée puis assassinée par ce monstre. Le chagrin est pour lui toujours aussi présent. La violence de la douleur et celle de l'absence sont encore aujourd'hui insoutenables. Mais l'homme est resté d'une humeur égale, souriant fréquemment, d'une exquise courtoisie, ne prononçant jamais la moindre parole de revanche ou de haine. L'unique but de ce « saint » homme est que « cela ne puisse plus se reproduire, que plus aucune jeune fille ne connaisse le martyre de sa fille ». Il sait que, pour elle, c'est définitivement trop tard. Qu'il ne la reverra jamais. Mais, à ses yeux, pour toutes les autres, il est encore temps d'agir.

Nous discutâmes fréquemment. J'aimais le recevoir, et l'entendre. Curieusement, cet homme qui avait connu l'enfer m'apaisait par sa force simple et sa tranquille assurance de mener un combat juste. C'est dire à quel point j'ai été « honoré » de me retrouver, quelques années plus tard, en bonne place à ses côtés sur le triste « Mur des cons » du syndicat de la magistrature ! C'est assez étrange, pour le moins, que des magistrats en exercice puissent en arriver à détester à ce point un homme qui a tant souffert, qui n'y est pour rien et pour lequel nous devrions avoir toute la sollicitude possible. On frémit à la seule idée de pouvoir un jour être jugé « sereinement » par des magistrats capables d'une telle démarche, si contraire à ce que l'on est en droit d'attendre de la justice ! Cet exemple est caricaturalement illustratif de la perte complète de bon sens, de la politisation sournoise, et rampante, du fossé qui se creuse chaque jour davantage entre une partie de nos élites dépassées par le nouveau monde, et la France du quotidien de plus en plus justement exaspérée de n'être ni entendue ni considérée.

Après l'épisode de l'Airbus, et, surtout, sa fin heureuse, j'étais persuadé qu'Édouard Balladur serait facilement élu. La suite montra à quel point je me trompais... Les raisons de cette profonde erreur d'analyse sont multiples. Je dirais dans le désordre qu'il y avait chez moi une part d'arrogance largement due à mon inexpérience. Ma tête avait tourné. Trop de pouvoir, trop de réussites rapides, trop de promesses d'un avenir radieux. Je n'étais pas le premier à succomber aux vapeurs déroutantes des premiers succès médiatiques. Rien ne remplace le vécu. Rien ne peut compenser l'apport inégalable des épreuves et des échecs qui montrent à quelle vitesse la vie peut se retourner, et même s'inverser. Depuis la mairie de Neuilly, tout m'avait réussi ou presque. Comment imaginer que cela ne durerait pas ? On me promettait déjà Matignon, en tout cas dans un premier temps, puis peut-être même la présidence de la République. Au lieu de m'excuser de toutes ces opportunités et de ces chances si nombreuses que la vie m'avait réservées, je ne résistais pas à la tentation de m'en glorifier. Je m'étais même convaincu que je les méritais. Je me disais que c'était mon travail acharné qui se trouvait récompensé. C'est en souvenir de ces années, et de mes propres faiblesses, que j'éprouve des sentiments mêlés quand je constate la véritable folie qui peut s'emparer de tels ou tels jeunes responsables politiques. Le système est devenu si cruel. Sitôt porté aux nues, sitôt voué aux gémonies. Qui pourrait y résister ? Mais il y a tout de même un changement par rapport à l'époque où j'ai débuté. Ce phénomène ne touchait alors qu'une petite partie du personnel politique, ceux à qui, à tort ou à raison, à droite comme à gauche, on prêtait une personnalité ou un talent différent de tous les autres. Aujourd'hui, tout est devenu possible pour tous. Nouvelle illustration de l'égalitarisme. Et chacun de compter désormais moins sur le travail ou l'originalité que sur la chance. Si Emmanuel Macron l'a fait, pourquoi ne le ferais-je pas, se disent tant de responsables politiques ou même de personnalités issues de la société civile ? Le spectacle a gagné en ridicule et en cruauté... Car naturellement, le réveil est douloureux pour tous ceux dont les rêves se transforment si rapidement en cauchemars. C'est comme s'il n'y avait plus désormais ni mesure ni limite. Or, il n'y a rien qui exaspère davantage les Français que l'arrogance de ceux qui les dirigent. Avec Édouard Balladur, nous l'étions devenus. L'envie de nous sanctionner avait grandi dans des proportions que nous avions alors beaucoup sous-estimées.

La seconde raison de cette défaite fut la véritable fascination qu'éprouvait Édouard Balladur pour les études d'opinion, spécialement lorsqu'elles étaient bonnes. Elles agissaient sur lui, non comme un euphorisant qui encourage à l'action, mais plutôt comme un calmant qui pousse à l'immobilisme. L'objectif était devenu de ne plus faire aucune vague, de surtout ne prendre aucun risque. Puisque tout allait bien, aux dires des sondeurs, il ne fallait en aucun cas modifier, surtout si proche de l'élection, une situation à ce point confortable. Or, il n'est au pouvoir de plus grand risque que celui qui consiste à n'en prendre aucun ! C'est ce qu'il se passa. Édouard Balladur devenu candidat ne prenait plus aucune initiative, ne disait plus rien qui puisse choquer, et avait fini par ne penser à rien d'autre que la gestion de ses sondages. Cette situation avait fini par m'inquiéter, davantage du fait de mon tempérament que par le fruit d'une analyse méthodique dont j'étais bien incapable à l'époque. Certes, les sondages étaient bons, mais « dans la vie véritable » je ne rencontrais personne enthousiaste à l'idée de voter Balladur. Je m'en étais ouvert à Nicolas Bazire. C'est pourquoi nous essayâmes de convaincre notre candidat « de se réveiller », sans succès. Quand il le fit, il remonta significativement, mais c'était déjà trop tard pour combler son retard. Une anecdote illustrera cette curieuse atmosphère ouatée. J'étais devenu le porte-parole, non plus du gouvernement, mais du candidat. Tâche redoutable s'il en est, car on ne parle pas pour soi mais pour un « autre ». La vigilance doit être redoublée. Parler, répondre, débattre au nom d'un tiers est un exercice d'une grande difficulté. Je ne tardais pas à l'apprendre à mes dépens. J'avais donné une interview au journal *Le Monde* pour expliquer que si Balladur était élu, nous supprimerions entre autres choses les droits de succession, en tout cas pour les héritages modestes. J'avais eu cette conversation avec lui. Il me paraissait qu'il en était convaincu, comme je l'étais profondément moi-même. À mon grand étonnement, sa réaction fut inverse à celle que j'attendais. Effrayé par l'antienne du « candidat des riches », Balladur était furieux. Il ne se priva pas de me le dire, ajoutant au comble de l'agacement : « Je vous rappelle que c'est moi qui suis le candidat, pas vous ! » Je lui répondis qu'il était impossible pour un porte-parole digne de ce nom d'être fidèle au discours d'un candidat qui n'en avait plus, puisqu'il ne voulait plus rien dire. Il s'ensuivit quelques jours de froid entre nous, jusqu'à la première chute dans les sondages qui en annonçait bien d'autres. Il fallut alors se rendre à l'évidence : pour être élu, mieux valait faire campagne... et, pour cela, il était indispensable d'avoir des choses à dire. C'est cette expérience qui me convainquit, tout au long de mon quinquennat, de ne pas passer une semaine sans prendre une initiative forte. Les commentateurs affirmèrent alors que j'en faisais trop, que les Français n'arrivaient plus à me suivre, qu'il s'agissait d'une erreur. Rien n'était plus inexact. En vérité, je n'en faisais pas assez. C'est d'ailleurs bien mal connaître les Français que d'imaginer qu'ils puissent reprocher à un pouvoir, en particulier quand il s'agit du président de la République, un trop-plein d'action !

Reste enfin une troisième raison à cette défaite : elle résida dans la personnalité de Jacques Chirac. À mes yeux, il a été un président trop immobile mais je reconnais qu'il a toujours su être un formidable candidat. Pour être plus précis, il fut toujours meilleur candidat que président. Or, pour devenir président, il convient d'être élu, c'est même la condition *sine qua non* ! Peu d'hommes avaient la même énergie, une semblable capacité d'empathie, une pareille force destructrice de celui qui se trouvait face à lui. Jacques Chirac avait même réussi ce tour de force, de devenir la « victime » de la situation, ce qui avait encore augmenté son capital de sympathie. En face, Édouard Balladur paraissait statique, prévisible, bourgeois, conservateur. Il s'agit bien de l'une des contradictions cardinales de la politique. Comment devenir un président à la hauteur du candidat qu'il a été ? L'objectif est plus difficile à atteindre qu'à décrire. Ce n'est d'ailleurs pas la question rituellement mise en avant dès que l'on parle « des politiques » du mensonge et de la vérité qui comptent. La difficulté résulte bien davantage dans le fait que les qualités requises pour être un bon candidat ont peu de rapport avec celles nécessaires au futur président. Pour le premier, il faut du dynamisme, de l'empathie, de l'enthousiasme, une capacité à gérer le temps extrêmement court de la campagne, une grande capacité d'adaptation, une force d'entraînement, une puissance qui va. Pour le second, il faut de la solidité, de la solennité, du calme, une grande aptitude au temps long, une force qui rassure, une hauteur de vue, une absence de considération politicienne. En bref, il convient bien d'être deux personnalités en une seule. Ce qui représente un fameux défi.

Édouard Balladur ne fut pas élu président, mais curieusement c'était comme si je devenais l'unique perdant. Je n'étais pas le candidat, mais je finissais par être celui qui avait échoué. Toute l'amertume, la détestation, l'ivresse des vainqueurs se déversèrent quasi exclusivement sur ma personne. J'étais le symbole de la trahison, de l'échec, du monde ancien. Je me trouvais dans la situation du « Mozart » de la politique devenu brutalement par le choix des urnes le plus jeune des « *has-been* ». J'étais détesté par le nouveau président de la République et tout son entourage. Être l'ennemi personnel de l'Élysée n'est pas sans conséquence en France, spécialement sous la Ve République. Le courage n'étant pas la chose la mieux partagée du monde, le téléphone avait instantanément cessé de sonner. Les rares personnalités qui osaient encore m'inviter le faisaient sans témoin, à l'abri de tous regards indiscrets. Je me souviens d'un dîner chez Betty et Jean-Luc Lagardère, dont j'étais proche, où nous

nous trouvâmes seulement à quatre dans l'immense salle à manger de leur maison du 7ᵉ arrondissement. Et encore avaient-ils été aussi courageux qu'affectueux d'avoir pris cette initiative ! Jacques Chirac avait élégamment déclaré : « Sarkozy, il faut lui marcher dessus, cela porte bonheur ! » L'atmosphère était irrespirable. Quel que soit l'endroit vers lequel je me tournais, les portes se fermaient. Le clan chiraquien me promettait la disgrâce définitive. Et ils faisaient tout pour tenir leur parole. C'est l'une des rares périodes de ma vie où j'ai sérieusement envisagé d'arrêter la politique. Mon ami, Antoine Bernheim, le grand banquier de Lazard, m'offrit généreusement de créer une nouvelle banque d'affaires avec lui. J'y réfléchis quelques jours, j'hésitai, et, finalement, refusai. Partir, après une telle défaite, et dans une telle ambiance, aurait ressemblé ni plus ni moins qu'à une capitulation. Entouré de quelques fidèles amis, peu nombreux mais assez déterminés, au premier rang desquels se trouvait mon si précieux Brice Hortefeux, je me repliai sur la mairie de Neuilly qui représentait une oasis de fidélité. Les Neuilléens m'avaient réélu, insensibles au contexte politique de l'époque. Je ne leur en serai jamais assez reconnaissant. Je serrais les dents. Je fis du sport à haute dose pour apaiser ma fureur intérieure. Un jour, sans même m'en rendre compte, je me retrouvai à courir autour de l'Élysée comme une provocation ou comme un acte manqué. J'attendais. Je bouillais. Je n'avais que le mot revanche à la bouche. J'avais foi, contre toute logique, en des jours meilleurs. À mon grand soulagement, ils finirent par arriver, et même plus tôt que je ne l'avais imaginé. Il est vrai qu'ils étaient moins dû à l'amitié soudainement revenue du clan Chirac qu'à la situation impossible dans laquelle le nouveau

Président s'était mis, avec la dissolution ratée qui vit arriver Lionel Jospin à la tête d'un gouvernement de cohabitation, et, par son entêtement à maintenir Alain Juppé qui avait réussi à pousser toute la France dans la rue dès le premier été qui avait suivi la présidentielle de 1995.

Avec un orgueil qui n'est pas chez moi qu'un défaut de jeunesse, je m'étais juré que je ne reprendrai pas contact avec Jacques Chirac. Je voulais qu'il le fît, sans que j'ai à le solliciter. Je savais trop ce qui m'attendrait si je faisais preuve de la moindre faiblesse. Tout au long de cette année 1997, je reçus, de plusieurs envoyés de l'Élysée, dont deux fois Dominique de Villepin, un message d'ouverture. En bref, si je demandais à être reçu par le président de la République, il accepterait ma demande. Je continuais de résister, et refusais obstinément de céder. Avec le recul, j'ai sans doute exagéré mon orgueil, et renforcé, aux yeux de Jacques Chirac, la conviction que j'étais ingérable. Ma seule excuse est que je n'avais guère été ménagé. C'est le moins que l'on puisse dire... Je répondis donc que si le chef de l'État souhaitait me voir, je viendrais, quelle que soit la date, et avec plaisir, mais que cela devait être à sa demande ou que cela ne serait pas. Et puis, en septembre 1997, le miracle se produisit. Le secrétaire général de l'Élysée m'annonça que Jacques Chirac souhaitait me recevoir en tête à tête. Nous avions passé près de trois années sans nous parler, sans le moindre contact, sans même nous croiser. Je me demandais comment les retrouvailles allaient se dérouler. J'étais heureux de cette possibilité qui m'était offerte de revenir dans ma famille politique, que je n'avais jamais quittée malgré les sifflets et les insultes. Le souvenir du meeting de Bagatelle en 1995 m'avait marqué au fer rouge tant j'y avais été humilié par une foule hurlante. Je me sentais anxieux à l'idée de ce « premier » contact. Je connaissais les sentiments de mon hôte à mon endroit. À cette époque, à l'inverse, Dominique de Villepin fut, en tout cas en apparence, un intermédiaire efficace, et assez amical. Il me téléphonait régulièrement, tentait d'apaiser les ressentiments, et me rassurait sur ce que serait l'atmosphère de la première rencontre. Le jour dit, c'est lui qui m'introduisit dans le bureau présidentiel mais, à mon étonnement, au dernier moment, il s'effaça pour me laisser seul avec mon prestigieux interlocuteur. Je m'attendais au pire. Je ne fus pas déçu. Ce fut même plus violent encore que je l'avais redouté. Quand je pénétrai dans la pièce, Jacques Chirac, d'ordinaire cordial, et courtois, ne se leva même pas. Il resta vissé à sa chaise derrière son bureau. Je me retrouvais comme un élève puni, convoqué par le directeur pour recevoir un sermon. Jacques Chirac me dit, en guise d'accueil, « Assieds-toi ». Puis il partit dans une tirade dont je me souviens qu'elle fut interminable. Tout y passa, sur les raisons de la défaite de l'ex-majorité aux élections législatives. La faute en était « aux divisions irresponsables », dont naturellement je me trouvais être l'auteur principal. Emporté par sa verve, son élan, et, sans doute, par tant d'années où il n'avait pas pu me dire ce qu'il avait sur le cœur, il s'auto-alimentait. Chaque minute passée le voyait gagner en fureur. Sa colère augmentait. Son rythme s'accélérait. Mon procès était ouvert, et il s'en donnait à cœur joie. Mais curieusement, loin de l'apaiser, ce déferlement augmentait encore son ressentiment. En face, j'étais partagé entre la stupeur – pourquoi m'avait-il fait venir, si c'était pour me dire cela ? – et l'humiliation d'être traité de la sorte... Mais, dans l'impossibilité de l'interrompre, je ne pouvais pas prononcer une phrase. Après un bon quart d'heure de cette tempête, Jacques Chirac éprouva le besoin de reprendre son souffle. J'en profitais pour glisser enfin une phrase : « C'était donc vrai, ce que l'on m'a dit ? ». Il hurla en réponse : « Qu'est-ce qu'on t'a dit ? ». Je répliquais sans même y réfléchir : « Que vous n'écoutiez plus rien, et, que l'on ne pouvait plus vous parler ! » Il resta interdit, stupéfait par ce qu'il prit visiblement comme une ultime provocation de ma part. Peut-être attendait-il de moi que je m'excuse de mon comportement lors de la dernière présidentielle, que je fasse amende honorable ou pire encore, que je sollicite sa mansuétude. Sans doute l'ai-je déçu, mais c'était aux antipodes de mon état d'esprit d'alors. Au comble de l'agacement, il mit fin instantanément à notre entretien en appuyant sur la sonnette qui fit venir l'huissier, auquel il ordonna : « Raccompagnez Monsieur Sarkozy ! » Je le saluai froidement, bien décidé en mon for intérieur à ne plus jamais me prêter à une telle comédie où je m'étais trouvé en grande situation de faiblesse. Une heure après, Dominique de Villepin me téléphona pour s'enquérir de mon état d'esprit. Je fus franc. « Cela ne pouvait pas plus mal se passer. Je ne remettrai plus les pieds à l'Élysée ! » La rencontre resta secrète. Aucun de nous deux n'avait intérêt à ce qu'elle soit connue. Nous nous trouvions en pleine cohabitation. La profondeur de nos divisions n'était à l'honneur de personne. Je m'étais fait une raison, et avais fait le deuil de toutes possibilités de retour en grâce.

Pourtant, moins d'un mois plus tard, le secrétaire général de l'Élysée me rappela pour me proposer un nouveau rendez-vous avec le Président. Je refusai d'abord énergiquement.

« Je n'ai nulle envie de revivre ce que je viens de connaître. Et de surcroît, cette fois-ci, je répondrai... mieux vaut donc s'abstenir ! » « Vous avez tort, cela sera très différent », me répondit Dominique de Villepin. J'étais fort sceptique mais je me laissai finalement convaincre. Un rendez-vous fut pris pour le lundi suivant en fin d'après-midi. Après tout, qu'avais-je à y perdre ? Le matin de notre rencontre, je me réveillai avec un lumbago qui me pliait littéralement en deux. C'était, à n'en pas douter, le signal clair d'une intense contrariété intime. La conséquence physique de la violence de la guerre interne qui m'opposait à Chirac. C'était aussi le stress d'une nouvelle rencontre qui pouvait très mal se passer. Il n'était pourtant pas question que j'annule. Dans ce contexte, il se serait agi d'une nouvelle provocation. En ultime recours, je me rendis à l'hôpital de Neuilly pour y recevoir une piqûre anti-inflammatoire pour au moins me permettre de me tenir debout. Je souffrais le martyre. Je pouvais à peine marcher. Je me sentais physiquement très diminué. Ce n'était vraiment pas le bon jour. J'empruntai, comme pour le premier rendez-vous, la grille du parc, par souci de discrétion. Je mis un temps fou à sortir de ma voiture. J'arrivai au premier étage du Palais en me tenant le dos. J'avançais à la vitesse d'un petit vieux. Au moment où je franchissais la porte du bureau présidentiel, je perçus tout de suite le changement complet d'atmosphère par rapport au mois dernier. D'abord, Jacques Chirac se leva pour m'accueillir, les bras ouverts comme je l'avais si souvent vu faire. « Cela me fait plaisir de te voir », me dit-il. Il s'aperçut instantanément de mon infirmité provisoire et me demanda dans un éclat de rire plein de sous-entendus à quelles activités coupables j'avais bien pu me livrer pour me retrouver ainsi ! Je lui répondis que ce n'était pas drôle, et, que je souffrais beaucoup. Il appela, sur-le-champ, l'huissier pour lui demander qu'il apportât, sans délai, un oreiller pour que je puisse m'allonger sur le canapé du bureau présidentiel ! Cinq minutes plus tard, je me retrouvai donc à moitié allongé dans le bureau avec Jacques Chirac assis sur une chaise à côté de moi, prenant grand soin de ma condition physique. La scène était irréelle, surréaliste, et tellement inattendue par rapport à l'atmosphère de notre dernière rencontre, et à ce que j'en attendais. Il fut, tout au long de ce rendez-vous, aussi aimable et affectueux qu'il avait été brutal et violent un mois auparavant. Nous discutâmes politique, de façon approfondie, et, surtout, apaisée. Il m'expliqua qu'il avait besoin de moi, que le passé était définitivement derrière nous, et qu'il était décidé à m'accorder pleinement sa confiance. Nous parlâmes ainsi pas moins d'une heure. Je sortis, soulagé, somme toute assez heureux, bien décidé à l'aider avec malgré tout un zeste de scepticisme sur la réalité de ses si bons, et si nouveaux, sentiments. La suite montra que je n'avais pas complètement tort. L'indépendance est une faute que Chirac ne pardonnait pas.

De fait, les choses ne tardèrent pas à s'aigrir une nouvelle fois. Jacques Chirac considérait qu'il fallait désormais que je me fonde dans le collectif en faisant preuve d'une grande discrétion. J'étais de nouveau convié aux réunions politiques de la famille, mais je devais me tenir à la place qui m'était assignée. Et celle-ci n'était pas dans le peloton de tête ! On m'avait officiellement « pardonné », mais on ne me faisait pas confiance pour autant, surtout pour les questions touchant au fonctionnement ou à la vie du parti. Il était clair dans l'esprit du Président qu'une seule personne était digne de le diriger, et c'était Alain Juppé. C'est dans ce contexte que Philippe Séguin et moi nous étions rapprochés. Nous avions pourtant de sérieux désaccords de fond. Le plus visible concernait l'Union européenne. J'avais voté oui à Maastricht. Il avait conduit avec brio la campagne en faveur du non. J'étais convaincu de la nécessité de réformer profondément l'Union européenne, mais aussi que, pour ce faire, il convenait d'être à l'intérieur du système, voire en son centre. À l'inverse, il n'envisageait qu'une explosion préalable venant de coups de boutoir assénés de l'extérieur. Nous divergions également sur l'économie où je me trouvais plus libéral que colbertiste. Ici encore, il incarnait la stratégie inverse. Il n'avait que le mot État à la bouche. Je ne parlais que des entreprises, et du travail. Voilà pour les désaccords de fond. Pour le reste, nous nous appréciions. Nous étions amis car nous partagions de nombreuses passions, au premier rang desquelles se trouvaient le cinéma et le sport, dont naturellement le football. Il nous arrivait parfois d'aller au parc des Princes ensemble. C'était un gargantua à la carrure immense, à la voix tonitruante, au caractère explosif, et au tempérament timide, réservé. Ainsi, il me téléphonait certains dimanches de match : « Que fais-tu ? » Jamais il ne m'aurait demandé de nous y rendre ensemble. Dans notre rituel, je répondais invariablement : « Justement, cela tombe bien que tu m'appelles, j'avais prévu d'aller ce soir au Parc avec mes deux fils Pierre et Jean, veux-tu te joindre à nous ? » Il répondait « Pourquoi pas. » Ce qui, pour cette personnalité tout à la fois méditerranéenne et sombre, était déjà la marque d'un enthousiasme inhabituel ! Durant la soirée, il devait prononcer tout au plus trois ou quatre phrases. Mais quand, au retour, je le déposais à son domicile, il me disait : « On a passé une bonne soirée, tu ne trouves pas ? » « Oui, Philippe. » Ainsi allaient nos relations. Nous échangions peu mais étions complices. Je le comprenais. Il me respectait. Chacun à notre manière, nous nous aimions. Il me manque aujourd'hui. Avec lui, j'ai compris qu'il était possible de se sentir proche de gens avec qui on a pourtant de solides désaccords, que l'amitié se joue sur des détails, et que, sur ceux-ci, nous étions toujours d'accord. Et puis, nous avions en commun une chose qui nous rapprochait beaucoup. Nous étions les deux seuls capables de susciter à ce point l'exaspération et la méfiance de Jacques Chirac. Nous avions beau faire et beau dire, rien ne faisait bouger d'un millimètre cette donnée de base. Je dois reconnaître que cela blessait et même touchait plus Philippe que moi. Avec une lucide froideur, je m'étais fait à cette idée. Curieusement, lui, non. Il considérait, non sans raison, qu'il avait joué un rôle déterminant dans la victoire de 1995 et qu'en retour, il n'en avait eu aucune reconnaissance. C'était à ses yeux une profonde injustice. Il mettait ses relations avec Jacques Chirac sur le plan affectif quand je ne pensais qu'à les installer sur un nouveau rapport de force. Il y avait chez lui comme un dépit amoureux qui avait viré à l'aigre. À mesure que nous évoquions l'impasse politique dans laquelle nous nous trouvions, nous avions fini par considérer que nos différences pouvaient être une force si nous savions les additionner. À deux, nous couvrions un spectre beaucoup plus large. C'est ainsi que nous décidâmes, à la grande fureur de Jacques Chirac, de partir ensemble à la conquête de son propre parti, dont il ne pouvait assurer la présidence depuis qu'il était à l'Élysée. La cohabitation de ce point de vue ne changeait rien à l'affaire. Il s'agissait d'un crime de lèse-majesté que nous étions bien décidés à commettre, d'autant que c'était Alain Juppé qui se trouvait dans le viseur puisque Jacques Chirac voulait, une nouvelle fois, l'imposer à la tête du mouvement. Juppé et Séguin se détestaient, cordialement. Le premier disait de l'autre « c'est un fou », et il le pensait sincèrement. Le second méprisait le premier qu'il considérait dans ses jours d'indulgence comme « un technocrate sans souffle ni talent ». Je n'avais nul besoin de motiver Philippe Séguin, qui voyait enfin son heure approcher. Mes sentiments, à l'endroit d'Alain Juppé, n'étaient pas de même nature. J'ai toujours eu de l'amitié pour lui, y compris à l'époque du gouvernement de Balladur, où il hésita jusqu'au dernier moment à choisir Jacques Chirac. Il m'en fit, plus d'une fois, la confidence. Nous partagions même certaines connivences professionnelles comme personnelles. Nous avions du plaisir à parler et à voyager ensemble. Je lui reprochais, cependant, ce que j'appelais sa « faiblesse » à l'endroit de Jacques Chirac à qui il ne pouvait jamais, au final, dire non. En fait, il était davantage son collaborateur qu'un homme politique véritable. Il me reprochait mon ambition, et mon empressement. J'avais dix années de moins que lui. Il considérait que je devais attendre que ses propres ambitions soient assouvies avant de pouvoir revendiquer quoi que ce fût. C'est peu dire que je n'adhérais guère à son raisonnement. Avec le recul, je crois surtout qu'Alain Juppé considérait que Philippe comme moi étions beaucoup surestimés par les journalistes comme par le milieu politique, spécialement s'il nous fallait être comparé à lui ! En cela, il était bien le plus bel exemple de ce que sont capables de produire nos grandes écoles. Des esprits bien faits, et bien remplis, mais parfois incapables de supporter que l'on puisse les mettre en concurrence sur le terrain qu'ils croient de prédilection pour eux : celui de l'intelligence. Je n'avais pas suivi son brillant cursus universitaire, je ne pouvais donc, par nature, qu'être intellectuellement inférieur. Et comme, de surcroît, la psychologie, les rapports humains et la souplesse de caractère n'étaient pas les points forts d'Alain Juppé, la rupture entre nous fut rapidement actée. Je reconnais, d'ailleurs, que le trop-plein d'énergie assez immature dont je disposais, à l'époque, me poussait à le provoquer de façon souvent inutile, et à contretemps.

L'opération réussit. Philippe Séguin fut élu président du RPR. Il me désigna aussitôt secrétaire général. L'année 1998 commençait comme un cauchemar pour Jacques Chirac. Après la cohabitation avec Jospin, il lui fallait subir celle, non moins aisée, avec ses deux bêtes noires. De façon inédite, Philippe et moi nous trouvions désormais à la tête d'un parti resté assez profondément chiraquien. Nous ne l'étions plus depuis longtemps, mais les militants l'étaient demeurés. Le premier grand rassemblement que nous avions organisé donna lieu à une scène particulièrement cocasse. Philippe avait eu le projet de changer le nom du parti, voulant signifier ainsi qu'une nouvelle ère allait commencer. Nombreux à l'intérieur de celui-ci avaient, à juste titre, analysé cette initiative comme manifestant une volonté de « dé-chiraquisation ». Les esprits étaient chauffés à blanc. J'étais moi-même à la tribune lorsque Philippe Séguin prit la parole. Au moment où il prononça le nom de Chirac pour la première fois, la salle se mit instantanément debout et commença à scander le nom de son idole. Philippe Séguin, pourtant orateur de première classe, se trouva de façon incompréhensible complètement paralysé. La salle hurlait pendant de longues minutes « Chirac, Chirac ». Lui était comme hypnotisé, fossilisé, immobilisé. Il demeura physiquement accroché à son pupitre sans pouvoir prononcer une parole. On aurait dit le serpent devant son charmeur. Il aurait pourtant suffi qu'il continuât son discours pour que la salle s'apaisât. Mais de le voir aussi silencieux, la foule comprit qu'elle avait pris le dessus, et redoubla donc les « Chirac, Chirac ». La scène dura une éternité. Dix minutes, quinze minutes, peut-être vingt. Je hurlais de ma place à son endroit « Parle, Philippe, parle ».

Ce fut le premier désastre d'une longue série. Nous commencions par remballer notre projet de nouvelle dénomination. Séguiniser le parti n'allait pas être un chemin aisé. Nous touchions ainsi les limites de notre influence. Ainsi était Philippe Séguin, massif, puissant, courageux, et en même temps fragile. Je ne le compris que plus tard. C'est certainement cette fragilité qui l'a empêché d'aller au bout d'une carrière pour laquelle il avait tant de facilités. Le talent, le souffle, les convictions, le physique, la puissance ne lui manquaient pas. De ces points de vue, rien ne lui faisait défaut. Mais à quoi servent toutes ces qualités si vous n'avez pas la constance, la capacité à surmonter les épreuves, la force de vous construire une carapace qui empêche votre destruction durant les tempêtes inéluctables ? Philippe ne pouvait pas subir cela. Il n'était pas capable de résister à ces chocs inévitables. Jacques Chirac le savait. Il connaissait à merveille les moyens de le déstabiliser. Il en usa, et parfois même en abusa. Quand je compris cette réalité, j'essayai de l'aider à la corriger. C'était peine perdue. On ne change pas si aisément sa nature, et encore moins celle d'un autre.

Notre attelage dura un peu moins de deux années. Au fil des semaines, nous apprîmes à mieux nous connaître. J'ai aimé travailler avec lui. Il était dans le travail beaucoup plus facile qu'on ne le disait. Il pouvait être un ami drôle, attentif, affectueux. Bien sûr, il lui arrivait aussi d'avoir des jours sans. Pour nous amadouer, Jacques Chirac avait imaginé de déjeuner avec nous une ou deux fois par mois. L'initiative était louable sur la forme, et ne servait pas à grand-chose sur le fond. Nous partions ensemble de la rue de Lille pour rejoindre l'Élysée. Un jour que je l'attendais comme à l'accoutumée, il descendit par l'ascenseur. Je me trouvais sur le trottoir. Je lui dis : « Philippe, dépêchons-nous, nous sommes en retard ! » Sa réponse fusa : « Je m'en fous, je ne viens pas, vas-y tout seul ! » Je demeurais interdit : « Mais enfin, as-tu prévenu Chirac ? ». « Non. » Et sur ce, il partit en maugréant pour une destination inconnue. La mort dans l'âme, je me rendis à l'Élysée. Je n'avais aucune explication à fournir à Jacques Chirac. Notre déjeuner fut rapide, étrange, et peu loquace. Il est vrai qu'il n'y avait pas grand-chose à en dire... Je pouvais comprendre l'exaspération de Philippe Séguin. En revanche, je désapprouvais vivement la manière, et cette forme de renoncement taciturne.

Puis sont arrivées les élections européennes de 1999. C'était un moment attendu avec impatience par Philippe Séguin. L'Europe était un domaine où il se sentait à l'aise, en tout cas dans son discours. Il voulait, et il serait, notre tête de liste. Chirac espérait que l'opposition prendrait sa revanche des législatives perdues en 1997. En vérité, rien ne se déroula comme prévu. Je veux dire par là que ce fut bien pire que tout ce que nous aurions pu redouter. D'abord, il y eut la volonté de Charles Pasqua de faire équipe avec Philippe de Villiers contre son ancien partenaire de Maastricht. Celui-ci le vécut particulièrement mal. Là encore, son incapacité à gérer « l'affect » l'affaiblissait considérablement. Ensuite, Bayrou constitua une liste centriste. Cela donna lieu à une scène d'une grande brutalité à la table du président de la République. Jacques Chirac avait convié à déjeuner tous les principaux dirigeants de l'opposition d'alors. Bayrou était du nombre. Philippe Séguin était, comme à l'accoutumée, assez sombre. L'entrée fut servie sous la forme d'un délicieux feuilleté à la truffe. Philippe l'avait englouti si vite que notre hôte lui fit la proposition d'un second. Il accepta sans plus de manière et le fit disparaître, comme si le premier n'avait pas existé ! S'il appréciait la nourriture, il goûtait moins les échanges. Son mutisme devenait pesant. Il ne l'interrompit que quand Bayrou eut la mauvaise idée de lui déclarer son amitié profonde, tout en confirmant qu'il ferait liste à part. C'est ce moment que Séguin choisit pour prononcer ce qui fut ses seules paroles du déjeuner. S'adressant au leader centriste, il agita sa lourde main au-dessus de son assiette avec un mouvement marqué de dédain vers son interlocuteur : « Ton amitié, tu sais où je me la carre ! » Cela avait le mérite d'être sans ambiguïté, mais la violence du propos saisit chacun. J'attendais la suite avec une certaine inquiétude. Bayrou avait rougi de confusion mais il ne s'était pas avisé de répondre, craignant sans doute la réplique. Séguin s'était replongé dans son mutisme. Chirac était exaspéré. Ce fut un déjeuner de fous, où aucun ne fit le moindre effort pour même commencer à comprendre l'autre. J'assistais, éberlué, à ce désastre annoncé. Rien ne pouvait l'enrayer. La propension de la droite à se diviser avec tant d'enthousiasme est incompréhensible, du moins si l'on se place d'un point de vue rationnel, quand on prend la peine d'en anticiper les conséquences certaines. Gagner les élections en France est toujours très difficile, même lorsque l'on est uni. Alors, quand la division apparaît, ce qui était difficile devient mathématiquement impossible. C'est aussi inéluctable que simple à comprendre. Cela vaut pour la gauche comme pour la droite, à toutes les époques, et quelles que soient les conditions. Et pourtant, malgré cela, la division s'avère toujours plus facile à distiller que l'union à s'installer. Le processus est par ailleurs toujours le même. La division appelle la division. Bernard Pons, alors président de l'Association des amis de Jacques Chirac, tint absolument à mettre son grain de sel. Détestant Philippe Séguin, il n'eut de cesse de le déstabiliser, avec une réelle réussite. Un samedi matin, il donna une interview pour dire qu'il ne voterait pas pour la liste de Séguin. La réponse ne se fit pas attendre. À la stupéfaction générale, Philippe Séguin se saisit de ce prétexte, et écrivit à la main un communiqué qu'il confia à l'AFP, annonçant que les conditions n'étant pas réunies, il renonçait à se porter candidat et à conduire notre liste. De surcroît, il démissionnait immédiatement de la présidence du RPR. Nous étions à un mois du scrutin. J'étais secrétaire général du mouvement et je l'avais appris comme tout un chacun par les médias. J'essayai en catastrophe de joindre Philippe, pour le convaincre de renoncer à son projet suicidaire. Ce fut peine perdue. Il ne me prit pas au téléphone, pas plus qu'un autre. Il disparut tout simplement ignorant souverainement les conséquences de son coup de sang. C'était inédit, catastrophique et quelque peu ridicule. De ce jour, c'en fut fini de la carrière de Philippe Séguin, en tout cas sur le plan politique.

Je me retrouvais, bien malgré moi, en première ligne, devenu président par intérim d'un parti dont le fondateur et inspirateur me vouait aux gémonies ! Ma carrière venait de vivre un rebondissement aussi inespéré qu'inattendu.

Je franchissais une nouvelle étape. J'étais devenu, sinon le chef, du moins l'un de ceux-ci. Cette embellie annonçait en fait bien des difficultés à court terme. Je décidai de convoquer, pour le lundi qui suivait, un bureau politique qui préparerait les décisions à prendre. Une fois encore, j'allais à l'instinct, droit devant. Je croyais utiliser les événements. C'étaient eux qui se jouaient de moi. Mon énergie était inépuisable. Ma volonté, de marbre, et ce que je croyais être mon savoir-faire politique me serviraient de bouclier, du moins l'imaginais-je. Je ne m'étonnais même pas de la facilité avec laquelle Chirac me laissait avancer. J'aurais dû mieux analyser la situation, réfléchir plus profondément à la stratégie à suivre. Au lieu de quoi j'avançais. Le président de mon parti avait démissionné, qu'importe, j'assumerais la charge. La tête de liste était partie en rase campagne, qu'importe encore, je serai candidat moi-même. Je ne pense pas qu'il s'agissait de prétention ni d'arrogance, mais bien plutôt d'inconscience. Tout à mon incrédulité d'être sorti du purgatoire politique qui m'était promis, j'ignorais inconsciemment les dangers, les difficultés, les pièges qui ne manqueraient pas de m'être tendus. Je me proposais donc comme tête de liste, à la joie apparente de chacun, et dans un consensus qui ne m'étonna même pas. J'aurais bien mieux fait de proposer la tête de liste à Michel Barnier qui en rêvait. Mais j'étais devenu chef. Je voulais l'être jusqu'au bout. Prendre tous les coups. Assumer toutes les charges. Rien ne me semblait impossible ni me paraissait insurmontable. Jacques Chirac faisait mine de tout accepter. Aujourd'hui, je pense qu'il avait plus et mieux anticipé la suite que moi. En fait, il attendait son heure pendant que je me précipitais dans le piège. Combien de fois me faudra-t-il répéter que l'expérience est irremplaçable ! À l'époque, j'en manquais beaucoup. En tout cas, bien davantage que je ne l'imaginais.

Mon raisonnement du moment ou, plutôt, mon tempérament me conduisait à accepter tous les risques, à essayer de soulever des montagnes, à déjouer les pronostics. Au fond de moi je sentais confusément que je n'aurais jamais la chance d'aller jusqu'au bout si les choses se déroulaient normalement. Sans doute ce sentiment tenait à cette impression d'illégitimité qui m'a toujours animé. J'étais convaincu que pour devenir légitime il me fallait affronter des événements et des situations où tout se trouverait remis en question par leurs violences propres. J'avais la conviction depuis le début, qui ne me quitterait jamais, que pour moi cela serait toujours plus dur que pour les autres, qu'il me faudrait sauter plus haut, et aussi souffrir et endurer davantage. Je n'ai pas l'habitude de me plaindre, je ne l'ai d'ailleurs jamais fait. De surcroît, je ne saurais pas le faire, mais j'ai intégré cette réalité il y a bien longtemps. Et à mes yeux elle ne s'est jamais démentie.

Je décidai donc, envers et contre tous les conseils de prudence, d'assumer mes responsabilités jusqu'au bout. Cela correspondait par ailleurs à l'image assez bonapartiste du chef à laquelle j'ai toujours essayé de m'identifier. Dans mon esprit le leader, le numéro 1, le président doit conduire ses troupes, et non les suivre. Il doit être, pour elles, un bouclier, jamais un poids à traîner. Il lui faut montrer l'exemple et entraîner. Il n'a pas à être exemplaire pour toutes choses, excepté pour l'engagement. Il n'est nullement infaillible mais, en toutes circonstances, il se doit d'être devant, jamais derrière. Au fond, dans mon esprit, plus important encore que le résultat étaient la manière, le panache, le charisme. J'étais persuadé que seul cet engagement total était de nature à me faire aimer des militants, et des électeurs de ma famille politique. Sur le long terme, l'analyse se révéla exacte, sur le court terme, elle me conduisait de façon inéluctable au désastre.

Je commis une seconde erreur d'analyse en demandant à Alain Madelin de faire tandem avec moi. Il était alors président de la famille politique représentant le courant libéral. Je pensais naïvement qu'en additionnant les forces gaullistes et celle des libéraux, nous pouvions envisager, non un résultat spectaculaire, mais au moins honorable. J'espérais officiellement atteindre les 18 %, secrètement j'aspirais à davantage. La suite montra que je fus loin du compte. Alain Madelin est un homme de convictions, intelligent et cultivé. Mais il est tellement persuadé de la justesse de ses raisonnements qu'il a tendance, tout en défendant le pragmatisme, à embrasser l'idéologie. Il applique sa cohérence libérale en toutes circonstances, et à tous les sujets. Peu importe qu'il se retrouve parfois seul de son avis, l'important à ses yeux est d'être d'abord d'accord avec lui-même. Certaines de ses pensées étaient si élaborées que j'avais moi-même parfois bien du mal à en saisir toute la complexité. De plus, il ne connaît pas, ou si peu, le compromis... En bref, au lieu de rassurer, notre équipe inquiéta. Entre mon énergie qui clivait un peu plus chaque jour, et les raisonnements de mon coéquipier qui avaient tendance à virer à la secte, loin de rassembler, nous éloignions de notre liste des électeurs parmi les plus fidèles. Le naufrage prévisible se révéla encore plus cuisant qu'attendu. Nous fîmes moins de 13 %... un record historique ! Je me trouvais distancé par la liste Pasqua-Villiers. Certes de peu, mais distancé quand même. Le soir de la défaite, je demandai à mon fils aîné Pierre, alors âgé de presque 16 ans, de m'accompagner sur tous les plateaux de télévision et de radio. Je voulais lui montrer le visage de la défaite, et, même son odeur. Après les deux années de succès dans le gouvernement Balladur, je tenais absolument à ce qu'il observe le revers de la médaille. Je ne voulais pas qu'il en souffre mais qu'il apprenne, pour sa vie future, que la possibilité de l'échec est toujours présente. La soirée fut sinistre mais en tous points instructive. Tous ceux qui, quelques jours auparavant, se pressaient sur mon passage désormais m'évitaient. Quand nous entrions dans les immeubles des différentes télévisions qui me recevaient, la foule des cocktails et des soirées électorales s'écartait pour me laisser passer, détournant le regard, évitant de m'adresser la parole. Ainsi va la vie. Le succès crée des jalousies. L'échec engendre la solitude. Mais l'échec n'est pas décevant. On se souvient de chaque instant, de chaque phrase, de chaque couteau planté. On se rappelle aussi des quelques rares personnes qui ont une attention ou un mot juste d'humanité dans ces moments où l'on se retrouve à nu, transpercé de toutes parts. Pierre était à mes côtés, digne et courageux. Encore aujourd'hui il se souvient mieux de cette soirée de défaite cuisante que de l'ivresse de la victoire de 2007. J'aime gagner. Je me suis toujours battu pour la victoire, mais force est de reconnaître que j'ai beaucoup plus appris de mes échecs que de mes succès.

La cruauté y est courante, presque banale. J'ai présent à l'esprit cet article du *Nouvel Observateur* dont le titre à lui seul résumait la volonté de détruire : « Monsieur 12 % ». Ce journal, si attentif à la défense des droits de l'Homme, voulait absolument faire mal en expliquant que je me trouvais être détesté pour ce que j'étais autant que pour ce que je représentais. PPDA m'avait reçu quant à lui lors de son édition spéciale, après le 20 heures de TF1. Je me rappelle sa voix doucereuse, comme s'il tenait à porter le deuil de ce qui m'arrivait, et, en même temps, la perversité de ses questions qui allaient bien au-delà du seul travail de journaliste. Je ne dis pas cela pour stigmatiser tel ou tel comportement. J'aurais pu, à titre d'exemples, trouver bien pire. Il s'agit juste, dans mon esprit, d'illustrer la violence de ce que l'on peut intimement ressentir dans de telles situations. C'est bien là, paradoxalement, que réside la noblesse de la politique. C'est ce pourquoi les responsables politiques devraient être mieux respectés, considérés, reconnus. Aucune fonction n'est aussi brutale que celle qui permet d'être jugé et donc sanctionné par le suffrage universel. Le vote anonyme, exprimé dans le secret de l'isoloir est pour le candidat un couperet implacable. La vérité du scrutin annoncée à la une de tous les journaux. La victoire qui est souvent un triomphe. L'échec qui est toujours un naufrage. Tout ceci fait de l'engagement public une épreuve de chaque instant. On gagne ou l'on perd tout. Certes, personne ne nous a obligés à choisir cette voie. Il s'agit bien d'un choix. Mais chacun peut, au moins, accepter l'idée que le prix à payer est suffisamment élevé pour qu'il soit respectable et respecté. Tous les politiques de ce point de vue sont à égalité. C'est pourquoi je me suis toujours senti de la famille de ceux qui prenaient des risques, y compris pour des idées qui ne sont pas les miennes. Il y a bien une communauté des gens qui s'engagent. Je m'en suis toujours senti proche.

En juin 1999, à la suite de ce nouvel échec, je pris la décision radicale de démissionner de mes fonctions de président par intérim du RPR. En vérité, j'avais le choix, car aussi heureusement que curieusement, beaucoup dans ma famille politique ne voulurent pas que je porte seul la responsabilité de cette défaite. Un fort mouvement de sympathie s'était même manifesté. Il alla jusqu'à provoquer l'agacement d'Alain Juppé lui-même. Lors de la première réunion du groupe des parlementaires du RPR qui suivit les résultats, beaucoup de députés avaient tenu à me féliciter. À défaut de le trouver pertinent, ils jugeaient mon combat courageux. Cette quasi-unanimité avait fini par exaspérer Alain Juppé qui s'exclama avec une franchise qui en disait long sur son état d'esprit : « Je veux rappeler que le résultat de cette formidable campagne est désastreux. » Sur le fond il avait raison, sur la forme, c'était sans doute une autre histoire.

De toutes les manières, je n'avais pas attendu de connaître son avis pour prendre ma décision. Je voulais démissionner de mes fonctions. Je tenais par-dessus tout à me remettre profondément en question. Je voulais tenter de me réinventer. Je ne me supportais plus tel que j'étais devenu. Je veux dire, politiquement parlant. Si je ne partais pas, j'étais condamné à continuer comme avant avec la même agressivité, le même systématisme, une argumentation devenue trop mécanique. J'avais vraiment besoin d'une rupture radicale. Cet échec me l'offrait. Je devais avoir la force de saisir cette opportunité. J'étais persuadé que c'était maintenant ou jamais. Beaucoup de mes amis ne voulaient pas entendre parler de cette démission. Christian Estrosi me dit : « Tu dois rester. Tu t'es donné tant de mal pour revenir. Tu t'imagines repartant de zéro ? ». Oui, non seulement je l'imaginais mais plus encore j'y aspirais. Et puis, peut-être, au fond de moi, sans me l'avouer, je ne me sentais pas prêt à reprendre une nouvelle guerre de tranchées avec Jacques Chirac. Les forces étaient devenues trop déséquilibrées. Il était président de la République, certes affaibli par la cohabitation, mais ma situation était bien pire après cette désastreuse campagne. J'avais bien sûr des circonstances atténuantes compte tenu de ce qu'avait été le contexte politique à l'issue de la fracassante démission de Philippe Séguin, mais, au final, j'avais été sonné par cet échec, plus que je n'étais prêt à l'admettre.

Pour la première fois depuis bien longtemps, je pris donc le temps de la réflexion. Pourquoi n'arrivais-je pas à franchir un palier supérieur dans ma carrière politique ? Pourquoi tant d'hostilités se manifestaient-elles à mon endroit, y compris dans ma famille politique ? Pourquoi avais-je échoué à ce point ? Telles étaient les questions qui me taraudaient. J'ai immédiatement cherché à circonvenir deux dangers dont je pensais qu'ils seraient majeurs compte tenu de mon énergie et mon tempérament. Le premier était celui de l'amertume. Il y a, à mes yeux, peu de pires travers que celui-ci. En vouloir au monde entier de ma propre défaite aurait donné un aperçu peu reluisant de ma nature profonde. Pour être humaine, cette réaction n'en est pas moins extrêmement déplaisante pour les autres comme pour soi-même. De surcroît, il s'agit d'un sentiment dangereux, car il est inextinguible. Il se nourrit lui-même de sa propre énergie négative. Plus l'on se sent amer, plus on le devient. C'est un cercle sans fin. L'amertume appelle l'amertume. Il ne faut en aucun cas s'y laisser entraîner sous peine de s'y trouver englouti. Le spectacle est alors insupportable, tant pour celui qui le vit que pour ceux qui le subissent. J'avais, à l'époque, commencé à écrire les cinquante premières pages de mon livre *Libre*. Je me rendis vite compte, en les relisant,

qu'elles dégoulinaient d'une amertume que je jugeais déplacée, et parfaitement inappropriée. Je déchirai tout et recom-
mençai sur des bases infiniment plus apaisées. L'amertume
n'est pas le fruit d'une volonté. Elle est instinctive. C'est lui
résister qui est un acte profondément volontariste. J'ai dû
faire cet effort. Et ce ne fut pas le plus simple.

Le second danger aurait été de considérer que « les autres »
étaient les responsables de mes échecs. Ici, aussi, je pouvais m'inventer des raisons multiples, comme autant de pré-
textes : la haine de Jacques Chirac, l'instabilité de Séguin,
le talent de Charles Pasqua, la présence de Madelin... tout
ceci avait pu compter, mais ce n'était pas décisif. Je devais
accepter l'idée que j'étais le premier responsable de la
défaite, et que, de la même manière, si j'arrivais à la surmonter, je pourrais devenir le premier artisan de mes victoires
futures. Le chemin pour m'en convaincre fut assez rapide.
Je ne cherchai donc aucun bouc émissaire. Je m'abstins
de poursuivre quelques coupables expiatoires que ce fût.
Je me concentrais exclusivement sur ce qui, à mes yeux,
était de ma seule responsabilité. Ce travail d'analyse que je
conduisis seul me fit gagner, au bout du compte, un temps
précieux. En même temps que je devenais plus ouvert, plus
mûr, plus apaisé, je renforçais ma détermination à surmonter tous les obstacles. Les amis de Chirac pensaient s'être
définitivement débarrassés « du cas Sarkozy ». Ils igno-
raient qu'à l'inverse, j'étais bien décidé à revenir plus fort
que jamais. Dans une profonde indifférence des médias
et du milieu politique, j'entamais quelques mois après un
nouveau tour de France. Je multipliais les rencontres, dia-
loguais à tout va avec tous ceux qui le voulaient bien, me
cultivais à outrance, lisant livre sur livre, et regardant film

sur film. Je terminai l'écriture de mon livre qui me permit de coucher sur le papier ce que j'avais intériorisé, achevant ainsi de me convaincre de choisir de nouvelles orientations qui étaient pourtant bien éloignées de mon tempérament spontané. Ce livre *Libre* me fit beaucoup de bien, tant sur le plan personnel que sur celui de la politique. Sur le premier, il me permit de donner du corps à ma réflexion, de lui offrir un contenu concret, tangible. Sur le second, il m'autorisa la chance d'être regardé différemment par beaucoup d'observateurs, y compris par ceux qui ne l'avaient pas lu, en tout cas pas complètement. Il s'agit là d'un bon côté de la politique française. Chez nous, et c'est heureux, l'écrit est considéré, respecté, parfois même admiré. Le livre donne une épaisseur qu'aucun discours ni aucune émission de radio ou de télévision ne sera capable d'apporter, en tout cas sur le long terme. Le livre demeure. Il s'inscrit dans la durée. Il laisse une trace. Les performances télévisuelles restent comme un souvenir, par nature plus fugace. Bien sûr, il ne suffit pas de publier un livre, il faut qu'il ait un minimum de contenu ou de qualité, ou en tout cas, qu'il soit vrai. Pour ce faire, il n'y a pas d'autres choix que de l'écrire soi-même, aussi long et douloureux que ce soit.

Je publiai *Libre* au début de l'année 2001. Je ressentis au moment de sa parution l'angoisse du débutant. Comment serait-il reçu ? J'avais encore en mémoire les attaques et les critiques violentes qui avaient suivi les élections européennes. Je fus vite rassuré. Gilles Bresson, aujourd'hui décédé, et, à l'époque, journaliste à *Libération*, me téléphona deux jours avant la sortie officielle. Non seulement il s'était débrouillé pour en obtenir un exemplaire, mais en plus il l'avait lu ! « Tu as fait un bon livre, crois-moi », me dit-il avec son élocution si caractéristique, car constamment entravée par le mégot de cigarette qui ne quittait jamais ses lèvres. Il était de gauche, travaillait dans le grand *Libé*, celui de Serge July, avait une élégance morale, et une culture qui semblerait bien singulière de nos jours. Je l'aimais beaucoup. Sa mort subite m'a profondément affecté. Le dicton populaire qui affirme que les meilleurs partent les premiers se trouva ici parfaitement illustré. *Libre* connut un certain succès de librairie, mais son influence dépassa de beaucoup le nombre d'exemplaires vendus, illustrant ainsi, une nouvelle fois, que l'écrit avait de beaux jours devant lui, contrairement aux prévisions définitives de tous ceux qui prétendaient savoir, et qui, une fois encore, s'étaient trompés.

Au cœur de ma réflexion était la certitude que le « message » devait précéder le « messager ». La mode du désamour de la politique, et des politiques, était déjà bien installée. J'avais compris, à l'inverse de nombre de mes jeunes collègues de l'époque, que pour être aimé des Français, les artifices de communication se révéleraient de plus en plus inutiles, en tout cas dans la mesure où nos compatriotes avaient appris à les décrypter. Plus ils les comprenaient, plus ils s'en méfiaient. J'avais tiré la conclusion que le seul moyen d'être entendu, puis reconnu, puis aimé, était de défendre avec la dernière énergie des idées, des valeurs, des concepts qui, pour n'être pas à la mode au sein des élites, étaient pourtant demeurés d'une ardente actualité chez les Français. Comme souvent en France, l'interprétation de la volonté populaire est complexe. On peut souvent se laisser abuser par des courants de surface qui masquent des tendances de fond. C'est exactement ce qui était en train de se passer avec la « valeur du travail ». À l'époque, toutes personnes réputées ouvertes et intelligentes, ou qui se voulaient dans l'air du temps, se devaient de se prononcer pour la réduction du temps de travail, et professaient que la « vraie » vie était ailleurs « qu'au boulot » ! Le mot d'ordre était « vive le temps libre ». Mitterrand avait même nommé un ministre du Temps libre. Vive les vacances. Quoi de plus moderne que les 35 heures ? Être contre, c'était appartenir au camp des passéistes. Le raisonnement avait évidemment enflammé toute la gauche mais aussi, hélas, une bonne partie de la droite. Gilles de Robien, qui fut ministre et maire d'Amiens, en était devenu l'un des hérauts. En nouveau converti, il faisait campagne pour le partage du temps de travail. Au sein de la droite républicaine, les plus raisonnables n'osaient pas s'opposer à un tel déferlement de démagogie, tout juste rappelaient-ils qu'être les seuls dans le monde à instituer les 35 heures risquait de mettre en danger la compétitivité de notre économie. C'était tout de même le minimum, quand on pense aux ravages que les 35 heures ont causés à l'industrie française, et aux dizaines de milliers d'emplois qu'elles ont contribué à détruire de façon particulièrement active.

Chaque jour, je sentais le décalage s'approfondir entre le discours dominant et la réalité de ce que pensaient les Français. Ces derniers ne voulaient pas travailler moins, mais mieux, et, surtout, gagner davantage. Quant à tous ceux qui étaient au chômage, la notion de partage du temps de travail avait bien du mal à emporter leurs convictions. Si les autres travaillaient moins, ceux qui n'avaient pas d'emploi pourraient profiter de l'aubaine, expliquait-on à l'époque. Défendre de telles idées ne revenait, ni plus ni moins, qu'à mépriser le bon sens populaire qu'on n'abuse jamais à si bon compte. Je décidais donc de défendre et d'incarner la valeur travail. Je voulais la mettre au cœur de tout, en faire la priorité, commencer et finir par elle. Sans le savoir, j'étais en train de mettre en place les bases de ce que serait mon programme présidentiel de 2007. J'affirmais donc avec force

que le travail était une émancipation, et qu'à l'inverse, le chômage était une aliénation. Qu'il n'y avait pas d'autres moyens
pour s'en sortir collectivement comme individuellement
que de travailler davantage. J'étais bien seul à défendre ces
idées, le discours tranchait vigoureusement avec la pensée
ambiante. Je m'identifiais à lui d'autant plus aisément que
j'en étais profondément convaincu. Toute ma vie, je me suis
consacré pleinement à mon travail. Je n'ai d'ailleurs là aucun
mérite. J'ai toujours aimé travailler. C'est dans le travail que
j'ai pu me réaliser. C'est lui qui m'a permis d'atteindre mes
objectifs, et de réaliser mes rêves. Je testais ces nouvelles
idées dans toutes les réunions publiques auxquelles je par-
ticipais. Chaque fois, elles étaient ovationnées. Du nord au
sud, de l'est à l'ouest, l'accueil était le même. Ce n'était pas
des applaudissements convenus, habituels, déclenchés par
les mêmes militants. Je me rendais compte que l'approba-
tion venait d'abord du fond de la salle, remontait les rangs
puis finissait par tout emporter. La spontanéité et la force de
ces applaudissements m'étonnèrent autant qu'ils m'impres-
sionnèrent. Je n'avais jamais rencontré une telle adhésion.
Le public de mes meetings explosait littéralement à l'exposé
de ces idées. J'étais convaincu de tenir un fil. Le fil d'un dialogue singulier, direct et fort avec la France des travailleurs
et du travail. Au fur et à mesure des semaines et des mois, les
salles se remplissaient, devenaient plus importantes. Un an
après le début de mon tour de France, je faisais salle comble
un peu partout, j'étais submergé par les invitations. Les élus,
jusque-là distants, faisaient eux aussi mouvement. J'étais
d'autant plus à l'aise que j'avais le champ libre. D'une manière
incompréhensible, personne ne venait me concurrencer sur
ce terrain des idées en général, et du travail en particulier.

La gauche avait depuis longtemps abandonné le travail et les travailleurs. Elle n'en parlait jamais. Le mot même n'était pas prononcé. Elle se contentait de défendre les statuts, et les fonctionnaires. Tous les autres : les ouvriers, les agriculteurs, les salariés du privé, les professions libérales, les commerçants, les artisans se sentaient abandonnés et trahis par ceux-là mêmes qui étaient censés les défendre. À droite, la concurrence n'était pas plus vive. Trop nombreux étaient ceux qui avaient peur de déplaire aux médias, ou à Chirac, en prenant le risque d'être qualifiés de conservateurs, ou pire, de droite. J'affinais mon raisonnement, et en même temps aggravais mon cas en affirmant que, si on travaillait plus, on pourrait alors gagner davantage. Je fus attaqué sur mon « travailler plus pour gagner plus », les caricatures se faisaient plus mordantes encore, mais plus on me critiquait, plus le peuple français s'identifiait à ce message, qui finit par devenir la partie centrale de mon identité politique. J'avais fini par en acquérir une. Mon moteur n'était plus seulement mon ambition. Il y avait maintenant mes idées. Je constatai pour la première fois un lien entre mon investissement personnel et ma cote de popularité. Après m'être traîné depuis si longtemps dans le fond des baromètres d'opinion, j'occupais désormais les toutes premières places, et même souvent la première ! La vérité, c'est que les Français ont adhéré aux idées que je défendais, bien avant de me manifester leur sympathie ou leur attachement. Ils ont fini, en tout cas pour les électeurs de l'opposition de l'époque, par m'aimer parce que je défendais leurs idées. Ils s'étaient identifiés à celles-ci avant de se reconnaître dans ma personne. Ils finirent par m'aimer parce que j'étais le seul à parler comme ils souhaitaient depuis bien longtemps que les responsables politiques leur parlent. Un jour que je visitais une usine, j'eus une assez longue discussion avec un jeune ouvrier qui travaillait sur une chaîne de montage. Un journaliste du *Monde* suivait la visite. Quand j'eus terminé cette conversation et que je me fus éloigné, il s'adressa à mon interlocuteur pour lui demander son avis sur moi, et si je l'avais convaincu : « oui » fut la réponse lapidaire du jeune homme. « Pourquoi ? », demanda le journaliste visiblement sous le choc qu'un ouvrier puisse alors me soutenir. « Parce qu'il est comme nous ! On comprend ce qu'il dit », lui fut-il répondu. Le « comme nous » ne signifiait pas bien sûr que j'avais la même vie, que j'étais habillé de la même façon, que je gagnais le même salaire. Bien évidemment que non. Le « comme nous » voulait dire : il pense de la même façon, et il parle comme nous voudrions que les politiques nous parlent. La vérité est que j'ai toujours voulu m'adresser à cette France du peuple, à cette France qui travaille dur, qui ne se plaint pas, et qui ne triche jamais. De là viennent sans doute le décalage et les malentendus que j'ai souvent ressentis avec les journalistes, tellement habitués à ce que les politiques parlent pour eux. Ma cible n'a jamais été la presse. J'ai toujours voulu être compris, entendu, aimé des Français. Or, les deux sont incompatibles. Il n'est, hélas, guère envisageable de plaire aux élites et d'être soutenu par le peuple. J'avais très tôt fait mon choix...

Les événements s'étaient si bien imbriqués qu'à l'approche des élections présidentielles de 2002, j'étais devenu le favori des sondages en cas de victoire de Jacques Chirac pour devenir son Premier ministre. Une fois encore, j'avais réussi contre tous les pronostics à me rétablir, à revenir aux premières loges, à jouer un rôle que je n'avais jamais connu. Mais pour la première fois, je m'étais identifié à une politique, à un système de valeurs, à des thèmes qui étaient reconnus par l'opinion publique française. On parlait alors moins de mon ambition ou de ma personne, et davantage des orientations politiques dont j'étais porteur. Cela marquait un tournant majeur. J'étais bien conscient que si ces dernières étaient majoritaires en France, elles ne l'étaient pas devenues pour Jacques Chirac, et encore moins pour son entourage proche, notamment sa fille Claude. D'une certaine façon, je pouvais les comprendre. Ils en étaient restés à la fracture sociale et à la divine surprise de la victoire de 1995. Ils imaginaient encore que le centre gauche était la voie pour la réélection. En cela, ils se trompaient, car ils n'avaient pas compris combien la France avait changé, à quel point les priorités des Français étaient devenues tout autres. Leur logiciel était bloqué sur la dernière élection présidentielle. J'étais déjà dans la suivante. La synthèse, entre nous, n'était donc pas possible.

Lionel Jospin, qui avait bien fait son travail de Premier ministre de cohabitation, était présenté comme le favori. L'élection présidentielle de 2002 promettait d'être une promenade de santé. Le problème avec les socialistes est toujours le rapport avec la réalité ! Et la réalité, ce sont les Français qui la vivaient, et elle ne cadrait pas du tout avec la politique proposée par Lionel Jospin. J'en avais eu le pressentiment lors d'une nouvelle visite d'usine. Alors que je demandais à un contremaître ce qu'il pensait de sa situation, il croisa les bras, attendit un long moment, me fixa dans les yeux, et finalement lâcha : « Le souci, c'est qu'il n'y en a pas assez dans la gamelle, et qu'il y en a trop ! » « Trop de quoi ? » lui demandais-je. « Trop de tout », me dit-il soudainement mutique. En une phrase, mon interlocuteur m'avait mieux éclairé que toutes les savantes études politiques. La prochaine élection se ferait sur le pouvoir d'achat, sur la sécurité, et sur l'immigration. Après m'être enquis de sa situation, j'appris que mon interlocuteur gagnait 2 000 euros par mois, et que sa femme faisait chaque jour l'aller-retour en train Montargis-Paris avec la peur au ventre. Il faisait partie de ces Français qui avaient peu goûté la « naïveté » de Jospin sur la question de l'insécurité. Ne pas réussir à endiguer un phénomène est un problème, en contester la réalité est, pour un responsable politique, une faute. Jospin ne fut pas qualifié pour le second tour. Il fit 16 %, ce qui pour un favori était bien peu. Il fut blessé par ce score, et quitta définitivement la vie politique en ratant sa sortie. Il abandonna ses camarades, et, offensé par ce qu'il pensait être une défaite humiliante et, surtout, injuste, il se refusa à toute déclaration, laissant le pays et son camp politique à leur triste situation. Je fus étonné de son comportement, car j'appréciais l'homme, sa droiture, et la force de ses convictions. Mais le choc fut pour lui trop violent. Il n'y résista pas, car il ne s'y attendait pas. Il ne s'y était donc pas préparé. Son ego en fut profondément blessé. L'attention qu'il portait à son image lui rendait insoutenable l'idée d'être éliminé dès le premier tour, de surcroît par Jean-Marie Le Pen. L'amertume l'avait submergé. Il y avait du Giscard de 1981 dans le Jospin offensé de 2002. Au lieu de remercier les Français pour les responsabilités éminentes qui leur furent confiées, les deux hommes leur en voulurent, finalement d'une façon similaire. Comme si les votes exprimés par les électeurs n'étaient pas dignes d'eux. Chaque fois que j'ai échoué ou que j'ai été battu, j'ai eu présentes à l'esprit ces deux attitudes, afin de ne pas courir le risque de m'en inspirer. Il ne sert à rien de ressasser l'injustice d'une défaite. La seule chose à faire est de l'accepter, en considérant simplement qu'elle n'a pas été plus injuste que le succès qui l'a précédée !

Je ne me faisais plus guère d'illusions sur la possibilité que Jacques Chirac me nommât Premier ministre. Il détestait qu'on lui forçât la main, et, au fond, tout au long de ces deux dernières années, je n'avais fait que cela. Loin d'améliorer ma situation, les sondages qui me mettaient en tête des souhaits des Français pour Matignon contribuaient à renforcer la méfiance que j'inspirais à Chirac. Assez rare pour être noté, Jean-Louis Debré avait eu une formule drôle : « Si Chirac nomme Sarkozy Premier ministre, celui-ci le laissera sur le trottoir et partira avec la voiture. » Je ne sais pas, à la réflexion, si c'était plus désagréable pour le Président ou pour moi. En tous cas, cela illustre le climat du moment. Les salles m'applaudissaient à tout rompre. Les militants me désignaient comme leur champion. L'électorat de la droite, dans son ensemble, commençait, sinon à me soutenir, du moins à s'intéresser à moi. Le climat m'était favorable comme jamais, à la notable exception de l'Élysée. Même la configuration de la présidentielle semblait me donner raison. Le Pen au second tour, c'était bien la preuve que l'élection se gagnerait à droite bien davantage qu'au centre ! Je rédigeai une note à l'attention du candidat pour lui dire quelles devraient être les deux ou trois grandes priorités du quinquennat. Sans surprise, j'avais indiqué la sécurité et la valorisation du travail. De surcroît, je recommandais vivement que le futur gouvernement s'occupât de définir une nouvelle politique d'immigration, et surveillât de près la question de l'intégration de nombre de nos compatriotes musulmans. Le secrétaire général de l'Élysée, Dominique de Villepin, avait demandé ce même travail à mes deux concurrents pour le poste de Premier ministre, Jean-Pierre Raffarin et Philippe Douste-Blazy. Mes recommandations correspondaient parfaitement aux souhaits de la France populaire, beaucoup moins à ceux du Président, et, de son entourage. Chirac était sorti, soulagé du premier tour. Affronter Le Pen au second tour était beaucoup plus facile que d'avoir en face le traditionnel représentant de la gauche. Je ne partageais pas cet optimisme. Certes, je n'imaginais pas la victoire de Le Pen, mais j'étais convaincu que le score du premier tour, 19,88 %, en disait long sur le fossé qui existait entre nos électeurs et nous. Moins de 20 % au sortir de cinq années de cohabitation, c'était très faible. Nous devions absolument adapter nos propositions à ce nouveau contexte sous peine d'aller rapidement à la catastrophe. Jacques Chirac ne l'entendait pas ainsi. Bien au contraire, devant affronter Le Pen, il fallait, à ses yeux, séduire la gauche qui devait absolument voter pour lui. Ce qui n'était pas un mince effort. Le raisonnement n'était pas absurde à la condition de comprendre que nous avions à convaincre la gauche pour les quinze jours de l'entre-deux tours alors qu'il nous faudrait la droite pour les cinq années à venir. Ce fut un dialogue de sourds, malgré les efforts intenses que je déployais pour rassurer, convaincre, séduire Jacques Chirac. J'étais, en effet, assez inconscient ou naïf pour rêver d'être nommé à Matignon. Une réflexion politique même superficielle aurait dû me conduire à considérer qu'il s'agissait de la meilleure façon de me couper la route de l'Élysée pour le futur. Au lieu de quoi, ce qui est mon défaut de toujours, je tentais une nouvelle fois de démontrer que je pourrais être le meilleur pour le poste. Avec le recul, je me rends compte combien mon raisonnement politique était peu réfléchi, et même dangereux pour moi. J'ajoute que je n'aurais vraisemblablement pas fait un bon Premier ministre. En effet, à ce poste il n'y a pas d'autres choix que d'obéir et d'exécuter les instructions du Président et celles de ses collaborateurs. Ce qui est plus pénible, car eux n'ont pas été élus. En aurais-je été capable ? On peut en douter. J'en doute fortement moi-même. De toutes les façons, ces affres me furent épargnées, Jacques Chirac n'ayant jamais sérieusement songé à me nommer à Matignon. En cela, il a montré une certaine faiblesse que je n'ai perçue que bien après. Me désigner, c'était me tendre un piège dans lequel je serais tombé les deux pieds joints. Je me serais trouvé à Matignon beaucoup plus exposé et dépendant qu'à Beauvau. Mais cette nomination était sans doute un trop grand effort personnel pour lui. Il n'en a pas eu la force. D'un certain point de vue, ce fut une erreur.

Le lundi qui suivit son élection, dès 8 heures du matin, Jacques Chirac me téléphona alors que j'étais à mon bureau de la mairie de Neuilly. J'eus à peine le temps de le féliciter, tant il était pressé de me dire ce qu'il avait à me confier. Sa voix était amicale. Je le sentais toutefois un peu embarrassé, et le trouvais cependant assez sincère. Il ne m'en avait pas souvent donné l'habitude. « J'ai choisi de nommer à Matignon un provincial rond qui rassure plutôt que toi : Raffarin sera donc le Premier ministre, mais j'ai vraiment besoin de toi en numéro 2. Tu peux choisir ce que tu veux, l'Intérieur ou les Finances. Je préférerais l'Intérieur car j'ai déjà quelqu'un pour les Finances, mais si tu les veux, je te les donne. L'important est que tu acceptes d'être dans l'équipe. » Cela avait le mérite de la clarté. J'appréciais cette nouvelle franchise. Je répondis quasi instantanément que je souhaitais m'occuper de la sécurité. Je pris juste le soin de lui faire préciser une nouvelle fois qu'il s'agissait bien d'être le numéro 2 du gouvernement. C'est aussi simplement que cela que s'organisa mon retour aux affaires. Sept années s'étaient écoulées depuis l'échec d'Édouard Balladur. J'étais heureux d'aller place Beauvau. L'immense travail qui m'attendait ne m'effrayait pas. La sécurité avait été au cœur de cette campagne présidentielle. J'étais décidé à m'investir totalement dans ces nouvelles responsabilités. Je n'éprouvais ni regret ni amertume au sujet de Matignon. Je suis ainsi fait que je ne regarde jamais en arrière. Je voulais loyalement jouer le jeu avec le nouveau Premier ministre Jean-Pierre Raffarin, dont je sentis, dès la première rencontre, que l'idée de me gérer au quotidien n'était pas ce qui l'enthousiasmait le plus ! Cependant, tout au long de ces trois années au gouvernement, nous nous entendîmes plutôt bien. C'est un homme jovial, cordial, bon vivant, et qui ne cherche jamais le conflit qu'il est d'ailleurs physiquement incapable de surmonter. J'ai vite appris à déchiffrer son fonctionnement. Quand il disait « fantastique », cela voulait juste dire « oui ». Quand il disait « oui », cela voulait dire « non ». Et il ne disait jamais non ! Il pouvait parler des heures sans rien me dire, masquant tout à la fois ses convictions et ses intentions, sourire alors qu'il était très contrarié, et promettre un soutien dont il savait qu'il ne pourrait pas le tenir. Sa marge de liberté par rapport à l'Élysée était inexistante. Je lui savais gré, malgré tout, d'une réelle empathie, et d'une humanité assez rare dans la vie politique. Cependant, sa capacité à dire des moitiés de vérités pour ne pas dire davantage et son incapacité à penser autre chose que ce que Jacques Chirac lui disait avaient le don de m'exaspérer. Dès qu'il y avait un problème politique, il devenait injoignable. C'est un talent dont je reconnais qu'il pouvait être bien utile. Mais, c'est peu dire que je ne l'avais pas...

Mon choix pour l'Intérieur ne fit pas, tant s'en faut, l'unanimité dans mon entourage. Jean-Luc Lagardère, dont j'appréciais les conseils amicaux, me dit que je devais refuser cette offre : « Cela devait être Matignon ou rien ! » Édouard Balladur, comme à l'accoutumée, était moins tranchant : « Vous devriez revenir aux Finances, c'est là que l'on acquiert une stature d'homme d'État. » Pourtant, je demeurais fixé sur mon choix initial. Mon raisonnement était simple. Les Français n'aimaient pas leurs responsables politiques sauf dans les cas, très peu nombreux, où ils pourraient leur être utiles. Or, de mon point de vue, je pouvais mieux agir directement sur le quotidien des Français en prenant en charge leur sécurité qu'en m'occupant de l'économie où les effets des décisions ministérielles sont infiniment plus indirects. À l'Intérieur, je pourrais entrer de plain-pied dans la vie de tous les jours de mes compatriotes.

Je m'installais à l'hôtel Beauvau bien décidé à y consacrer mes jours et mes nuits. La vie matérielle y est d'ailleurs aussi agréable que confortable. Le bureau du ministre donne sur un charmant petit jardin qui agit comme un havre de paix et de verdure au milieu de tous les immeubles commerciaux qui l'entourent. Le bureau lui-même se trouve être la propre table de travail de Cambacérès, contribuant à pénétrer le ministre de la dimension historique de son action. Il y a, par ailleurs, une cheminée que je faisais fonctionner dès les premiers froids. J'ai toujours aimé regarder, et entendre les feux de bois. J'avais besoin de cette forme d'apaisement. Avec mon grand-père nous restions des heures devant la cheminée de sa chambre, pareillement fascinés par le spectacle des flammes. Cela ne m'a jamais quitté. De temps à autre, mais tout de même assez régulièrement, une souris assez grasse traversait mon bureau de long en large. La première fois je fus surpris. Je m'en étonnais auprès des services. On me répondit que cela avait toujours été comme cela. Je m'y habituais donc. C'était comme une compagnie pour les jours de solitude... et, il faut bien dire qu'il y en a eu ! Au premier étage se trouvent les appartements du ministre. Ils sont vastes, tranquilles, et assez isolés. Je m'y installais avec femme et enfants. De toutes les façons, le ministre de l'Intérieur n'a pas le choix. Il se doit de résider dans son ministère, tout à la fois pour des raisons de disponibilité et de sécurité. Malgré la charge de travail écrasante, les crises multiples à gérer, les responsabilités si lourdes, j'ai passé dans ce ministère un peu plus de trois années qui furent les plus heureuses de ma vie sur le plan professionnel. Mon travail me passionna de la première à la dernière minute. Je fus efficacement secondé par Claude Guéant et Michel Gaudin qui connaissaient la « maison » et ont guidé mes premiers pas avec un grand professionnalisme. Je pouvais également compter sur le savoir-faire, l'honnêteté, la franchise et l'affection de mon ami d'enfance, Frédéric Péchenard. Il est mon ami, et jamais je ne pourrai oublier que, quand ma mère en a eu besoin, c'est son père qui lui donna du travail. Ce ne sont pas des choses que je peux effacer !

Je passai ma première nuit à visiter des commissariats en banlieue. Je compris tout de suite qu'il serait aisé de s'entendre avec ces femmes et ces hommes passionnés par leur travail que sont les policiers et les gendarmes. D'ailleurs, à la différence de nombre de mes prédécesseurs, j'étais fier lorsque l'on parlait de moi comme du « premier flic de France ». J'étais à leur tête. J'épousais leurs combats. Je me sentais solidaire de leurs difficultés. Je voulais les représenter, les incarner devant l'opinion publique, les défendre lorsqu'ils étaient attaqués. J'ai fait corps avec ce ministère et avec ses membres. Ce fut une expérience humaine comme je n'en avais jamais connue. Elle m'a profondément et durablement marqué.

Je fus surpris par la réaction de Jacques Chirac qui, lors du premier conseil des ministres, me recommanda assez vivement « de ne pas m'agiter, et de rester travailler à mon bureau de Beauvau ». Je restai quelque peu interloqué, essayant toutefois de lui expliquer que pour mener « les troupes » vers plus d'efficacité, il était indispensable, au contraire, que leur ministre soit sur le terrain le plus souvent possible. Ce fut le premier accrochage bénin d'une série qui fut longue et plus sérieuse. Il me fit cependant comprendre que j'étais sous surveillance et que je ne bénéficierais d'aucune mansuétude. Je reconnais, par ailleurs, n'avoir tenu aucun compte de la recommandation présidentielle. Dès le lendemain, j'étais reparti sur les routes...

En arrivant le premier jour dans mon bureau, je trouvais un dossier siglé au nom des Renseignements généraux dont le directeur se trouvait être le très chiraquien Yves Bertrand. Je ne le connaissais quasiment pas. Tout juste l'avais-je rencontré deux ou trois fois lors de manifestations publiques. Une petite dizaine de notes dites blanches, c'est-à-dire sans signataire, et sans en-tête, étaient ainsi proposées à ma lecture. Je saisis la première qui décrivait, de façon assez détaillée, la chaude soirée passée la veille dans un établissement de nuit par un ancien ministre socialiste en galante compagnie ! Depuis, l'intéressé a démontré qu'il pouvait faire bien pire en termes de comportement. Je convoquais, sur-le-champ, Yves Bertrand, qui arriva ventre à terre. Le pauvre homme, tout à ses habitudes, était assez fier des notes déposées, et s'attendait à ce que je lui demande davantage de détails. Sûr de son professionnalisme, il m'indiqua que j'aurais droit à ce type de livraison tous les jours, et qu'il en communiquait un double pour l'Élysée. J'étais ahuri par son cynisme et son absence complète de gêne à l'évocation de ces notes, si peu républicaines et tellement dégradantes. Les fameuses notes blanches des RG, dont j'avais si souvent entendu parler, existaient donc ! Je demandais à mon interlocuteur en quoi la vie privée de ce responsable politique pouvait intéresser le ministre de l'Intérieur que j'étais. Il ne se démonta pas le moins du monde, allant jusqu'à m'expliquer que l'accompagnatrice du soir était russe, qu'il y avait donc un risque d'espionnage ou au minimum de manipulation ! Je n'en croyais pas mes oreilles. Au comble de l'exaspération, je lui demandais pendant qu'on y était de m'apporter le dossier que les RG avaient certainement dû constituer sur moi. Il me répondit, me prenant pour un imbécile, « Mais il n'y en a pas ! » Il mentait. Ce jour-là, j'ai vu le visage d'une police d'un autre temps. Je mis fin à l'entretien en indiquant que c'était profondément humiliant de recevoir « de tels torchons », et que pour ma part, cela serait donc le premier et le dernier. J'appelai aussitôt le conseiller pour les affaires de police du président, le préfet Massoni, interlocuteur privilégié et ami d'Yves Bertrand. Je lui indiquai que j'avais pris la décision irrévocable de supprimer les notes blanches. Il en prit acte avec l'onctueuse hypocrisie qui était habituellement la sienne. Je sentis, au son de sa voix, la profonde désapprobation qui en émanait. En quelque sorte, chacun était attaché à ses habitudes... Jacques Chirac n'évoqua jamais le sujet avec moi. Mais Dominique de Villepin, quelques semaines plus tard, me dit : « C'est incroyable, nous avons à l'Élysée moins d'informations venant de l'Intérieur qu'à l'époque de Jospin ! » Je lui répondis : « Quelles sont les informations qui vous manquent ? ». « Des informations en général », me glissa-t-il. Nous en restâmes là. La République avait eu la détestable habitude de se « droguer » aux commérages, aux indignités, et aux poubelles de la vie de chacun. Il était temps d'y mettre un terme définitif. J'étais heureux et soulagé de l'avoir fait. Le processus s'est-il immédiatement arrêté à l'époque ? Je n'en suis pas certain... Mais, au moins, je n'y étais pas mêlé.

Quelques années plus tard, je finissais ce travail en fusionnant les deux services de renseignements qu'étaient la DST et les RG, qui sont par là même devenus la Direction centrale du renseignement intérieur (DCRI). Avec le développement du terrorisme, je redéployais nos forces vers cette menace dont je pressentais qu'elle serait durable et meurtrière. Il me semblait plus pertinent de consacrer nos moyens de renseignements au terrorisme islamique plutôt qu'au renseignement politique et social. La gauche, et notamment le Parti socialiste, me l'a beaucoup reproché. J'en ai déduit que, pour une partie d'entre eux, la pratique des notes blanches n'était pas de nature à les choquer plus que cela... J'ajoute qu'avec l'avènement des chaînes d'info et des réseaux sociaux, la recherche du renseignement « sociétal » a beaucoup changé. Les Renseignements généraux avaient l'habitude d'infiltrer les organisations syndicales, politiques ou associatives ou, à défaut, de recruter des sources crédibles. De nos jours, tout étant public, ou ayant vocation à l'être à très brèves échéances, il me semblait inutile d'investir du temps et de l'argent dans cette direction. La recherche de renseignements dans des quartiers infestés par le salafisme, dans les mosquées noyautées par des extrémistes, dans la surveillance d'individus soudainement radicalisés était à mes yeux d'une tout autre importance. J'en avais fait une absolue priorité, allant même jusqu'à disposer d'informateurs dans presque chacune des mosquées de notre territoire. Je veux d'ailleurs souligner qu'à l'inverse de la tendance observée notamment aux États-Unis, je crois à la pérennité et à l'efficacité du « renseignement humain ». Tout n'est pas à mes yeux une question technique. Dans de nombreuses situations, rien ne remplace la « source humaine ». Je précise enfin que ce qui manque le plus à la France, encore aujourd'hui, n'est pas la recherche ni la collecte d'informations. Il y en a beaucoup, parfois même trop ! Ce qui manque, c'est la capacité à les interpréter, à les hiérarchiser, à les rendre opérationnelles. C'est sur ce point que notre effort doit encore porter prioritairement.

Mais ma tâche la plus urgente consistait surtout à remobiliser, et à réorganiser, un ministère profondément déstabilisé par des années de « laxisme sécuritaire ». Tout au long des années 1990, un certain nombre de crises s'étaient succédé au cours desquelles la place Beauvau avait été attaquée, humiliée, condamnée à l'immobilité. Il y avait d'abord eu, sous Jean-Louis Debré, les occupations illégales d'églises par des migrants en situation irrégulière qui avaient donné lieu à des scènes parfois poignantes, d'autre fois ridicules, où le ministre, incapable de réagir, était tourné en dérision. L'église Saint-Bernard était demeurée des années durant le symbole désolant de l'impuissance de l'État. Encore aujourd'hui dans les bureaux de la place Beauvau, on évoque le souvenir de cette période, et de ce ministre, comme celle d'une très grande impuissance. Il y avait eu ensuite l'explosion des chiffres de la délinquance, sous les années Jospin, laissant sans réaction une police démobilisée et si peu soutenue par les pouvoirs publics. Quelques échecs retentissants étaient à noter, comme la cavale d'Yvan Colonna qui n'en finissait pas alors qu'il se trouvait accusé d'être le meurtrier du malheureux préfet Érignac. Lorsque j'arrivai place Beauvau, les services de police n'étaient pas près de le retrouver, loin s'en fallait. Quand mon prédécesseur socialiste Daniel Vaillant me reçut pour la passation des pouvoirs, il tint de façon républicaine à me tenir informé des principales enquêtes en cours. C'est un homme sympathique, et de bonne composition, mais si peu fait pour ce poste ! Quand nous en vînmes à Colonna, il me dit avec beaucoup de conviction, et une certaine emphase : « Je suis certain qu'il n'est pas en Corse. Il est en Amérique du Sud.

J'ai envoyé là-bas des hommes sur sa trace. » Je lui demandais ce qui le rendait si sûr de cet état de fait : « Nous avons envoyé plusieurs fois de nuit un avion capable de détecter toute présence humaine dans le maquis, et nous n'avons rien trouvé. » Je lui demandais alors comment on pouvait faire la différence, à 10 000 mètres d'altitude, entre la chaleur émise par un être humain, et celle émanant d'un sanglier corse. À son absence de réponse, et à sa tête, j'en conclus que visiblement il n'y avait pas songé ! Au moment où nous parlions, Yvan Colonna se trouvait en fait à 30 kilomètres d'Ajaccio... Inutile de préciser qu'il avait, dans ces conditions, peu de chance d'être arrêté !

Le climat sécuritaire était tellement détestable que l'on avait même assisté à plusieurs manifestations de gendarmes en uniforme ! Du jamais vu. La réorganisation était d'autant plus urgente que je me trouvais être le premier ministre de l'Intérieur à diriger à la fois les policiers et les gendarmes. Les seconds dépendaient jusque-là du ministre de la Défense, avec le statut militaire qui est le cœur de leur identité. Les premiers avaient toujours été rattachés à la place Beauvau. Rassembler ces deux corps, sous la même autorité, était une décision de pur bon sens. On gagnait en efficacité, en coût de structure, en partage de l'information. Les délinquants se moquaient bien des frontières administratives qui confiaient les campagnes et les petites villes aux gendarmes, les grandes cités aux policiers. Mais la réalisation de ce projet était d'une grande complexité. Administrative d'abord, car leurs statuts n'étaient pas les mêmes. Mais une fois rattachées au même ministère les deux forces exigeaient, et on peut les comprendre, de bénéficier des mêmes avantages. Ainsi, les heures supplémentaires étaient possibles pour les policiers et incompatibles avec le statut militaire des gendarmes. En revanche, les primes étaient coutumières dans la gendarmerie, et quasi inconnues dans la police. Complexité syndicale ensuite. Les policiers ont une très forte culture syndicale. Il n'est pas rare d'avoir une participation de 80 % de votants aux différentes élections professionnelles. Or, comme on le sait, le syndicalisme est interdit aux militaires de la gendarmerie, même s'il existe la puissante Association des gendarmes à la retraite qui, en termes de revendications, n'a rien à envier à personne, et la non moins puissante Association des épouses de gendarmes qui manie à merveille Internet et les réseaux sociaux... Complexité corporatiste également, car l'institution de la gendarmerie était très attachée à son autonomie, et à son indépendance. Habituée à dépendre de trois autorités : la Défense pour son statut, l'Intérieur pour son emploi, et la Justice pour son travail judiciaire, elle avait tendance à devenir un État dans l'État, où la seule autorité qui s'exerçait vraiment était celle des généraux du corps. Enfin, complexité psychologique car, en arrivant place Beauvau, je découvris avec étonnement qu'entre policiers et gendarmes, il y avait peu de confiance, une grande rivalité, beaucoup de malentendus et même, parfois, de la jalousie teintée de mépris. C'est peu dire que la tâche était immense. Comme souvent dans ce genre de situations inextricables, la seule façon de trouver des marges de manœuvre qui en temps normal n'existaient pas, était de tout changer. Je décidai donc d'un nouveau plan de carrière, et d'une nouvelle organisation des indices et des grades pour tirer tout le monde vers le haut. Bien évidemment, cela coûtait de l'argent, pas moins de 300 millions

d'euros annuels de revalorisation, sans compter les créa-
tions de postes. Je fis voter deux lois de modernisation de
nos forces de sécurité. Je dois à l'honnêteté de reconnaître
que je fus bien aidé par Jacques Chirac qui comprit qu'il ne
fallait pas lésiner sur les moyens financiers s'agissant de ce
qui avait été la priorité de sa campagne : la sécurité. Je veux
insister sur ce point. Car, contrairement à ce qui est dit à
longueur de journée, une bonne sécurité dépend moins
du nombre de policiers et de gendarmes que de la façon
dont ils sont payés, formés, équipés, respectés. Et bien sûr,
peut-être surtout, de l'effectivité des décisions de justice
une fois le travail d'arrestation des délinquants réalisé. Je
reste convaincu qu'il faut mieux rémunérer nos forces de
l'ordre, et arrêter de faire de la question de leur nombre le
marqueur d'une efficacité qui n'a jamais été démontrée. En
six mois, nous avions réussi le rattachement des policiers et
des gendarmes qui se fit finalement sans heurts, sans manifestations, sans même polémiques publiques. Je constate
d'ailleurs que, depuis lors, personne n'a jamais remis en
cause ce que nous avions réalisé, et ce quelles que fussent
les alternances politiques.

Une fois la question « des corps et des carrières » résolue,
je m'attaquais à l'équipement de nos forces de l'ordre. Je
m'étais toujours demandé pourquoi l'uniforme des policiers
américains était si impressionnant, et pourquoi les nôtres
touchaient parfois à la caricature. Le képi des gendarmes
n'était pas adapté à la poursuite des délinquants. Le blou-
son des policiers donnait l'impression que les plus minces
étaient devenus enveloppés. Le col des chemises n'avait
aucune tenue. Le système de communication des policiers

était incompatible avec celui des gendarmes, qui lui-même ne pouvait communiquer avec celui des pompiers ! Les policiers en garde statique se repassaient les gilets pare-balles de leurs collègues souvent trempés de sueur, car il n'existait pas de dotation individuelle de cet équipement pourtant de base. C'est peu dire que nous étions en retard. Nous décidâmes une fois encore de tout changer. J'étais convaincu que les forces de l'ordre devaient être fières de leur apparence extérieure. Dans la foulée, je demandais à chacun de se rendre au travail en uniforme. Cela faisait de la présence policière visible en plus dans les transports en commun, et de surcroît je tenais à ce qu'ils assument leur appartenance à ces corps d'élite que sont la police et la gendarmerie.

Il nous fallut ensuite résoudre la délicate question de l'armement des forces de l'ordre. En effet, celles-ci sont dotées d'armes à feu dont, en vérité, ils ne peuvent que très peu, sinon pas du tout, faire usage ! Un policier attaqué par un délinquant qui lui tire dessus n'aura même pas droit à la présomption de légitime défense. S'il fait usage de son arme, il lui faudra démontrer qu'il était dans une situation d'urgence absolue ! Ce qui est parfaitement ridicule. Sans tomber dans les excès de la police américaine, nous devrions au minimum autoriser nos forces de l'ordre à se défendre. C'est le moins que l'on puisse faire. Ce n'est, hélas, pas le cas. Sans doute obsédé par le souvenir de la mort dramatique de Malik Oussekine en 1986, Jacques Chirac ne voulait pas entendre parler d'une quelconque modification de la doctrine d'emploi des armes à feu. Je choisis donc de contourner la difficulté en procédant à l'acquisition d'un nouvel éventail d'armes, cette fois-ci non létales. Je pensais naïvement que cela renforcerait l'efficacité de nos forces sans susciter de polémiques publiques ou de vagues médiatiques. La suite démontra à quel point je m'étais trompé. Je dotais la police comme la gendarmerie d'un nouveau bâton de défense, le Tonfa, d'un pistolet à décharges électriques, le Tazer, et d'un fusil lanceur de balles en caoutchouc, le Flash-Ball. Utilisée en situation normale, aucune de ces armes n'est faite pour tuer. Elles ont l'ambition d'aider à la neutralisation des casseurs et des délinquants, et servent à la protection des forces mobiles quand elles sont attaquées. Il faut avoir vu l'augmentation phénoménale de la violence toutes ces dernières années pour comprendre la nécessité absolue de compléter l'arsenal de défense de nos hommes. Agir autrement n'était, ni plus ni moins, que les envoyer au massacre. Le mot n'est pas trop fort lorsque l'on veut bien se remémorer les hordes sauvages qui déferlaient contre eux lors des émeutes de l'automne 2005. Comment pouvais-je accepter que les casseurs soient chaque jour plus lourdement armés, et nos forces chaque jour un peu plus démunies ? De surcroît, j'avais observé que les « bavures », c'est-à-dire des violences policières non maîtrisées, et disproportionnées, se produisaient le plus souvent quand les policiers prenaient peur, se sentant menacés dans leur intégrité physique. En revanche, lorsque le rapport de force n'était pas inversé, les dérapages étaient infiniment plus rares ! Ces raisonnements de simple bon sens constituèrent une digue bien fragile face aux torrents de démagogie qui coulèrent à flots, comme à l'accoutumée, dans notre univers médiatique. Je fus, en conséquence, concomitamment et constamment accusé de brutalité, de piétiner les droits de l'Homme, de danger pour la République, de fascisme... Les épithètes ne manquaient pas. Les outrances pas davantage. Ces postures seraient seulement ridicules si elles ne mettaient pas en cause l'un des piliers de notre démocratie, l'ordre républicain qui va nécessairement avec l'utilisation de la force républicaine. Comment garantir l'ordre républicain si la force républicaine n'est pas mise à son service ? C'était devenu un sport national d'insulter un policier, de molester un gendarme, d'incendier des camions de pompiers, d'agresser des médecins en service. Cela devait cesser. Je décidai que nous nous en donnerions tous les moyens. Les mêmes qui dénonçaient, le plus souvent sans savoir ni connaître quoi que ce soit au maintien de l'ordre, s'offusquaient qu'on puisse utiliser les Flash-Ball pour maîtriser les casseurs, mais restaient silencieux quand les forces de l'ordre recevaient des cocktails Molotov, des plaques d'égout, des boules de pétanque ou même des blocs de pierre jetés du haut des immeubles. Les droits de l'Homme seraient-ils devenus à géométrie variable : inexistants pour ceux qui défendent la République, intangibles pour ceux qui l'attaquent ? J'affrontais l'ouragan médiatique assez seul au gouvernement, mais je savais qu'une immense majorité de Français soutenait cette politique. En vérité, ces polémiques, par leurs outrances et leurs excès, fortifiaient ma popularité bien au-delà de la seule droite, et surtout me donnaient une réelle légitimité auprès des personnels de l'Intérieur, qui enfin se sentaient défendus par leur ministre. J'étais attaqué quotidiennement en leur nom. Mais place Beauvau, même les plus opposés politiquement en prenaient acte positivement. C'est ainsi que, durant mon passage dans ce ministère, les forces syndicales qui me soutenaient augmentèrent considérablement leur représentativité. Ce qui n'était jamais arrivé pour les syndicats Synergie et Alliance. C'était, à mes yeux, capital. Je ne pouvais, à l'époque, me permettre la moindre faille dans mon ministère compte tenu de ce qu'étaient le contexte politique et mes relations avec Jacques Chirac. Au moment où j'ai écrit ces lignes, le défenseur des droits, Jacques Toubon, dans la continuité des donneurs de leçons, s'est rappelé à notre souvenir en exigeant le retrait immédiat des Flash-Ball. Après plusieurs samedis où des quartiers de Paris ont été ravagés par une partie des Gilets jaunes, voici la seule conclusion qu'il faudrait tirer. Heureusement que le ridicule n'a jamais tué personne... J'avoue avoir toujours été étonné par la capacité d'incohérence que j'ai pu observer chez certains responsables, obsédés par l'idée d'effacer une partie de leur passé. Chacun fait des erreurs. J'en ai commis moi-même mon lot, mais on ne gomme pas une outrance par une autre. En effet, le même qui demande aujourd'hui le retrait du Flash-Ball votait, au début des années 1980, contre la dépénalisation de l'homosexualité. Où est la constance, la logique, tout simplement le bon sens ?

Cette question de l'utilisation de nouveaux moyens de maintien de l'ordre fut au cœur d'une tension assez violente entre Jacques Chirac et moi. Après quinze jours d'émeutes nocturnes dans les banlieues à l'automne 2005, nos forces étaient épuisées, à bout, et extrêmement tendues. Je craignais à tout moment qu'un drame survienne du côté des policiers, comme de celui des émeutiers. La situation était en train de nous échapper. La violence redoublait nuit après nuit. Nous perdions même du terrain. Je décidais en ultime recours de faire engager les hélicoptères, dotés de puissants projecteurs, pour stationner au-dessus des casseurs, les mettre ainsi dans la lumière au milieu de la nuit et faciliter leur identification et leur arrestation. La manœuvre fonctionna à merveille. Ce type d'individus n'aime pas être éclairé. Leur courage ne va jamais jusqu'à agir en plein jour ! Nous remportâmes, même, quelques succès sur le terrain. L'utilisation pour la première fois en France des hélicoptères était très prometteuse. Elle aidait beaucoup les troupes. J'étais soulagé de cette nouvelle possibilité qui nous renforçait en même temps qu'elle déstabilisait profondément les émeutiers. J'entrevoyais le bout du tunnel, c'était même inespéré. C'est peu dire que je fus surpris de l'appel matinal du Président, le lendemain de cette première expérience. Il ne parlait pas, il éructait. « Qu'est-ce que c'est cette histoire d'hélicoptères ? Tu te crois à Los Angeles ? On n'est pas aux États-Unis, ici. Je te demande de les retirer immédiatement ! » J'essayais d'argumenter mais rien n'y faisait. « Et que feras-tu si un hélicoptère se crashe sur le quartier parce qu'on lui aura tiré dessus ? » Je répondis que si des armes à feu étaient utilisées contre la police, cela signifierait que nous étions passés dans une tout autre situation, encore bien plus grave, mais que, dans ce cas, la faute n'en reviendrait pas aux hélicoptères ! J'ajoutais que j'estimais avoir besoin d'eux pour reprendre le contrôle d'une situation extrêmement tendue, et difficile, mais que s'il n'avait plus confiance en ma capacité à la maîtriser, il pouvait à tout moment changer de ministre de l'Intérieur. Il y eut un blanc suivi d'un « Nous en reparlerons. » Ce que nous n'avons jamais fait ! Le soir même, je me trouvais à Toulouse dans le quartier du Mirail. J'avais confirmé l'engagement des hélicoptères, j'en avais même un au-dessus de la tête, quand mon portable sonna. C'était le Premier ministre

Dominique de Villepin. « Je vous rappelle que le Président est très opposé à l'usage des hélicoptères. Si vous continuez à les utiliser, vous le ferez à vos risques et périls... » Je le remerciai sans lui préciser que le bruit qui rendait notre conversation difficilement audible venait justement d'une de ces machines !

De toute façon, à la fin de l'année 2005, l'hypothèse de ma candidature à la présidentielle était devenue une évidence. Elle tendait beaucoup les choses avec les deux têtes de l'exécutif. L'une, Jacques Chirac, qui n'avait pas encore renoncé. L'autre, Dominique de Villepin, qui continuait à espérer. Je connaissais donc parfaitement mes risques, et ne sous-estimais pas mes périls. La seule issue possible était de sortir de cette crise où la République ne pouvait en aucun cas reculer, et, pour cela, je n'avais d'autre choix que de m'en donner les moyens. Ce que je fis sans plus d'états d'âme !

La crise des banlieues de l'automne 2005 fut sans doute l'une des plus difficiles que j'ai eu à gérer durant toute ma carrière gouvernementale. Elle fut violente, longue, irrationnelle, communautaire et, surtout, révélatrice de tous les problèmes que la société française s'était cachés à elle-même tout au long des trente dernières années. Elle mêlait, en effet, autant de sujets qui avaient fini par devenir tabou : l'islam, l'intégration, l'immigration, les trafics souterrains, la violence, la jeunesse, la contestation de toute forme d'autorité. Il y avait tout cela mélangé, mixé, entrelacé sans que l'on puisse ordonner quoi que ce fût. Chacun de ces thèmes était, pris séparément, explosif. Alors tous ensemble... Chacun faisait l'objet de non-dits depuis si longtemps. Ainsi, parler de l'islam, c'était être islamophobe. Évoquer l'immigration, c'était prendre le risque immédiat d'être taxé de racisme. S'indigner de ce qui se passait dans nombre de quartiers de banlieue, c'était pratiquer un amalgame intolérable. Dire que la jeunesse n'avait pas tous les droits, c'était se ranger du côté des conservateurs qui, forcément, ne comprenaient rien ! C'est peu dire que le potentiel « explosif » était à son maximum. Je ne sais d'ailleurs pas ce qu'il y avait de pire, entre le manque de lucidité de nos élites, leur absence de courage ou leur souci constant de prendre la pose de la générosité à bon compte ! Le peuple français, dans son bon sens habituel, n'était pas dupe, il avait compris aussi bien les tenants que les aboutissants. Ce n'était pas le cas, c'est le moins que je puisse en dire, de nombre de commentateurs affublés du titre ronflant de spécialistes, d'éditorialistes, dont il serait intéressant de reprendre les textes de l'époque, ou des intellectuels appelés, comme à l'accoutumée, à la rescousse de la *doxa* de gauche.

Je veux d'abord dire pourquoi, conjoncturellement parlant, la crise a explosé. Du seul point de vue de celle-ci, l'étincelle qui fit tout démarrer fut l'action déterminée des groupes d'interventions régionaux (GIR), cet organisme, que nous avions créé à la demande de Jacques Chirac et qui regroupait en son sein des représentants de la police, de la gendarmerie, du fisc et des douanes afin de frapper les trafiquants là où cela leur faisait le plus mal : le portefeuille. J'avais décidé que les GIR seraient notre bras armé pour reprendre le contrôle de ces centaines de quartiers dits « difficiles », où les trafiquants avaient pignon sur rue, et où ils faisaient régner leurs lois. J'avais été chargé par le président de la République de leur installation et de leur mise en œuvre. Je voulais aller vite malgré la complexité inédite de la tâche, qui exigeait de faire travailler ensemble des administrations qui ne l'avaient jamais fait. Nous avions décidé d'attaquer ces mafias par le biais de leurs investissements économiques. Nous visions clairement le patrimoine délictueux accumulé en toute impunité. C'était nouveau, par les moyens que nous nous donnions comme par le systématisme de notre action. Nous voulions démonter leurs réseaux de blanchiment d'argent, leurs sociétés-écrans, leurs commerces fictifs, leurs propriétés immobilières illégales. Notre maillage était très strict puisque nous n'avions pas plus d'un GIR par région. J'exigeais de recevoir leurs résultats au minimum tous les mois. Je constatai vite la grande disparité des actions engagées. Certains multipliaient les enquêtes et les prises de guerre. D'autres sommeillaient, trouvant mille excuses administratives à leur absence d'efficacité. Mais, dans l'ensemble, les résultats furent assez prometteurs malgré la difficulté de trouver des preuves et de démêler l'écheveau de certains montages particulièrement compliqués. Les GIR provoquèrent un véritable vent de panique chez les trafiquants de tous poils, peu habitués à ce que l'on s'occupa de si près de leurs si juteux commerces. Leur réponse ne se fit pas attendre. Se voyant ainsi attaqués frontalement, ils décidèrent de répliquer en instrumentalisant une partie de la jeunesse perdue de ces quartiers difficiles. Ils pensaient, d'ailleurs plutôt à juste titre, que pendant que la police serait occupée à mâter les émeutiers, elle n'aurait plus le loisir de rechercher les trafiquants. Le calcul était cynique, mais loin d'être absurde. Il faut en effet savoir et comprendre que, souvent dans ces quartiers, quand la situation est calme, cela est dû davantage à la volonté des caïds de la drogue qui imposent la tranquillité pour ne pas entraver leur trafic, plutôt qu'à un soudain retour de l'autorité républicaine. La réponse à notre attaque systématique fut donc l'embrasement des quartiers ! C'est paradoxal, et sans doute difficile à comprendre, mais c'est vrai, tristement vrai ! Les trafiquants ont donc allumé les mèches partout où ils le pouvaient pour faire diversion, mais le problème fut qu'une fois celles-ci embrasées, ils perdirent le contrôle de la situation. Nous aussi, d'ailleurs !

Je tenais à rétablir la vérité des faits car, à l'époque, la bataille politique faisait rage, et occultait toute tentative d'analyse sérieuse : contrairement à ce qui fut dit, la mort des deux jeunes à Clichy-sous-Bois, électrocutés à l'intérieur d'un poste électrique d'EDF, aussi dramatique soit-elle, n'était pas de nature à déclencher de telles violences, si généralisées. En l'occurrence, la police n'avait fait que son devoir. Personne ne pouvait plus rien faire quand ces deux malheureux décidèrent d'aller se cacher à l'intérieur d'un bâtiment rempli de lignes à haute tension pour seulement échapper aux forces de l'ordre ! D'autres polémiquèrent des mois durant, pour expliquer que, si les banlieues avaient explosé en octobre 2005, c'est parce qu'au mois de juin de la même année, j'avais parlé de « racailles » et de « karcher » ! Mes déclarations avaient donc attendu cinq mois avant de produire leur effet ! Bien que ridicule, l'argument prospéra, notamment dans la presse et les cercles de gauche. J'étais l'incendiaire, le délinquant, le boutefeu. On brûlait pas moins de 1 500 voitures par nuit. On incendiait des équipements publics financés par l'argent des contribuables. On frappait des fonctionnaires de police, des militaires de la gendarmerie, des pompiers, des personnels de santé. Mais le véritable coupable était désigné par l'intelligentsia de gauche : c'était le ministre de l'Intérieur. Au fond, leur analyse de la situation revenait à me rendre coupable d'avoir décrit la réalité, d'avoir appelé un chat un chat, d'avoir fixé des lignes rouges que je n'étais pas décidé à voir franchir. En quelques semaines je n'étais devenu ni plus ni moins qu'un néo-fasciste. De ce côté de l'échiquier politique, l'outrance était sans limites. Ils s'en donnèrent à cœur joie. *Le Nouvel Observateur, Marianne, Libération* redoublaient à longueur de colonnes de violence à mon endroit. Tout à leur aveuglement idéologique, ils ne réalisaient pas qu'outre la vacuité de l'argument, ce systématisme poussait les émeutiers sur le terrain à démolir et à brûler davantage. Pourquoi se gêner, en effet, puisqu'une partie de la presse les présentait comme les victimes d'un homme qu'il convenait de haïr, puisqu'à leurs yeux il était haïssable, et d'un système qui leur avait fait subir tant d'injustices. Cette victimisation était délétère. Une troisième analyse, aussi erronée que les deux précédentes fut, du moins un temps, à la mode. Il s'agissait pour ses partisans de culpabiliser la société française. C'est un grand classique de l'intelligentsia que de « socialiser » tout, et n'importe quoi. C'est un travers assez français de ne voir l'histoire, et le destin de notre pays, que par le seul prisme des conditions sociales et des rapports sociaux. En vertu de ce principe, la France, depuis des décennies, n'en avait pas fait assez pour les quartiers et pour les petits-enfants des travailleurs immigrés venus dans les années 1960. Nous étions coupables, cette fois-ci collectivement, d'avoir ghettoïsé une partie de notre jeunesse, de l'avoir abandonnée, de la laisser sans emploi, sans transport en commun, sans perspective. Or, à mes yeux, cette analyse est aussi fausse qu'injuste. Injuste parce que tant d'autres catégories de Français pourraient, à juste titre, s'être senties abandonnées. Je pense aux agriculteurs, aux petits commerçants, aux habitants des zones rurales et pavillonnaires périphériques, aux retraités modestes, aux ouvriers victimes de la désindustrialisation - les exemples abondent -, qui pour autant n'ont rien cassé, rien démoli, rien incendié. Bien sûr, il existe en France nombre d'injustices choquantes mais, y compris dans les quartiers, l'école y est gratuite et la santé aussi ! La situation y est plus enviable que dans nombre de pays d'origine des parents de ces jeunes Français de la première ou de la seconde génération. D'ailleurs, quasiment aucun parmi eux ne souhaiterait échanger sa place dans son pays, la France, contre une dans le pays de ses aïeux !

Fausse enfin parce que la France est sans doute l'un des pays occidentaux qui a le plus fait pour l'amélioration du cadre et des conditions de vie dans ces quartiers. Hommage soit rendu sur ce point à Jacques Chirac qui, le premier, engagea ce qui fut la longue série des différents plans pour la ville. J'ai poursuivi cette action en y investissant des moyens considérables avec Jean-Louis Borloo, comme ministre de la Ville. Des dizaines de milliards y ont été consacrés. Je ne le regrette nullement. C'était nécessaire et juste, mais je n'ai pas davantage l'intention que nous nous en excusions ! D'autres Français auraient pu, légitimement, postuler et mériter un tel effort. Or, ils n'en ont pas bénéficié. Il est donc plus que temps de reconnaître, et de saluer, l'immense effort de la collectivité nationale pour ces quartiers. Je continue de trouver profondément déplacée cette obsession de culpabiliser notre pays.

Entre autres choses, cette crise démontrait avec éclat la nécessité absolue, dans laquelle nous nous trouvons encore aujourd'hui, de maîtriser drastiquement les flux migratoires vers notre pays comme dans toute l'Europe, pour la raison aussi simple qu'évidente que les possibilités d'intégration de nos sociétés sont, non seulement atteintes, mais surtout largement dépassées. Notre machine à intégrer est complètement encalminée, submergée par le nombre, et les besoins qui vont avec. Ne pouvant plus intégrer, nous assistons impuissants à la montée d'un communautarisme totalement étranger à nos valeurs républicaines. L'État n'étant plus en mesure de protéger chacun, tous se tournent désormais vers leurs communautés d'origine, développant aussi des comportements, des traditions, des agissements à l'opposé de notre culture commune. Ce qui, à l'origine, était un simple réflexe de défense est à la longue devenu une façon de provoquer, de haïr la société, et de détester tout ce qui la façonne. Vouloir limiter drastiquement les flux migratoires n'est pas une posture idéologique, encore moins l'expression d'un manque de générosité, pas davantage un positionnement politique. Il s'agit d'une simple question de bon sens. Notre société se fissure chaque jour davantage. Si nous ne faisons rien, à très brève échéance, son explosion est inéluctable. Accueillir est un devoir. Mais celui-ci ne peut s'exercer au détriment de l'équilibre collectif d'une civilisation européenne qui ne veut pas et ne peut pas disparaître. J'ai cette conviction solidement ancrée depuis bien longtemps. Mais je m'attriste d'un débat que nous aurions dû conduire depuis bien longtemps, et qui a été rendu impossible par les non-dits et les postures de la petite minorité qui veille jalousement à cadenasser les débats médiatiques, et à fixer ce qu'il serait possible de dire et ce qui ne le serait pas. C'est à cause de ce silence imposé que seuls les extrêmes ont pu émerger, répondant à l'outrance de la pensée unique par l'outrance de leurs vocabulaires, de leurs comportements et de leurs propositions. Ainsi, la majorité silencieuse fut conduite à considérer que seuls les plus violents arrivaient à décrire la réalité de ce que le peuple vivait chaque jour. Tous les autres, notamment les plus raisonnables et les plus républicains, étant considérés comme ignorants de la réalité quotidienne. Au bout du compte, les partis de gouvernement finirent par se taire ou s'abstenir, pris entre l'étau de la bien-pensance qui aurait vite fait de les dénoncer comme égoïstes, racistes, compagnons de route de l'extrême droite, et ces extrémistes dont le soi-disant bon sens masque, en réalité, une violence qui ne demande qu'à s'exprimer. Les exemples abondent pour appuyer mon propos. Ainsi, demander simplement que des fichiers de Français par catégories d'origines ethniques puissent être réalisés, pour savoir où en est la France, et qui la compose, est jugé par les censeurs comme inacceptable. Pourtant, pour étudier la composition aussi bien que l'évolution de notre pays, ils seraient bien utiles. Or, ces documents, qui existent partout dans le monde sans provoquer la moindre polémique sont, chez nous, un sujet d'affrontement constant. C'est absurde, caricatural, contraire à notre intérêt national. Comment régler un problème que l'on ne peut pas mesurer, étudier, observer, quantifier ? La polémique récente sur le racisme au sein du PSG illustre parfaitement cet aveuglement idéologique. Résumons la situation. Voici un club de football, appartenant à des Arabes, dont la majorité des joueurs sont étrangers, dont la quasi-totalité des meilleurs espoirs est d'origine africaine, et qui, malgré cela, se trouve aux prises avec une enquête judiciaire parce qu'un recruteur notait sur les observations des futurs espoirs du club : il a 17 ans, il est gaucher, il mesure 1,75 mètre... il est d'origine africaine ! Cette simple référence suffit à faire suspecter ce grand club d'avoir un comportement raciste ! Aurais-je dû m'offusquer à chaque fois qu'il a été dit que mon père était hongrois, et mon grand-père né à Salonique ? Ceci serait seulement ridicule si tous ces non-dits accumulés ne conduisaient pas à exaspérer la majorité silencieuse, convaincue, souvent à juste titre, qu'on lui dissimule la gravité d'une situation devenue en vérité hors de contrôle.

Tout au long de mes années au ministère de l'Intérieur, j'ai essayé de déverrouiller ce débat sur l'immigration, tellement nécessaire. Je n'y suis pas arrivé, le mur de la pensée unique veillant jalousement au grain. Je peux parfaitement comprendre et admettre que telle ou telle personnalité du monde culturel préfère dire « ouvrons les bras » plutôt que « fermons la porte ». Nombre d'entre eux sont sans doute sincères, et c'est tellement plus valorisant de prendre la posture de la générosité et de l'ouverture. Personne n'a envie de jouer le mauvais rôle. Mais s'agissant des responsables politiques, il devrait en aller tout autrement, car leur cécité peut avoir de très lourdes conséquences. C'est le devoir des femmes et des hommes d'État d'avertir des conséquences pour l'avenir d'une absence de décisions, comme de prises de responsabilité.

Ce sujet fut l'objet d'un nouveau et profond désaccord entre Jacques Chirac et moi. Sans doute traumatisé par la polémique des années 1980, au cours de laquelle il avait prononcé la fameuse phrase sur « les odeurs », ce dernier avait effectué un virage à cent quatre-vingts degrés qui l'avait même conduit à souhaiter, et à militer pour, l'entrée de la Turquie au sein de l'Union européenne, rejoignant en cela la position traditionnelle du Parti socialiste, et de son chef de l'époque François Hollande. J'étais alors président de l'UMP. J'aime la Turquie. J'admire sa civilisation. Je la connais assez bien, pour m'y être rendu régulièrement. J'avais pourtant averti le Président que je ne pourrais en aucun cas soutenir son orientation. Je pris le soin de lui dire que la Turquie était en Asie Mineure, pas en Europe, que ce grand pays était un pont entre l'Orient et notre continent, que le faire adhérer à l'Union reviendrait à le couper d'une partie de son rôle, et qu'enfin, l'intégration en Europe, sans visas, de 80 millions de musulmans turcs ne me semblait guère pertinente compte tenu de ce qu'étaient devenus les équilibres précaires de nos sociétés européennes. Sa réponse ne se fit pas attendre. Lors du conseil des ministres qui suivit notre conversation, il expliqua aux membres de son gouvernement, alors que j'étais assis juste à côté de lui, « qu'il fallait être un imbécile pour ne pas comprendre que l'intérêt de l'Europe était d'accueillir la Turquie » ! Non sans un certain courage, il se rendit même la semaine suivante à la télévision pour expliquer aux Français ce qu'il fallait penser de la perspective d'une adhésion turque. Visiblement, « les imbéciles » dont j'étais se trouvèrent largement majoritaires en France puisque, entre autres choses, le référendum sur l'Europe qui s'ensuivit fut rejeté par près de 55 % des suffrages. Rétrospectivement, lorsque l'on voit l'évolution de la Turquie, et de son Président, il n'est nul besoin d'être un spécialiste de la diplomatie pour comprendre ce à quoi nous avons échappé. À l'époque, je fus bien seul (en tout cas parmi les dirigeants) à défendre cette orientation. Qui aujourd'hui oserait affirmer une position contraire ? C'est ce même souci de la bien-pensance et du politiquement correct qui fit refuser l'inscription des racines chrétiennes de l'Europe dans le projet de constitution avorté de Valéry Giscard d'Estaing. Une nouvelle fois, le peuple se sentit trahi et en conçut une méfiance supplémentaire à l'endroit d'une Union européenne pourtant tellement nécessaire.

En attendant, la crise des banlieues de 2005 démontrait avec éclat la réalité de la situation à la périphérie de nos villes, où de jeunes Français de la troisième génération se trouvaient infiniment moins intégrés que leurs grands-parents, pourtant non français. Elle montrait aussi, d'une façon tellement brutale, qu'une partie d'entre eux haïssaient leur pays, ses valeurs et ses institutions. Peu nombreux étaient ceux qui avaient la lucidité de le comprendre, et le courage de le dénoncer.

Cette crise montrait également, une nouvelle fois, un déficit flagrant d'autorité. Manque d'autorité dans les familles, où beaucoup de mères célibataires ou divorcées étaient dépassées par le comportement de leurs enfants. Comment auraient-elles pu faire autrement, prises dans la tenaille des nécessités économiques leur interdisant de consacrer un temps suffisant à l'éducation ? Manque d'autorité à l'école, où de jeunes professeurs débutants sont livrés, seuls, à des classes qu'ils ne peuvent maîtriser. Qui l'aurait pu à leur place, tant la violence physique est devenue un élément de leur travail quotidien ? Manque d'autorité de l'État, qui laisse ses personnels en uniforme se faire insulter, frapper, injurier. Au fond, cette crise, qui avait débuté par la volonté des trafiquants, dérangés dans leurs habitudes, révélait spectaculairement les fractures, les échecs, les démissions de notre société. La France, dans ses profondeurs, regardait, atterrée, le spectacle d'un pays qu'elle ne reconnaissait pas. Cette débauche de violence et de haine l'exaspérait, plus qu'elle ne l'inquiétait. Comment en aurait-il pu être autrement, alors que les classes moyennes se sentaient chaque jour plus déclassées, abandonnées, méprisées ? Les banlieues débordaient de rancœur, cassaient à tout va, et exigeaient une place de premier plan sans être en retour prêtes au moindre effort. L'incompréhension était totale, et encore, l'islam intégriste ne s'était pas déjà manifesté avec la barbarie que nous lui connaissons aujourd'hui. Face à cette situation qui semblait échapper à tout le monde, la demande d'autorité des Français était portée à son maximum. Sur le moment, je dois bien reconnaître que je l'ai davantage ressentie intuitivement que comprise. J'étais tous les jours sur le terrain, arpentant villes et territoires. Je n'avais pas besoin de formaliser ce que je sentais dans tous les non-dits, les silences, les phrases prononcées à mots couverts par mes innombrables interlocuteurs de l'époque. La colère grondait, souterraine, dans la France profonde. Pour les observateurs, c'était les banlieues qui explosaient. La vérité était que les Français, dans le même temps, accumulaient chaque jour davantage de rancœur contre l'évolution d'une société qui ne leur laissait plus de place, les humiliait à force de les ignorer, les désorientait à propos d'un pays, le leur, qui ne leur était plus familier. À longueur de journée, on leur donnait l'impression qu'il fallait qu'ils disparaissent au profit d'autres, plus jeunes, différents et plus violents. La véritable crise qui se préparait était davantage celle de la société française traditionnelle dans ses profondeurs que celle des banlieues. Et pendant ce temps, les observateurs, les intellectuels, les militants associatifs, les généreux à la posture avantageuse, la gauche dissertaient sur le malaise de cette jeunesse non intégrée. Tous en étaient restés à la victoire de la coupe du monde de 1998. La France « black, blanc, beur ». C'était leur espérance, leur croyance, leur idéal. Malheureusement, c'était loin d'être le souci premier d'une classe moyenne française qui appelait déjà à l'aide, sentant qu'elle risquait de perdre pied définitivement.

L'ambiance politique était devenue exécrable, Jacques Chirac comme Dominique de Villepin attendaient impatiemment mon premier faux pas. L'atmosphère médiatique était poussée à l'extrême par les images de véhicules brûlés qui faisaient le tour du monde. Le journal *Aujourd'hui en France* déclara en une un dimanche « Sarkozy dans la nasse ». Il n'avait pas vraiment tort. *Marianne*, de son côté, avait réservé tous les kiosques de Paris pour afficher ma photo avec un commentaire assez définitif : « Cet homme est-il fou ? ». *Challenges* titrait : « Pourquoi cet homme fait-il peur ? ». Je ne pouvais même pas compter sur ma propre famille, puisque c'est exactement à cette époque que Cécilia avait choisi de quitter le domicile conjugal. C'est peu dire que, quel que soit l'endroit où je portais mon regard, ce n'était que pour y apercevoir de lourds nuages noirs. Éclaircie dans ce tableau, mon jeune fils Jean était tendrement venu vivre à mes côtés au ministère. Sa présence comme celle de Pierre fut un réconfort bien précieux. Pour être tout à fait honnête, il me faut cependant souligner que durant toute cette difficile période qui dura plusieurs mois, l'opinion publique ne cessa jamais de me soutenir. Les sondages étaient presque quotidiens et, quels que soient les questions, le moment, l'atmosphère, ils m'étaient étrangement favorables. Je dis « étrangement », car j'étais ministre de l'Intérieur, ce qui en soi n'est pas un gage de popularité. Il y avait des émeutes chaque nuit, ce qui n'était pas la marque de mon efficacité. Les commentaires étaient, à quelques très rares exceptions près, très défavorables. Rien n'y faisait, je bénéficiais, étude après étude, du soutien populaire. J'en étais chaque fois étonné, ému, et, aussi très inquiet, car je me disais que cela ne pouvait pas durer. Un jour, les Français finiraient bien par m'en vouloir, et par m'abandonner. Il n'en fut rien. C'est vraiment grâce à leur soutien anonyme et collectif que j'ai pu tenir. Il me servit de protection ultime. Je devenais intouchable. Du moins, me renvoyer aurait créé pour le président de la République un problème politique majeur. Et ce d'autant plus, et je ne leur en serai jamais assez reconnaissant, que les parlementaires de la majorité, pourtant à l'époque généralement chiraquiens, m'ont constamment et courageusement soutenu. Ce soutien se manifestait notamment lors des deux séances hebdomadaires de questions d'actualité au Parlement. J'adorais cet exercice qui consiste pour un ministre à répondre aux questions de parlementaires dont il est censé ne pas connaître le libellé. Je cumulais l'essentiel des interrogations, répondant parfois à cinq ou six reprises. J'aimais ce corps à corps avec l'Assemblée souvent surexcitée. J'y trouvais un surcroît d'énergie. Je pouvais libérer le stress de nuits sans sommeil. Il m'arrivait d'y tester de nouveaux arguments, et de nouvelles idées. Ces questions au gouvernement sont un moment important de la vie de notre démocratie pour peu que chacun joue le jeu de la spontanéité, de l'improvisation et de la transparence. Lors de ces exercices, il n'y a pas de session de rattrapage possible, pas de filet en cas d'erreur, pas d'aide pour le ministre en perdition. C'est bien pourquoi elles demeurent l'un des rares moments authentiques de débat, de dialogue entre la majorité et l'opposition, le tout sous l'œil vigilant des caméras de télévision.

On l'aura compris, ces trois semaines de crise des banlieues furent une épreuve qui me servit beaucoup pour le futur. Je n'avais jamais été confronté à une situation si apocalyptique. Je devais être concentré comme jamais, ne céder à aucune impulsivité, agir dans l'instant, et en même temps réfléchir aux conséquences pour le lendemain. Surtout, il me fallait tenir, endurer, résister. Jusqu'à présent, j'avais tout fait vite, organisé l'ensemble de mon action sur l'énergie, développé des capacités de mouvement inédites. Cette crise demandait tout autre chose. Il fallait être ferme, très ferme, et en même temps éviter à tout prix l'irréparable. L'ambiance était telle que, dans ce cas, tout aurait pu arriver, et surtout le pire. J'étais certain qu'alors plus rien n'aurait été maîtrisable. La France est un pays assez violent qui étrangement ne supporte pas les images de sa propre violence. C'est un paradoxe propre à notre peuple. Nous sommes éruptifs. Nous nous querellons pour un rien. Nous n'hésitons jamais à prendre les armes. Nous aimons la bagarre. Et, dans le même temps, nous détestons refléter cette image. Nous sommes des violents qui adorons dénoncer la violence ! J'avais le souvenir du décès de Malik Oussekine lors des manifestations de 1986 et de Charles Pasqua qui, au fond, ne s'en remit jamais complètement. La plupart de nos mouvements sociaux se terminent en affrontements avec les forces de l'ordre alors que nous sommes l'un des pays où les démonstrations contre toutes formes de violence sont le plus spectaculaires. J'en étais absolument convaincu, il fallait tout mettre en œuvre pour éviter le drame qu'aurait été la mort d'un policier dans l'exercice de ses fonctions ou celle d'un émeutier lors de ces événements. Je voulais éviter toute forme de violences policières illégitimes ou disproportionnées. Comme je l'ai déjà dit, celles-ci se produisent souvent quand le rapport de force est défavorable aux forces de l'ordre, quand les policiers se sentent en position de faiblesse, qu'ils prennent peur. C'est cette conviction qui me conduisit à supprimer dès le début de la crise des banlieues toutes les permissions, toutes les vacances, tous les repos compensatoires, et, même toutes les absences pour cause de samedi et de dimanche qui revenaient aux policiers comme aux gendarmes. J'essayais de faire comprendre que nous avions besoin de tout le monde sur le pont, de jour comme de nuit, du lundi au dimanche. Ainsi, je pouvais disposer des effectifs au grand complet. Les risques de sous-effectifs se trouvaient conjurés au moins durant le paroxysme de la crise. Les syndicats jouèrent le jeu au-delà même de ce que j'avais pu espérer. Ils avaient certainement eux aussi pris la mesure de la gravité de la situation. Par ailleurs, la perspective que j'avais ouverte de payer tout le monde en heures supplémentaires intéressa chacun, ou du moins calma les plus réfractaires. Elle me permettrait, en outre, de crédibiliser ce que serait mon futur programme présidentiel.

Tous les soirs, en compagnie du directeur de la Police nationale, Michel Gaudin, nous quittions la place Beauvau pour nous rendre dans un des départements les plus exposés à la violence afin que je puisse délivrer les consignes à tous les personnels de garde rassemblés pour l'occasion, souvent dans la cour d'honneur des préfectures. J'ai ainsi rencontré personnellement des milliers de policiers et de gendarmes. Mes consignes étaient martelées sans relâche. « Je vous demande d'interpeller un maximum d'émeutiers pour qu'ils soient déférés à la justice, et je vous rappelle que vous êtes sous le regard des médias du monde entier. Je ne pourrai tolérer aucune bavure policière, je serai sans pitié. Ni vous ni moi n'avons le choix. » Le résultat dépassa encore une fois mes espérances. Au cours des cinq semaines d'émeutes, nous n'avons eu aucun mort à déplorer. Il s'agit d'un miracle, tant la violence était omniprésente. Policiers et gendarmes furent irréprochables au regard des principes républicains. Ils ont été courageux, professionnels et efficaces. Je veux citer tout particulièrement les forces mobiles qui firent merveille. En effet, pour les voyous, voir l'écusson CRS sur un uniforme leur fait prendre plus au sérieux la menace que s'il s'agit d'un simple îlotier de quartier. Les brigades anti-criminalité ont fait, elles aussi, un travail remarquable. Il s'agit de policiers en civil qui n'ont pas froid aux yeux, et qui opèrent par petites équipes. Passionné par leur travail, j'avais l'habitude d'échanger beaucoup avec eux. J'ai aimé ces contacts. Aujourd'hui encore, je les rencontre lors de mes déplacements avec plaisir. J'ai l'impression d'appartenir à leur famille. Je les comprends, et souvent je les admire. Nous fûmes, à chaque instant, tout au cours de cette période, au bord de la rupture. Il s'en fallut de peu que tout ne basculât dans le drame. Je me souviens d'une nuit où je me trouvais dans le département de l'Essonne, dans le quartier des Tarterêts. C'était une véritable atmosphère de guérilla urbaine. Des voyous avaient tiré sur des policiers, sept avaient été touchés. Ils n'avaient pas en retour fait usage de leurs armes, faisant preuve d'un sang-froid remarquable. Je me rendis sur place. Je ne pus rester que dix minutes car, ayant appris ma présence, les émeutiers nous chargèrent. Nous dûmes reculer car ils étaient beaucoup plus nombreux que nous. Un autre soir, à Évreux, une jeune policière fut défigurée par une boule de pétanque qui lui fut lancée en pleine face. Toutes les nuits, la liste de nos blessés, parfois gravement, s'allongeait inéluctablement. Le fidèle et si compétent Michel Gaudin vivait minute après minute à mes côtés. Je pus compter sur son sang-froid, son courage, son intelligence. Une nuit, je fus injuste avec lui. J'étais à bout, accablé par toutes les mauvaises nouvelles qui s'accumulaient. Nous étions comme à l'accoutumée dans la voiture blindée dont je ne pouvais ouvrir les fenêtres pour des raisons de sécurité. Avec son inimitable voix nasillarde, et son habituelle précision chirurgicale, il me décrivait les foyers de violence de la nuit. « Cela va mal à Strasbourg, à Bordeaux, à Lille, mais cela va très mal à Toulouse, en Seine-Saint-Denis et dans le Val d'Oise. » Je l'interrompis avec un agacement non dissimulé : « Je vous conjure d'arrêter, je n'en peux plus. Je sais que cela va mal. Vos informations me dépriment un peu plus. Je n'ai pas besoin de connaître tout cela. J'en sais bien assez ! » Il me répondit avec sa sincérité désarmante de haut fonctionnaire exemplaire : « Vous dire la vérité est mon devoir. » Il avait mille fois raison, mais pour moi la coupe était pleine, sans doute trop pleine ! Au pouvoir, ce ne sont pas les décisions qui sont difficiles à prendre, c'est le filtrage des informations qui se trouve être le plus complexe. Notre responsabilité consiste à transformer ces dernières en décision. Mais comment faire le tri. Si on en laisse rentrer trop, on a vite fait d'être noyé sous la masse. Si on n'en laisse pas rentrer assez, la décision risque d'être bancale. L'équilibre est bien difficile à trouver. En l'occurrence, l'accumulation des fronts et des mauvaises nouvelles aurait pu m'aveugler et me conduire à prendre des décisions extrêmes sous le coup de l'émotion du moment. Je devais donc me protéger sans bien sûr prendre le risque de l'autisme, afin de me concentrer sur l'essentiel : le rétablissement de l'ordre républicain.

Il y eut un autre moment de tension, mais cette fois-ci davantage avec Dominique de Villepin qu'avec Jacques Chirac. Soucieux de montrer qu'il avait tout autant la maîtrise de la situation que son ministre de l'Intérieur, ce dernier s'était mis dans la tête qu'il fallait déclarer l'état d'urgence avec couvre-feu à partir de 22 heures dans tous les quartiers où il y avait des troubles. Le choix ne manquait pas... Mais le problème n'était pas de déclarer l'état d'urgence, c'était de l'appliquer ! Je fis valoir au Premier ministre que cela ne me paraissait pas judicieux, car nous serions incapables de le faire respecter. En effet, il aurait fallu alors mettre en garde à vue toute personne qui ne respectait pas le couvre-feu. On imagine sans peine le grotesque de la situation, si des centaines de jeunes étaient sortis après 22 heures, ridiculisant ainsi l'État. Le remède serait devenu pire que le mal.

Je n'eus aucun mal à convaincre Jacques Chirac, qui comprit instantanément de quoi il retournait. Ce fut une tout autre affaire avec son Premier ministre qui ne voulut pas en démordre. Cela donna lieu à une scène particulièrement baroque. Un après-midi durant la crise des banlieues, je reçus un appel angoissé du président de la République : « Le Premier ministre tient absolument à annoncer au 20 heures de ce soir l'état d'urgence dans les banlieues, je n'arrive pas à l'en dissuader. J'ai besoin que tu m'aides à le convaincre. » « Monsieur le Président, vous avez tout à fait raison, cette histoire de couvre-feu est absolument déraisonnable. Mais il suffit que vous lui donniez un ordre, et tout s'arrêtera ! » « Je te demande de m'aider, sois dans mon bureau à 17 h 30, nous nous verrons tous les trois. » Je m'exécutai en m'interrogeant une fois encore sur la véritable nature des rapports entre ces deux hommes. Comment le Président pouvait-il accepter une telle pression de son Premier ministre, qui de surcroît avait été encore récemment son plus proche collaborateur ? Ce n'était pas la première fois que j'observais une forme d'inversion hiérarchique au sommet de l'État. Je constatais que Dominique de Villepin exerçait une forme d'autorité sur celui qui l'avait nommé à tous les postes qu'il avait occupés jusqu'ici. C'était étrange, mystérieux, assez incompréhensible. Nous nous retrouvâmes donc dans le bureau présidentiel à l'heure dite. Jacques Chirac était très embarrassé par la situation. Il me demanda de formuler une nouvelle fois mon avis devant le Premier ministre. Ce que je fis sans prendre de précaution. « Je déconseille formellement cette initiative que nous n'aurons pas les moyens de faire appliquer. » Dominique de Villepin, énervé autant qu'agacé, réaffirma sa volonté de l'annoncer le soir même. Nous nous séparâmes sur ce constat de désaccord. Jacques Chirac me téléphona quelques minutes plus tard. « Laissons-le parler de son initiative, puisqu'il y tient. Cela n'a pas grande importance, car c'est toi qui auras la responsabilité de la mettre en œuvre. Et comme tu es contre, tu ne le feras pas ! » Aussitôt dit, aussitôt fait. Le Premier ministre annonça le soir même que j'avais la charge de la mise en place de l'état d'urgence chaque fois que cela serait nécessaire. Je déclarais dans la foulée que je n'avais nulle intention de mettre en œuvre ce dispositif. Je tins mes promesses. On n'en parla plus jamais. Le Premier ministre ne m'en fit même pas le reproche. Une fois son annonce réalisée c'était comme si elle n'avait jamais existé. Avec le recul plus encore que le jour même, il m'arrive de penser qu'il était grand temps que cessât cette période de grande incohérence. Les enjeux étaient trop lourds et trop graves pour se permettre de telles incongruités.

Mes relations avec Dominique de Villepin étaient étranges. On ne peut pas dire que nous nous entendions mal. J'aimais même échanger avec lui. Il peut être sympathique, charmeur, attentionné. Ces analyses sont en général impressionnantes de fougue, de créativité, d'originalité ! En tout cas pour la partie que j'arrivais à saisir... Car, fréquemment, je me trouvais quelque peu dépassé par l'avalanche de ses arguments, qu'il assénait en cascade, à flots continus, sans que nul ne puisse l'interrompre. En fait, il soliloquait davantage qu'il ne conversait. J'écoutais alors sans tout comprendre. Mais y avait-il toujours quelque chose à comprendre ? Rien n'est moins sûr, car emporté par son propre élan mon interlocuteur avait souvent du mal à atterrir. Il avait réponse à tout, en général avec un brio certain. Mais les réponses ne correspondaient ni à la question, ni au sujet, ni encore moins aux faits. Ainsi est Dominique de Villepin, fréquemment « perché » dans un monde où la réalité est virtuelle. Il y a du souffle, de la force, du panache mais pas assez de direction, de suivi, de concret. Son originalité me plaisait, et surtout ne me gênait pas. Je lui étais reconnaissant d'avoir insisté pour que je revienne au gouvernement, vendant même l'idée à Jacques Chirac que ce serait l'une des raisons pour lesquelles il devait le nommer Premier ministre. Il était en tous points différent de Jean-Pierre Raffarin. Et, au quotidien, je pouvais m'entendre avec lui et ses équipes, notamment avec son jeune, efficace et précieux directeur de cabinet Bruno Le Maire qui, déjà à l'époque, notait tout pour en faire un livre. On avait même le sentiment qu'il s'agissait là de sa première motivation.

Cependant, le problème entre nous résidait dans une absence complète de confiance réciproque. Ceux qui me connaissent savent que je n'ai aucune tendance à la paranoïa, bien au contraire, je fais facilement confiance, souvent trop confiance. Je ne me méfie pas assez ou, ce qui est la même chose, je peux m'enthousiasmer trop vite et trop fort pour quelqu'un que je connais depuis trop peu de temps. Avec Dominique de Villepin, il existait un contentieux qui n'avait pas été purgé, tant s'en fallait ; je veux parler de l'affaire Clearstream. Ce fut la première et malheureusement pas la dernière tentative pour me salir par l'organisation assez élaborée d'un complot destiné à gêner voire à empêcher ma candidature.

En juillet 2004, l'hebdomadaire *Le Point* publia sur toute sa une un dossier intitulé : « Un scandale d'État », rien que cela ! Il était révélé qu'un établissement bancaire luxembourgeois répondant au nom de Clearstream servait de chambre de compensation pour le blanchiment de l'argent frauduleux, et recelait les comptes occultes d'un certain nombre de personnalités au premier rang desquelles je me trouvais ! Mon nom ne fut pas donné tout de suite, même si tous les initiés de Paris étaient au courant et en faisaient leurs gorges chaudes. Franz-Olivier Giesbert, le directeur de la rédaction de ce journal dont le propriétaire est François Pinault, très proche ami de Jacques Chirac, avait acheté ce scoop à un journaliste « free-lance » assez sulfureux. Surtout, il s'était fait confirmer l'authenticité de ces allégations par le ministre de l'Intérieur de l'époque lui-même, Dominique de Villepin, dont il était par ailleurs un intime. Un tel environnement n'avait rien pour me rassurer. Je tombai littéralement des nues en apprenant que deux comptes bancaires étaient libellés aux noms assez transparents de Paul Nagy et Stéphane Bocsa. Or, je m'appelle Nicolas, Paul, Stéphane Sarkozy de Nagy Bocsa ! La mise en œuvre était grossière mais elle suffit à faire ouvrir une information judiciaire qui fut confiée au redoutable et respecté juge d'instruction Renaud Van Ruymbeke, connu pour sa lutte anti-corruption. Comment pouvais-je me retrouver dans les fichiers d'une banque dont j'ignorais tout ? Jusqu'à l'article du *Point*, je ne connaissais même pas son nom. Qui avait bien pu monter un « chantier » pareil ? Pourquoi ? Dans quel but ? J'étais littéralement fou de rage. Je ne pensais pas qu'une telle chose puisse exister. Dans des films, dans des romans, dans un passé lointain pourquoi pas, mais en 2005 ! J'étais complètement incrédule. Une lettre anonyme fut même adressée au juge d'instruction Van Ruymbeke pour me dénoncer tout spécialement, au cas où la trace des deux comptes avec mon nom démembré n'aurait pas suffi ! Une commission rogatoire internationale fut lancée à travers toute l'Europe, libellée à mon nom pour qu'il soit recherché d'éventuels comptes bancaires m'appartenant. Le *JDD* informa ses lecteurs de cet acte de procédure spectaculaire. La calomnie était lancée. Je devais donc me justifier, et me défendre de cette dissimulation fiscale prétendue. Or, c'était difficile, voire impossible, de prouver qu'un compte n'existait pas alors que les fichiers produits affirmaient le contraire. Ma colère et mon indignation étaient à leur paroxysme. Je décidai de poursuivre moi-même les auteurs de ce que je considérais être une monstruosité. Grâce à de solides et fidèles amitiés au sein de la police, tout aussi choquées que moi par ces manières, nous ne tardâmes pas à retrouver la piste de deux individus que je n'avais jamais rencontrés et qui n'avaient donc, *a priori*, aucune raison de m'en vouloir, Jean-Louis Gergorin et Imad Lahoud. Le premier était connu pour avoir travaillé avec Jean-Luc Lagardère, ainsi que pour sa mythomanie et sa folie des complots. Le peu de fiabilité de ses informations lui conférait une sulfureuse réputation. Je ne savais rien du second, si ce n'est qu'il était d'origine libanaise et tout particulièrement affairiste. Je me demandais pourquoi diable ces deux individus pouvaient comploter contre moi ? Quels pouvaient être leurs motivations, et leurs dessous ? C'est peu de temps après que je découvris les liens particulièrement étroits qui unissaient Jean-Louis Gergorin à Dominique de Villepin. J'appris ainsi que, des mois durant, il avait son entrée particulière place Beauvau, disposant même d'une carte, et d'une place pour sa voiture dans la cour d'honneur. L'enquête judiciaire démontra par la suite qu'il avait été reçu plus d'une vingtaine de fois par le ministre lui-même. De quoi ont-ils parlé ? Quelles étaient les raisons de ces visites assidues ? Nul ne le saurait jamais avec certitude, mais à tout le moins il était possible d'avoir de sérieux doutes. C'est peu de dire que j'en avais. J'étais à ce moment de la fin de l'année 2004 ministre d'État en charge des Finances. Mes interrogations sur le sujet n'étaient pas loin de devenir des certitudes. J'avais d'ailleurs, pour en avoir le cœur net, convoqué le patron de la DST d'alors, le préfet Bousquet de Florian. Je le savais chiraquien et assez proche du Premier ministre mais je connaissais sa rectitude, et son sens de l'État. Je n'imaginais pas qu'il puisse me mentir sur un sujet que je considérais comme aussi grave. Je l'interrogeai sans ménagement sur l'auteur de la lettre anonyme au juge Van Ruymbeke, et sur l'ensemble de l'affaire Clearstream. Au début de notre entretien, il commença par ne pas répondre clairement. Je ne tardai pas à exploser. « Vous savez que je sais, et je sais que vous savez. Dites-moi la vérité une fois pour toutes ! » Il me répondit avec un certain embarras. « Mes services pensent qu'il s'agit de Jean-Louis Gergorin. » Je le remerciai de son honnêteté et mis fin à l'entretien. Je ne doute pas un seul instant qu'il fît un rapport scrupuleux de notre conversation aux plus hautes autorités de l'État, dès que nous nous séparâmes. Quelques jours plus tard, je me rendis à l'Élysée pour l'entretien hebdomadaire que je devais avoir avec Jacques Chirac. Nous parlâmes de choses et d'autres. Les sujets économiques n'étaient pas les favoris du Président qui y préférait de beaucoup les questions diplomatiques. À la fin du rendez-vous, il me demanda incidemment : « Qu'est-ce que c'est, cette histoire de corne-cul de Clearstream ? Je n'y comprends rien ! Personne ne croit une seconde que tu as des comptes au Luxembourg. Laisse tomber... Cela n'a aucune importance. » Je répondis vivement : « C'est facile à dire quand on n'est pas concerné. Je veux savoir qui sont les voyous qui ont monté cette affaire. C'est une question de salubrité républicaine. Ne rien dire serait accepter ces pratiques mafieuses ! » Il éclata d'un rire que je ne trouvais guère naturel et m'affirma, sur le ton de la fausse décontraction, « Tu es trop sanguin. Cela n'a aucune importance. Je te demande de ne plus y penser, et de ne prendre aucune initiative intempestive ! » J'en avais trop entendu. Je lui indiquai avec une froide colère : « Je vous dis une chose, bien droit dans les yeux. Ceux qui ont fait cela le payeront. » Et j'ajoutai, inutilement provocant : « Je les accrocherai moi-même à un croc de boucher. » La formule n'était pas heureuse, mais mon indignation n'était pas feinte. Le Président réitéra : « Je te dis que tu as tort, tu dois laisser tomber, c'est l'intérêt de tout le monde. » Je conclus la conversation par un « Il n'en est pas question ! » Dans les jours qui suivirent, je demandai donc à mon avocat et ami Thierry Herzog et à sa collaboratrice si précieuse Gesche Le Fur de se constituer partie civile en mon nom dans le cadre de l'information ouverte par le parquet. J'étais déterminé à ne pas laisser impunie cette forfaiture. Je voulais aller jusqu'au bout. À tort ou à raison, c'est ce que je fis.

Depuis, je me suis souvent interrogé. Était-ce finalement une bonne ou une mauvaise chose ? Encore aujourd'hui, je n'ai pas réussi à trancher la question. Sur le plan politique, ce fut incontestablement un choix désastreux. J'étais entre-temps devenu président de la République, je ne bénéficiais pas des faveurs des commentateurs ni des médias. De fait, il était difficile de me considérer comme une victime. Nombreux m'avaient exhorté à renoncer à ma constitution de partie civile et à m'en désister. J'y ai songé, pensant à la fameuse maxime de Louis XII : « Le roi de France ne venge pas les querelles du duc d'Orléans. » D'autres me disaient, et ce n'était pas faux, que mon désistement serait perçu comme une façon de réconcilier la majorité. Une partie des chiraquiens n'ayant au fond jamais accepté mon élec-tion, qu'ils vivaient presque comme une humiliation. Ces arguments ne manquaient pas de force, du moins d'un point de vue rationnel. Mais comment demeurer froid devant une telle machination ? Je ne le pouvais pas. Pour moi, ce n'était plus une simple question politique, c'était devenu une sorte de croisade. Je voulais « naïvement » débarrasser une fois pour toutes la vie politique de ce type de comportements. En tout état de cause, j'ai bel et bien perdu la bataille politique. Avec un talent certain, Dominique de Villepin utilisa sa mise en examen et son renvoi devant le tribunal correctionnel, lors de l'ouverture du procès, comme une tribune politique. Sur les marches du Palais de Justice, il déclara : « Je suis ici par la volonté d'un homme qui est aussi président de la République. J'en sortirai libre et blanchi. » Sur ce point au moins, il avait gagné, et j'avais perdu.

Sur le plan judiciaire, le bilan de mon initiative fut net-tement plus positif. Grâce aux quatre semaines du procès devant la chambre correctionnelle, la preuve du complot, sa réalité, fut apportée, démontrée, examinée. Les deux organisateurs Gergorin et Laoud furent condamnés à des peines de prison ferme. Justice m'était ainsi rendue. Le problème, c'est que cette même justice ne voulut pas dire un mot du ou des commanditaires de cette vilénie. Quels étaient les organisateurs ? Pour la justice, il n'y en avait pas, ou du moins pas de preuves de l'implication personnelle de Dominique de Villepin. Certes, les juges d'instruction avaient estimé qu'il y avait des charges accablantes, mais qui n'ont pas été suffisantes pour permettre au tribunal d'entrer en voie de condamnation. Dominique de Villepin fut relaxé. J'en pris acte, et arrivai enfin à tourner la page. Je n'ai pas souhaité interjeter appel de cette décision. La vérité judiciaire s'impose donc à chacun désormais. Y compris, bien sûr, à moi. Quant à la vérité tout court, chacun a la liberté de se faire sa propre idée.

J'ai souvent repensé à l'article de Franz-Olivier Giesbert, peu susceptible d'une quelconque faiblesse à mon endroit, qui écrivit dans son journal : « Le Premier ministre peut-il certifier qu'il n'a jamais dit, à l'auteur de ces lignes ni à personne, à la mi-juillet 2004, alors même que le bidonnage était établi : Sarkozy, c'est fini, si les journaux font leur travail, il ne survivra pas ? ». De démenti, il n'y en a pas eu.

Malgré ce bilan mitigé, si c'était à refaire, je crois en conscience que je le referai. Et ce d'autant plus après tous les événements judiciaires qui m'ont été infligés depuis. Pourquoi, en effet, au seul motif que j'étais président de la République, devais-je accepter l'inacceptable ? La justice n'a pas, bien évidemment, à être plus clémente à l'endroit des puissants. Elle n'a pas, à l'inverse, à être moins protectrice.

Si je n'avais pas été au bout, Clearstream serait restée comme une tache sur moi. Enfin, je crois profondément que lorsque l'on est innocent, on n'a rien à craindre de la lumière, et de la clarté. En définitive, quel que fût le prix politique qu'il m'a fallu assumer, au moins la réalité du complot a-t-elle pu être portée à la connaissance de chacun. Et ce n'est déjà pas si mal...

J'étais heureux au ministère de l'Intérieur. Trois années étaient passées, et je ne ressentais aucune lassitude. J'aimais mon travail. J'étais conscient de la gravité et de l'importance des enjeux. La fonction ne m'enfermait nullement dans la posture « de premier flic de France », d'autres dossiers m'occupaient intensément. J'étais aussi le ministre des Cultes, et, à ce titre, j'avais la responsabilité de l'impossible question de l'islam de France. Impossible, elle l'est toujours de quelque côté que l'on prenne le problème. Au titre de la laïcité à la française, d'abord, le simple fait que l'État veuille s'occuper d'affaires religieuses est en soi suspect aux yeux des garants scrupuleux, et parfois sectaires, de la loi de 1905. Au titre de la politique, ensuite, on ne peut qu'y perdre, entre des Français majoritairement exaspérés ou au moins ignorants de tout ce qui concerne l'islam, et des musulmans français à la susceptibilité à fleur de peau. Pour les premiers, on en fait toujours trop. Pour les seconds, jamais assez. On ne peut qu'être pris dans cet étau de contradictions. Au titre de l'environnement médiatique enfin, le risque est certain, tant le monde religieux de l'islam est profondément divisé, n'aimant rien tant qu'à refaire son unité au détriment d'un tiers, qui aura vite fait d'être reconnu coupable de tout. Liberticide cette fois pour les uns, trop faible pour les autres. Cet écheveau d'obstacles additionnés explique pourquoi aucun ministre n'avait réellement réussi à organiser l'islam de France. Les plus courageux s'y sont essayés sans y parvenir, comme Jean-Pierre Chevènement, Charles Pasqua et un peu Dominique de Villepin, les autres n'ont rien fait, préférant ne pas tenter le diable...

Il convient d'abord de savoir pourquoi il faut une organisation de l'islam de France digne de ce nom. Il y a deux raisons à cela. La première, c'est qu'une organisation est la condition *sine qua non* pour couper la sujétion malsaine qui existe entre l'islam de France et un certain nombre de pays étrangers comme la Turquie, l'Algérie, la Tunisie et le Maroc. Ce dernier ayant la chance d'avoir à sa tête un roi particulièrement éclairé, son influence est plutôt bénéfique, pour les autres, c'est une tout autre histoire... La seconde raison, et c'est l'un des grands problèmes de l'islam, est qu'il n'existe en son sein aucune hiérarchie pour faire respecter les règles de base de la vie en société. Il n'y a pas de clergé « professionnel » et séculier. Chacun peut se déclarer imam, et ces derniers ne sont soumis à aucune autorité. Personne ne peut contrôler les risques de dérives, encore moins les combattre lorsqu'elles se produisent. Ainsi, chacune des quelque 2 000 mosquées recensées de France est parfaitement autonome, avec tous les risques de prise de contrôle salafiste, et extrémiste, que cette autonomie autorise. J'ajoute à la liste des problèmes fondamentaux de l'islam l'absence complète de toute tradition critique. Celle-ci s'expliquant notamment par l'interdiction faite à tous les fidèles d'interpréter les textes sacrés du prophète, qui doivent être lus, et compris, dans leur sens premier. D'un point de vue littéral, ils sont donc intouchables. On constate aisément la différence majeure avec les cultes catholiques, réformés ou juifs, où l'exégèse et l'interprétation critique sont la règle. Devant cette situation inextricable, j'avais imaginé que, si on arrivait à doter l'islam de France d'une structure nationale à laquelle seraient ajoutées des structures régionales, nous pourrions disposer enfin d'une autorité légitime, capable de faire respecter un minimum d'autorité, et que de surcroît l'État pourrait disposer d'interlocuteurs capables de faire remonter les problèmes et, pourquoi pas, de tenter de les résoudre. Ainsi, du moins le pensais-je, pourrait se développer plus harmonieusement un véritable islam de France. Je me mis à la tâche sans tarder, et avec un grand enthousiasme. J'ai toujours aimé la culture orientale qui me fascine par sa sensibilité, son raffinement, sa complexité et sa sensualité. J'avais en face de moi des hommes de bonne volonté, intelligents, sympathiques et assez roués, c'est-à-dire parfaitement rompus au double langage, à l'apparente docilité et à une réelle maîtrise de la division. Les mettre tous – je veux dire les dirigeants des grandes fédérations algériennes, marocaines, tunisiennes et turques – autour d'une même table relève en soi de la gageure. Ils s'appellent « mon frère », font bloc commun vis-à-vis de l'extérieur, mais ne sont pas prêts à se lâcher entre eux un centimètre de terrain... Si en plus on y ajoute les dirigeants des grandes mosquées de France, au premier rang desquelles se trouve celle de Paris et son recteur, l'inimitable Dalil Boubakeur, le cocktail devient explosif. L'organisation d'une simple réunion prend des semaines. Le choix de l'endroit devient un casse-tête, et la rédaction de l'ordre du jour donne toujours lieu à de violentes discussions interrompues par de longues bouderies. Il convient donc d'être absolument déterminé et d'une patience sans limites. J'estimai toutefois que l'enjeu en valait la chandelle.

Après de longues palabres, nous nous retrouvâmes tous, c'est-à-dire une vingtaine de hauts responsables musulmans français et mon équipe, pour deux jours de négociations finales dans le vieux château que possédait le ministère dans la grande région parisienne. Les discussions avaient traîné en longueur. Il y avait toujours un élément qui bloquait. Ce n'était jamais le même. Nous tournions en rond. Il fallait un élément déclencheur, un choc salvateur, ce fut l'interminable session de Nainville-les-Roches. Dès le début, je prévins mes interlocuteurs que j'avais bloqué mon agenda, que je disposais donc de tout mon temps et que chacun ne serait autorisé à rentrer chez lui qu'une fois l'accord trouvé, et les documents signés. J'expliquai ensuite que l'image de l'islam de France n'était pas bonne, et qu'en conséquence, nul ne pouvait se payer le luxe de la division et de l'échec. Les conditions étaient spartiates. Le chauffage ne marchait pas, alors que nous étions en plein hiver. Quant à la nourriture et aux boissons, j'avais fait le minimum, pensant qu'un peu d'inconfort ne pouvait qu'aider à la rapidité des débats...

Aucun des responsables musulmans n'avait réellement envie du moindre accord. L'idée d'une autorité qui aurait pu les chapeauter heurtait directement le plaisir et le besoin qu'ils éprouvaient de vivre en autonomie. Mieux valait, à leurs yeux, être divisés et libres qu'unis avec le risque d'une tutelle, fût-elle légère. Le plus attaché à son indépendance était le recteur de la grande mosquée de Paris. Dalil Boubakeur est un personnage au sens premier du terme. Doté d'une grande culture, son intelligence est perçante, sa capacité à éviter de prendre une position claire immense

et son caractère peut être tout à la fois amical, jovial, et...
insupportable. J'ai beaucoup d'amitié pour lui et, dans le
même temps, je ne pouvais lui faire totalement confiance.
Ma chance fut cependant la claire conscience que chacun
avait de la très mauvaise situation dans laquelle se trouvait l'islam, et le véritable rejet de celui-ci qu'éprouvaient
nombre de nos compatriotes. Je n'eus donc guère de mal
à faire comprendre à mes interlocuteurs les conséquences
désastreuses, dans la vie quotidienne des musulmans français, d'un échec de la réunion de Nainville-les-Roches.
Finalement, personne ne voulut prendre le risque d'être
responsable d'une absence d'accord. Celui-ci laissa bien
des problèmes non réglés, des zones d'incertitude avec de
profondes ambiguïtés, des interrogations sur nombre de
sujets. Ces faiblesses, j'étais le premier à les considérer, et à
les reconnaître. Mais l'essentiel était ailleurs. Nous avions
réussi, tant bien que mal, à faire naître la première organisation nationale de l'islam de France : le Conseil français
du culte musulman, auquel se trouvait être rattaché un
Conseil régional du culte musulman par région. Juste cela,
en soi, était déjà une victoire. Le principe que nous avions
retenu de haute lutte consistait à donner une représentation à chacun, proportionnelle aux mètres carrés des différentes mosquées de notre pays. Nous nous mîmes même
d'accord sur le premier président, en la personne de Dalil
Boubakeur, et sur la date des prochaines élections. Le pas
franchi était majeur et inédit. Je dus cependant me défendre
de nombreuses attaques. Les plus virulentes vinrent des
associations de musulmans laïques qui exigèrent d'être
représentés au sein du CFCM. Je refusais énergiquement
car je ne voulais pas de représentation communautaire des

musulmans de France. Je souhaitais une représentation du culte. Tout le culte, mais rien que le culte ! Je fis valoir que, pour le reste, les musulmans français pouvaient être représentés comme tous les Français, en étant candidats aux élections comme n'importe quel citoyen, indépendamment de leurs origines ou de leur religion. D'autres, plus virulents encore, me reprochèrent d'avoir usé d'un comportement quasi colonial en interférant dans une problématique religieuse pour laquelle je n'avais en tant que ministre pas la moindre légitimité. L'argument ne manquait pas de poids. Je n'eus cependant guère de mal à faire valoir que, sans l'intervention de l'État, rien ne se serait produit. J'ajoutais que les chrétiens eux-mêmes avaient fait un grand effort d'intégration à la République. Ils l'avaient même payé fort cher au début du xxᵉ siècle. Cet effort d'intégration, c'était aux musulmans français de le faire, désormais, pour passer d'un islam en France, dont nous ne voulions pas, à un islam de France, qui à l'inverse pouvait et devait avoir toute sa place. Les dernières critiques n'étaient pas les moindres, car elles provenaient des gardiens vigilants de la laïcité. Je menais ce débat avec passion, tant j'étais intimement persuadé de l'erreur d'analyse couramment pratiquée au sujet de la signification de ce concept propre à notre République. En effet, à mes yeux, la laïcité est bien davantage un droit qu'une interdiction. Elle est, en effet, la reconnaissance pour tous du droit de croire ou de ne pas croire. Le droit de transmettre à ses enfants sa religion, quelle qu'elle soit. C'est pour cela que, dans mon discours d'intronisation comme chanoine de Latran, j'avais évoqué la laïcité positive par rapport à des comportements « laïcards » qui présentent toutes les religions comme un risque ou un danger. Ce n'est en rien ma conviction... Croire, c'est espérer. En quoi cette espérance pourrait-elle mettre en cause la République ? Cette dernière organise la vie entre la naissance et la mort. La religion cherche à donner un sens à la vie. Chacune est dans son domaine. Je ne peux m'imaginer en quoi elles seraient contradictoires. Je les crois au contraire complémentaires. De même que je ne vois pas au nom de quoi l'invocation des racines chrétiennes, et juives, de la France serait contraire à la laïcité. Car il s'agit juste de la reconnaissance d'un fait historique incontestable. L'église de France et les rois de France ont ensemble construit, façonné, enfanté la France. Le dire n'est pas militer pour un culte, c'est juste connaître et comprendre la grande histoire de France dans sa continuité, et, dans ses contradictions.

En dépit de toute cette énergie dépensée, et de tout ce temps passé, deux événements structurèrent douloureusement mes rapports avec une grande partie des musulmans de France. J'avais tenu à ce que l'organisation UOIF, partisane d'un islam assez rigide, soit représentée au sein du CFCM, dans un souci de crédibilité. Que leurs théories me plaisent ou non, il était incontestable qu'ils représentaient une part significative de l'islam de France. Il aurait été incohérent de se passer d'eux. J'ajoute que ne pas les avoir à l'intérieur ne nous aurait pas empêchés de les subir à l'extérieur. Je préférais de beaucoup les intégrer plutôt que tenter vainement de les ignorer. Je décidais même de répondre positivement à leur invitation à participer à leur congrès annuel de Pâques, au Bourget. La foule, rassemblée pour l'occasion, était immense, pas moins de 100 à 150 000 participants.

Les hommes sont d'un côté, les femmes de l'autre. Jamais aucun ministre de l'Intérieur n'a eu de motifs sérieux pour interdire ce rassemblement. Je me disais que, si la République ne l'avait pas fait, au moins fallait-il qu'elle soit présente. Puisqu'ils m'avaient invité à prononcer un discours, je saisis l'occasion et me rendis sur place à Pâques 2003. Je fus bien accueilli, et même souvent applaudi, jusqu'au moment où je prononçai ces mots : « Je suis venu en ami mais en ami exigeant... C'est l'ami qui vous dit, qu'en tant que ministre de l'Intérieur, je ne peux accepter une photo de femme voilée sur les cartes d'identité. C'est une question de sécurité, sur les papiers officiels de la République, on montre son visage complètement découvert ! » Un concert de sifflets accueillit mes propos. Je n'en fus pas étonné. Je ne cherchais nullement la provocation mais comment faire passer une idée si on n'a pas le courage de l'exprimer devant ceux qui, à tort ou à raison, ne la partagent pas ? Ce fut, cependant, perçu comme une première rupture entre le monde musulman français et moi. Je le ressentis comme une injustice, car mes sentiments à leur endroit étaient réels, et ma sincérité complète. Les médias titrèrent « Sarkozy hué ». Le poids de l'image l'emporta sur le contexte, sur le contenu de mon discours, sur la réalité de mon action.

Le deuxième événement qui radicalisa les positions réciproques fut le débat télévisé qui m'opposa au célèbre prédicateur musulman, Tariq Ramadan. À l'époque, l'homme représentait non seulement un exemple de musulman éduqué, raffiné, intégré et brillant, il était surtout une véritable star rassemblant des publics assez considérables. Il était admiré par nombre de musulmans français, et considéré par beaucoup comme « intouchable ». Certains intellectuels parmi les plus lucides, comme Bernard-Henri Lévy, pensaient à juste titre que sa rhétorique particulièrement habile le rendait très dangereux, et, en conséquence, professaient à son endroit une méfiance égale, voire supérieure, à celle qu'ils éprouvaient pour Jean-Marie Le Pen. C'est tout dire ! Une fois le débat annoncé, Bernard-Henri Lévy fut du nombre de mes amis qui me déconseillèrent vivement d'y participer. « Tu vas lui donner une légitimité. Tu as tout à y perdre, et, rien à y gagner ! » Au fond, c'était exactement les mêmes arguments que ceux qui furent opposés, vingt ans auparavant, à tous ceux qui pensaient débattre avec Le Pen. Pourtant, l'idée de refuser la confrontation ne me traversa pas l'esprit une minute. Je respectais et appréciais le journaliste Olivier Mazerolle qui me l'avait proposé. J'aimais cette nouvelle émission, « 100 minutes pour convaincre », où l'on m'offrait de débattre successivement avec Le Pen et Ramadan. Je ne pouvais rêver meilleure opportunité de me distinguer de ces deux extrêmes ! Je triomphais sans gloire du premier, dont je devinais, ce soir-là, qu'il était affaibli par la maladie. J'ai même ressenti un sentiment de compassion, et de sympathie, quand je le vis de dos quitter le plateau de télévision en marchant assez péniblement. Je me suis alors trouvé trop dur, et sans doute aussi trop brutal, à l'endroit d'un adversaire visiblement déclinant. Avec Tariq Ramadan, ce fut une tout autre histoire. Nous étions en duplex car il se trouvait à Genève. Il domina toute la première partie du débat en prenant et en gardant l'initiative de bout en bout. Il apparut à l'écran soigneusement rasé, élégant comme à l'accoutumée, raffiné dans son élocution, et caricaturalement systématique dans son argumentation. Je me souviens de ses premières phrases : « Quand les Arabes ou les musulmans parlaient mal le français, on parlait pour eux, et maintenant qu'on s'exprime en français, on voudrait que nous ne parlions plus. » S'ensuivit une longue démonstration au terme de laquelle j'étais, nul ne pouvait en douter, un islamophobe primaire et raciste qui défendait la liberté pour tous à l'exception des femmes musulmanes, à qui je voulais interdire le droit de choisir leurs vêtements et notamment le voile ! Il avait pris le dessus, et m'avait renvoyé dans les cordes. Mais, sans doute trop mis en confiance, c'est le moment qu'il choisit pour commettre sa première erreur. Alors que je cherchais à desserrer l'étau dans lequel je me trouvais, j'eus l'idée de l'interroger sur les récentes déclarations de son frère qui justifiait la lapidation de la femme adultère. Mon interlocuteur, visiblement surpris, marqua un temps puis, hésitant, répondit : « Je ne suis pas mon frère, il a ses positions, moi je défends un moratoire sur la lapidation. » Sentant enfin la première faille réelle, je m'y précipitai avec violence, lui demandant de répéter, et, j'ajoutai, cherchant la confrontation : « Un moratoire ? Votre conception entre les hommes et les femmes me choque, la lapidation des femmes est une monstruosité. Vous avez donc besoin de réfléchir pour mettre un terme à cette monstruosité. » C'en était fini de lui. Jamais il ne put véritablement retrouver son souffle. De l'opinion générale, je l'avais emporté *in extremis*...

Naturellement, à cette époque, je ne connaissais rien de sa vie personnelle. J'étais donc ignorant de tout ce qui lui est reproché aujourd'hui. J'ai, cependant, scrupule à en parler davantage, attaché que je suis à la présomption d'innocence qui doit valoir pour tous, y compris pour Tariq Ramadan.

Mon séjour au ministère de l'Intérieur prit fin bien malgré moi. J'étais sorti miraculeusement indemne de toutes les épreuves. Les sondages étaient au zénith. La situation était redevenue calme, en tout cas pour moi, car c'était loin d'être le cas pour le Premier ministre, et le reste du gouvernement. C'est dans ce contexte que je fus convoqué par Jacques Chirac. Il me félicita, de façon inhabituelle, pour mon travail, se préoccupa de savoir comment allait ma famille, et déborda d'une amitié tellement nouvelle que tous mes sens se trouvaient en éveil. J'avais raison d'être concentré, car rapidement nous passâmes aux choses sérieuses : « J'ai l'intention de remanier le gouvernement, il nous faut un second souffle. Je souhaite que tu quittes l'Intérieur, où tu as fait tout ce qu'il était possible de mettre en œuvre, pour prendre les Finances, car j'ai besoin, à Bercy, d'un ministre politique, ce que, malgré toutes ses qualités, Francis Mer n'est pas ! » Il est certain que se voir proposer les Finances était un grand honneur que j'aurais dû accepter sans donner la moindre impression de faire le difficile, ou de bouder mon plaisir... Je ne pouvais cependant m'enlever de l'idée qu'il s'agissait d'un piège. Certes, il était bien présenté : le packaging, comme disent les publicitaires, était attrayant, mais je voyais derrière tout cet emballage flatteur une tout autre réalité. Pour nombre des collaborateurs de Jacques Chirac, l'insolente popularité dont je bénéficiais était toute entière la conséquence de mon implication dans la vie quotidienne des Français. J'étais devenu l'homme qui incarnait, et garantissait, la sécurité. Il me serait infiniment plus difficile d'avoir cette même proximité aux Finances, où les leviers pour agir directement sur le quotidien des Français sont beaucoup plus faibles que place Beauvau. Ils en étaient persuadés. Les sondages faibliraient et la partie présidentielle future deviendrait tout autre. Conscient de la réalité du piège qui m'était tendu, je refusais énergiquement la proposition qui m'était faite. Jacques Chirac fit comme s'il n'avait rien entendu. Je dois reconnaître qu'il s'agit chez lui d'une grande force, sans doute sa principale : une capacité inégalable à ne tenir aucun compte de l'environnement lorsqu'il a décidé d'une stratégie. Nous nous revîmes trois fois pour évoquer le même sujet, mais mon interlocuteur n'avait pas bougé d'un centimètre. Tout juste avais-je obtenu deux choses : la première serait d'être nommé seul ministre d'État du gouvernement. Il s'agissait certes d'un titre purement honorifique mais qui, dans la course à la présidentielle, pouvait renforcer ma crédibilité, pas de façon significative mais, après tout, aucun détail n'était à négliger. La seconde était la connaissance que j'avais désormais de celui qui me succéderait, en la personne de Dominique de Villepin. Si j'avais eu encore le moindre doute sur la réalité du traquenard qui m'était tendu, cette perspective me l'aurait ôté complètement... Tous mes amis et collaborateurs m'incitaient à refuser, ayant, eux aussi, parfaitement compris de quoi il retournait. Je finis pourtant par céder. Que pouvais-je faire d'autre ?

Sous la Ve République, c'est le Président qui nomme les ministres, pas ces derniers qui nomment le Président ! Je n'avais d'autre choix que de m'incliner. À cette première et suffisante raison s'en ajoutait une seconde. Mon tempérament aventureux avait fini par me convaincre qu'au fond, il y aurait peut-être quelque chose de très nouveau à mettre en œuvre à Bercy. Pourquoi pas, en effet, devenir le ministre des Finances qui réussirait à réconcilier les Français avec l'économie, qui parviendrait à lui donner de la chair, qui ne serait pas le ministre de la techno-structure mais celui de la réalité quotidienne ? Il y avait certainement une forme d'arrogance dans mon acceptation finale. Peut-être même, rétrospectivement, un peu d'immaturité. Je me disais intérieurement, pensant à Chirac : « Tu crois que je ne suis pas capable d'y réussir. Je vais donc te montrer ce qu'il en est ! » Sans doute inconsciemment ai-je toujours voulu impressionner Jacques Chirac ! C'était une nouvelle opportunité pour moi de le faire...

Rétrospectivement, je me demande comment j'ai pu à ce point ignorer les difficultés, les dangers, les épreuves. Je partis pour Bercy sans être plus inquiet que cela. Quitter l'Intérieur était certes un déchirement, mais j'étais déjà dans le défi suivant, bien décidé à ne pas me laisser enfermer par la technocratie des Finances. Premier signe d'indépendance je choisis comme directeur de cabinet Claude Guéant, et non l'habituel inspecteur des Finances désigné par la maison. Je ne doutai pas un instant que les capacités intellectuelles et techniques de ce dernier lui permettraient de s'adapter à cet univers qui n'avait jamais été le sien. Je lui adjoignais un numéro 2 qui se révéla en tous points remarquable et imaginatif en la personne de François Pérol.

Je pouvais également compter sur la compétence et l'affection de Xavier Musca à la direction du Trésor. J'étais paré.

L'univers des Finances n'a rien à voir avec celui de l'Intérieur. Ce sont deux immenses administrations composées de plusieurs dizaines de milliers de collaborateurs, répartis dans toute la France. Près de 300 000 à l'Intérieur. Plus de 150 000 aux Finances. Autre point commun, un très fort taux d'adhésion syndicale parmi les fonctionnaires de ces deux administrations. Ici s'arrêtent pourtant les ressemblances. Bercy est le royaume du chiffre. L'Intérieur est celui de l'humain, pour le meilleur comme pour le pire.

J'étrennai mes nouvelles fonctions par un sommet européen des ministres des Finances qui se tenait en plein cœur de la campagne irlandaise. Le changement avec mes précédentes fonctions fut violent. Il ne s'agissait plus d'entraîner des équipes pour rétablir la sécurité, mais de comprendre les problématiques austères des finances européennes. Je vécus ce premier sommet comme un pensum. On ne décidait de rien puisque les véritables décisions se prenaient, soit à l'étage du dessus, les chefs d'État et de gouvernement, soit à la Banque centrale européenne. Je ressentis une profonde frustration. Heureusement, je pus faire, à cette occasion, la connaissance du chancelier de l'Échiquier : Gordon Brown. Le courant passa instantanément entre nous, bien qu'il fût très difficile de le comprendre, tant par la faute d'un accent écossais extrêmement marqué que par la complexité intense du moindre de ses raisonnements. L'homme est intelligent, attentionné, profondément humain, même s'il partageait des traits communs avec Philippe Séguin. Non tant sur le fond des choses où tout les séparait que par le caractère, qui pouvait se révéler pareillement ombrageux, et explosif. Nous fûmes très proches, y compris lorsqu'il accéda aux fonctions de Premier ministre. Je pus mesurer aussi l'abîme qui sépare la vie politique anglaise de la nôtre. En effet, Gordon Brown appartient au parti travailliste, or, sur nombre de sujets je me retrouvais assez nettement à sa gauche ! Il est un libéral convaincu, partisan acharné de la seule régulation par le marché, et adversaire constant de l'intervention de l'État. C'est peu dire que les socialistes français et lui avaient peu en commun. Je m'amusais de constater qu'au moment où en France j'étais accusé de dérive droitière, je pouvais travailler main dans la main avec un socialiste du XXIe siècle. Les nôtres sont sans doute restés bloqués au siècle précédent...

Le premier dossier industriel très sensible dont j'eus la responsabilité fut celui d'Alstom. Il faut que je précise que j'ai toujours aimé les usines. Je m'y sens à l'aise. J'adore le contact direct avec les femmes et les hommes qui s'y trouvent, qui aiment leur métier, et qui en parlent bien. J'ai sans cesse privilégié ces visites à celles des bureaux et des services. J'ai toujours pensé que le cœur battant d'une économie moderne était d'abord son tissu industriel. Je suis convaincu que, si nos usines disparaissaient, c'est tout le reste qui s'en irait avec. J'ai cherché l'écoute du monde ouvrier, et voulu qu'il me comprenne. J'apprécie le contact parfois rugueux, les phrases de peu de mots mais pleines de sens, l'humanité qui se dégage de la communauté industrielle. Dans une usine il y a peu de bureaux, pas de portes derrière lesquelles se dissimuler, chacun y est de plain-pied. Alors qu'il était le tout puissant patron d'Axa, Henri de Castries m'avait confié : « Tu as tort de privilégier à ce point les usines. Il y a maintenant très peu d'ouvriers en France. Tu dois aller dans les bureaux, à la rencontre des salariés du secteur des services. » La remarque ne manquait pas de pertinence rationnelle mais elle témoignait, à mes yeux, d'une forme d'incompréhension complète et peut-être même d'un certain mépris d'une partie de ce patronat financier pour les usines, et pour les ouvriers qui y vivent. Naturellement, je n'en ai tenu aucunement compte.

Alstom était un cas d'école. Au bord de la faillite à la suite de nombreuses erreurs techniques de ses dirigeants antérieurs, ses semaines étaient comptées. Beaucoup pariaient sur sa faillite inéluctable. Je ne voulais pas en entendre parler. Alstom n'était pas l'un de ces fameux canards boiteux qu'avait évoqués en son temps Raymond Barre. C'était une entreprise dotée d'un savoir-faire remarquable. Ses ouvriers savaient fabriquer des TGV, des métros, des locomotives de la dernière génération... et tant d'autres choses. Ce savoir industriel avait été accumulé au cours des décennies précédentes par de nombreuses générations d'ingénieurs, de bureaux d'étude, de techniciens, d'ouvriers. Je ne pouvais pas me résoudre à ce que tout ceci disparaisse comme un feu de paille parce que l'entreprise connaissait des difficultés financières dont j'étais certain qu'elles ne seraient que passagères. J'ajoute que, s'il faut des décennies pour bâtir une compétence industrielle, celle-ci peut s'effacer comme l'eau dans le sable en quelques mois, sans aucune chance de retour à meilleure fortune. En la matière, ce qui est perdu l'est définitivement. De surcroît, Alstom possédait des sites industriels répartis un peu partout en France. Cette entreprise faisait partie de l'histoire de nombreuses villes emblématiques, au premier rang desquelles Belfort. En cas de disparition du groupe, « la casse » humaine aurait été insupportable.

Je pris une première décision qui provoqua nombre de débats, et de polémiques, car elle était contraire à ce que beaucoup attendaient que je fisse : la renationalisation partielle d'Alstom ! Puisqu'il n'y avait sur le marché aucun investisseur privé pour le faire, c'est l'État qui se substitua provisoirement à eux pour acquérir plus d'un tiers de la compagnie. C'est peu dire que les plus libéraux dans la majorité s'étouffèrent d'indignation. Je fis valoir que ce n'était en rien une décision idéologique, mais juste un choix pragmatique, le temps que je puisse trouver un groupe industriel qui deviendrait l'opérateur de la renaissance. Malgré mes explications, nombreux furent les sceptiques... Par ailleurs, il fallait convaincre les banques d'abandonner une partie de la dette excessive qu'il y avait sur Alstom et aussi de permettre le financement du futur développement du groupe... En effet, construire un métro dans une capitale étrangère engage votre partenaire pour vingt ans. Les clients d'Alstom voulaient être assurés que, durant cette période, si le contractant disparaissait, le chantier pourrait malgré tout continuer ! C'est pour cela que nous avions besoin du financement à long terme des banques pour des sommes assez colossales, plusieurs milliards d'euros ! Or, tous les jours, les gros titres des journaux économiques s'étendaient sur les difficultés grandissantes du groupe Alstom. Pas de quoi donner du courage au monde bancaire, une qualité dont on peut dire qu'il ne s'agit pas, à quelques notables exceptions, de la première dans ce milieu ! Naturellement, aucune banque n'était prête à financer quoi que ce fût. Je décidai donc de convoquer tous les établissements de la place de

Paris à Bercy au cours d'une nuit demeurée célèbre. Certains affirment que je les y aurais bousculés, voire menacés. Je dois bien reconnaître qu'en paroles, au moins, ce n'est pas totalement inexact ! Finalement, et, plutôt mal gré que bon gré, tous, sans exception, permirent le sauvetage de ce fleuron de notre industrie. Pendant ce temps, mes habituels censeurs « libéraux » prédisaient que ce qu'ils appelaient « mon caprice » coûterait à la Nation des milliards. J'utilisais à leurs yeux l'argent du contribuable à mauvais escient. Non seulement il n'en fut rien, car chaque établissement fut intégralement remboursé, mais de surcroît, ils firent des bénéfices avec les intérêts qui leur furent servis. Au final, j'interrogeai tous ces banquiers expérimentés pour savoir à quoi peuvent bien servir les banques si elles présentent une allergie totale à toute prise de risques. À tout prendre, d'ailleurs, ce que je leur demandais de faire était somme toute bien moins risqué que tout ce qu'elles étaient en train de mettre en œuvre en matière de spéculation sur tous les marchés financiers de la planète. Rien n'est possible dans nos économies modernes sans établissements bancaires puissants et solides. Ils doivent donc être soutenus, défendus, et aidés chaque fois que nécessaire, mais rien n'est possible non plus avec des banques qui ne font plus leurs métiers en n'acceptant de prêter de l'argent qu'à ceux qui n'en ont nul besoin ! Le long terme, le risque accepté, la confiance en l'avenir de leurs clients entrepreneurs ou particuliers sont des valeurs que j'ai hélas souvent vues oubliées par nombre d'établissements financiers, français comme étrangers. Il s'agit d'une difficulté majeure pour notre économie.

Il me restait une troisième étape à franchir, et elle n'était pas la plus aisée puisqu'elle consistait à convaincre le commissaire européen à la concurrence de laisser l'État français soutenir provisoirement Alstom. La discussion promettait d'être rude avec le titulaire du poste, l'Italien Mario Monti. Elle le fut. Monti est intelligent, compétent, très courtois mais doté d'une rigueur qui vire souvent à la raideur. C'est un professeur qui croit en ses idées d'une façon brillante mais parfois aveugle. Le pragmatisme et la souplesse ne sont donc pas ses qualités premières. Je me rendis, pour notre première rencontre, à Bruxelles, avec le courageux et expérimenté nouveau président d'Alstom, Patrick Kron, lui aussi doté d'une raideur qui lui fit souvent honneur mais qui ne facilitait pas les choses ! Si vous ajoutez à ce tableau les traits saillants de mon propre caractère, vous pouvez sans peine imaginer l'ambiance qui régna tout au long de ce premier rendez-vous. J'étais absolument décidé, et quoi qu'il pût m'en coûter, à faire sauter le verrou de la commission en obtenant son accord. En fin négociateur, Mario Monti sentit immédiatement l'importance de l'enjeu. Il ne s'agissait pas d'une simple discussion technique. Je lui fis valoir que l'avenir de milliers de travailleurs français dépendait de sa décision. Je m'abstins d'ajouter que ma crédibilité de récent ministre des Finances qui avait encore tout à démontrer en dépendait tout autant ! La discussion fut tendue, ce qui mettait finalement un peu de vie dans les bureaux tellement standardisés, impersonnels et ennuyeux de la commission. Un incident se produisit qui m'opposa après deux heures de discussion au collaborateur de Mario Monti. Un jeune homme, bien formé, bien habillé, certainement intelligent mais n'imaginant pas un seul instant ce que pouvait être un sentiment. Il n'avait pas dit grand-chose jusqu'à ce que, croyant nécessaire de venir au secours de son patron sur le point de céder, il me dit avec un agacement marqué : « Pour que vos aides d'État soient acceptables au vu des règles européennes, il faut que l'entreprise saigne, qu'elle se coupe plusieurs membres, qu'elle vende une partie de ses actifs ! » Le moins qu'on puisse dire, c'est que l'expression était extrêmement maladroite. J'étais en tout cas stupéfait d'entendre une telle brutalité ! Je répondis vivement « Qu'est-ce que vous connaissez de la vie ? Emploieriez-vous la même expression si votre père travaillait chez Alstom ? Souhaiteriez-vous que des bassins industriels entiers s'enflamment de violence au nom de vos sacro-saintes règles de la concurrence ? Je sais que vous avez un travail à faire, que je respecte, mais je n'accepterai pas que vous usiez d'un tel vocabulaire pour parler de l'avenir de femmes et d'hommes qui sont les victimes d'erreurs commises à un niveau qui n'est pas le leur ! » Le malheureux collaborateur recula sous la charge, expliqua qu'il s'était mal exprimé ou que j'avais mal compris, ce qui finalement revenait au même. Mario Monti en profita pour lever la réunion, qui s'était déjà trop éternisée, en me précisant que, sous quelques semaines, nous nous reverrions sur le même sujet. Finalement, nous obtînmes une grande partie de ce que nous avions demandé, même s'il nous fallut accepter de nous séparer de certains actifs. C'était un moindre mal par rapport à la demande initiale de la commission, qui exigeait tout simplement, entre autres choses, la fermeture définitive du site Alstom de Belfort, à mes yeux intouchable.

Je veux préciser que si je comprends parfaitement l'existence de règles propres au marché intérieur européen, afin qu'il puisse y régner une concurrence saine, équilibrée et honnête, je n'accepte pas, en revanche, cette incongruité qui consiste pour les autorités européennes à examiner le fonctionnement de celle-ci dans chacune de ces vingt-huit économies prise individuellement. Cette pratique empêche, *de facto*, la constitution de grands groupes européens. Ce qui est d'autant plus détestable que, dans le même temps, des groupes géants non européens, peuvent, sans problème apparent, faire leur marché sur notre continent en procédant à l'acquisition des cibles de leurs choix. Cette naïveté doublée de cette rigidité européenne est particulièrement choquante. Elle l'était à mon époque. Je constate qu'elle l'est encore aujourd'hui. De ce côté-là, rien n'a changé.

Une fois le plan accepté, je décidais de me rendre sur l'un des sites industriels d'Alstom près de La Rochelle pour expliquer aux organisations syndicales et aux salariés ce que nous avions obtenu, et comment j'entendais que, tous ensemble, nous assurions l'avenir de l'entreprise.

Mon arrivée fut mouvementée, l'intersyndicale d'Alstom n'ayant rien trouvé de mieux que d'organiser un barrage à l'entrée de l'usine pour m'empêcher d'y pénétrer. Caméras et journalistes étaient présents en nombre pour rendre compte de mes premières difficultés. Je me rendis d'un pas décidé vers les grévistes pour leur démontrer l'ineptie que représentait l'attitude qui consistait à empêcher un ministre qui voulait les aider de pouvoir le faire. Mis à part les représentants de la CGT, bien connus pour leur ouverture au dialogue, je pus rapidement convaincre tous les autres. Une fois à l'intérieur, je m'adressais à tous les ouvriers rassemblés. Je montais sur un petit amas de caisses entassées pour l'occasion. J'expliquais le plan que nous avions négocié, les actifs qu'il nous faudrait vendre, la participation de l'État devenu actionnaire, et le blocage de tous les salaires jusqu'à nouvel ordre. Je promis que si nous revenions à meilleure fortune, chacun, y compris les plus modestes, toucherait une prime. Le scepticisme était aussi perceptible que compréhensible, si l'on voulait bien se souvenir de quelles façons tous ces gens furent trahis par des dirigeants incompétents. Ils n'étaient pour rien dans les difficultés de leur entreprise, mais c'était eux qui devaient faire des sacrifices, et payer les pots cassés ! Grâce à l'action de ses deux principaux dirigeants, Patrick Kron et le directeur financier, le courageux Philippe Jaffré, de ce jour, Alstom n'eut de cesse que d'améliorer ses résultats, de rembourser ses dettes, et, de renouer avec les bénéfices. La prime promise aux salariés fut honorée, de nouvelles embauches furent réalisées, et la situation était devenue si profitable que l'État put, quelques mois plus tard, revendre ses parts à un actionnaire privé, le groupe Bouygues, en réalisant une plus-value confortable de plus d'1,2 milliard d'euros ! Je m'étais dépensé sans compter. J'avais pris tous les risques. Je bénéficiais de la confiance d'une majorité des salariés d'Alstom. Désormais, et pour longtemps, cette entreprise resterait la marque du volontarisme industriel que je voulais mettre en œuvre. Je reste aujourd'hui encore très attaché à Alstom, à son histoire, à ses personnels, à son avenir. C'est une grande tristesse de voir ce qu'elle est devenue. Comment a-t-on pu brader un tel fleuron ? Cela reste pour moi incompréhensible, et pour tout dire inacceptable.

Alors que j'étais en pleine élaboration du plan de sauvetage d'Alstom, Jacques Chirac me demanda de recevoir le président du groupe allemand Siemens. Celui-ci était beaucoup plus grand, puisque son chiffre d'affaires s'élevait à 75 milliards d'euros pour à peine 15 milliards pour l'ensemble français. Siemens n'avait jamais caché ses vues sur « cette proie » facile, aussi bien que tentante. Nombreux étaient ceux qui, en Europe, pensaient qu'une fusion permettrait l'émergence d'un grand d'Europe. Je n'étais pas de cet avis, car je trouvais le rapport de force trop déséquilibré. Alstom aurait été digéré immédiatement. J'ajoute que les clients des deux groupes se trouvaient dans les mêmes zones géographiques, ce qui posait de vrais problèmes de droit de la concurrence. J'aurais de beaucoup préféré une alliance avec un groupe japonais qui nous aurait ouvert les portes de l'Asie. Le rendez-vous avec le président de Siemens fut fixé à Bercy un samedi matin. Il fut court, car j'estimais la proposition qui m'était faite inacceptable. Avec une arrogance assez coutumière chez certains grands patrons allemands, celui-ci m'expliqua comme un fait quasiment acquis que je devais lui vendre les activités bénéficiaires du groupe Alstom. Alors que je lui demandais ce que je devais faire de celles qui perdaient de l'argent, il me répondit sans la moindre gêne : « Cela restera votre affaire, et votre problème. » Je lui demandais s'il s'agissait d'une plaisanterie, et lui indiquais que visiblement nous n'avions pas le même sens de l'humour, puis, sur le coup d'un agacement que j'avais de plus en plus de mal à contenir, je me levais en lui signifiant que notre rendez-vous était terminé. Nous nous quittâmes assez froidement. Visiblement, je ne lui avais pas dit ce qu'on avait dû lui promettre que je dirais... Moins de deux heures plus tard, je reçus un appel courroucé de Jacques Chirac : « Qu'est-ce que c'est que cette histoire ? J'ai reçu un coup de téléphone furieux du chancelier Schröder qui m'a raconté comment tu avais reçu le président de Siemens, sans même accepter de discuter les termes de l'accord qu'il nous proposait... Tu es responsable d'un grave problème dans l'amitié franco-allemande ! » Je répondis sèchement : « Une fois encore, je vous trouve injuste. Vous ne connaissez pas le dossier Alstom. Ils n'ont qu'une idée en tête, le démanteler pour mieux le digérer. Vous ne m'avez pas nommé à Bercy pour brader les intérêts industriels de la France ! C'est eux qui se sont très mal comportés en nous prenant pour des imbéciles. » La conversation en resta là. Par la suite, jamais personne ne m'en reparla. Tout juste ai-je senti, lors du sommet franco-allemand qui se tint au palais de l'Élysée quelques semaines après cet incident, la grande réserve du chancelier à mon endroit. Je ne sais pas exactement ce qu'il lui avait été raconté, mais à n'en point douter on avait dû lui dire bien des choses, et pas forcément des plus flatteuses ! Des années après, c'est le gouvernement d'Emmanuel Macron qui eut à gérer le dossier Alstom. N'étant pas au pouvoir, je ne dispose sans doute pas de toutes les dernières informations, mais si les acteurs ont quelque peu changé, les enjeux, non ! Il y a d'abord l'actionnaire Bouygues, qui avait intérêt à se désengager, et à vendre à un bon prix. Ce que, de son point de vue, je peux très bien comprendre. Il y a ensuite le concurrent américain General Electric, dans le rôle de Siemens, qui veut à toutes forces pénétrer le marché européen. Et enfin, il y a le groupe Alstom, dont on continue d'expliquer qu'il est fragile et qu'il ne peut survivre seul. Peut-être ? Mais j'observe que, pour un groupe soi-disant en difficulté, il y a toujours beaucoup d'acheteurs potentiels ! Je n'imagine pas que les Américains ou les Allemands puissent jamais vouloir acquérir un canard boiteux. Quant à l'État français, sa tentation industrielle est toujours de reculer, de céder et d'accepter ce qu'on lui présente comme inéluctable. La vérité, c'est que jamais la technostructure de Bercy n'a digéré le sauvetage industriel d'Alstom. Pour des générations d'inspecteurs des Finances, il s'agira toujours d'un mauvais dossier. Ils ont tort. Une économie qui ne sait plus produire des biens industriels est condamnée. Nous avons déjà laissé partir des pans entiers de nos activités industrielles, comme la machine-outil, le textile, la sidérurgie. Le besoin de transports dans le monde futur sera immense. Je suis triste en pensant qu'Alstom ne participera pas à ce formidable développement, en tout cas comme groupe industriel indépendant. Tout juste restera-t-il provisoirement le logo Alstom, comme filiale d'un géant américain. Ce n'est définitivement pas ma vision de l'industrie française ! Ou, en tout cas, de ce qu'elle devrait être.

Je dus déployer à peu près la même énergie pour sauver les chantiers de l'Atlantique. Mon raisonnement était simple. Simpliste, diraient mes contradicteurs. Mais, pourtant, j'y tiens car je le crois juste. Une grande économie comme la France doit savoir, et pouvoir, fabriquer sur son territoire des voitures, des trains, des avions et des bateaux. Pourquoi abandonnerait-on à la concurrence ces marchés prometteurs en vertu du simple argument qu'en Corée, en Inde ou en Chine, on produit pour infiniment moins cher ? C'est vrai, en tout cas pour un temps, mais à l'inverse nos concurrents n'ont pas la même qualité de fabrication, la longue expérience et le trésor que représente encore notre avance technologique. Il est certain que pour fabriquer des thoniers ou des porte-conteneurs de base, ils seront meilleurs que nous, mais c'est une tout autre histoire quand il s'agit de paquebots de croisière de luxe ou de méthaniers de la dernière génération, avec tous les problèmes de sécurité et de respect de l'environnement qu'ils impliquent.

J'avais été particulièrement impressionné par ma visite, aux chantiers de l'Atlantique, du plus grand paquebot de croisière du monde, le *Queen Mary II* fabriqué à Saint-Nazaire. C'est une cathédrale sur l'eau, haute de quatorze étages, bourrée de technologie, impressionnante de savoir-faire. Elle fut le théâtre d'un drame qui m'avait beaucoup marqué, la chute d'une passerelle d'accès, où plus de quinze personnes, dont des ouvriers du site, avaient péri. La cérémonie nationale avait été poignante. Les cercueils dans la chapelle ardente n'avaient pas encore été fermés. Des femmes et des enfants éplorés tenaient la main de leurs morts reposant dans ces boîtes en bois. Les familles étaient chacune rassemblée autour de son défunt. Elles étaient dignes, silencieuses, comme résignées par la stupeur et la brutalité de l'événement. Elles acceptaient les condoléances des officiels, dont j'étais, avec une indifférence polie mais toujours respectueuse. Ce sont des gens qui savent depuis toujours que la vie est dure, alors un peu plus ou un peu moins.... Ils l'acceptent jusqu'au moment où ils se mettent vraiment en colère parce qu'un jour le vase finit par déborder. Et il faut faire bien attention qu'il n'en soit jamais ainsi, car alors, rien n'est plus ni maîtrisable ni contrôlable. J'ai beaucoup pensé à ces scènes une fois devenu président de la République. On peut demander beaucoup au peuple français, mais il faut prendre garde à ce que cela ne soit pas trop ! C'est dans les moments de profondes souffrances que l'on peut le mieux comprendre la réalité de ce qu'est l'âme d'un peuple, bien davantage, en tout cas, que dans les périodes de grandes joies où l'exaltation masque la réalité des sentiments.

Fidèle à mes convictions, je ne voulais pas que ce savoir-faire accumulé disparaisse, sacrifiant des décennies de compétences accumulées. Les chantiers de l'Atlantique constituent un haut-lieu de la tradition industrielle française. Une fois encore, les mêmes m'expliquaient qu'au nom de la rationalité de l'économie de marché nous devions nous concentrer sur ce que nous savions le mieux faire, en gros, les services, et abandonner aux pays à bas coûts sociaux l'ensemble de notre secteur industriel. La messe, pour eux, était dite. Continuer à lutter ne servirait qu'à gaspiller des fonds publics, et à creuser notre déficit. Je ne partage en rien ce fatalisme qui conduira à faire de la France une réserve à touristes visitant nos vieux et prestigieux monuments. Je ne pouvais, et ne peux toujours pas m'y résoudre. Sous mon impulsion, l'État conserverait la majorité du capital des chantiers de l'Atlantique, et trouverait un associé minoritaire coréen. Je me battis pour obtenir de nouvelles commandes. Ce qui fut fait. La bataille fut cependant infiniment moins rude que pour Alstom. Ce que l'on appelait dans la presse « mon volontarisme industriel » commençait à gagner en crédibilité...

Un dernier dossier industriel m'occupa pleinement, et surtout, rudement. Il s'agissait du changement de statut de notre grand énergéticien national EDF. Nous n'avions pas le choix, la Commission européenne considérait que la propriété par l'État de 100 % du capital de l'entreprise faussait gravement les règles de la concurrence, car cette dernière pouvait bénéficier, de ce fait, de la garantie illimitée de la France. Derrière l'apparente complexité juridique de la question se trouvaient posées les questions du statut futur de l'entreprise, de celui de ses agents qui avaient quasiment une position de fonctionnaires et d'une éventuelle privatisation partielle de la compagnie. Le tout sur fond de débat à propos de l'avenir du nucléaire. C'est dire si le climat se révélait explosif dans cette entreprise publique où le taux d'appartenance à un syndicat est de près des trois quarts du personnel, et où le comité d'entreprise brasse des centaines de millions utilisés « à bon escient » par les syndicats. La CGT règne en maîtresse absolue sur cet univers. Tout juste doit-elle faire une place à la CGC s'agissant des cadres. Je pris soin, d'abord par conviction, mais aussi par souci tactique, d'afficher mon soutien à la filière nucléaire française. Cela me permettait de trouver un point d'accord avec la Fédération énergie de la CGT, très attachée à cette forme d'énergie. Ainsi, nous n'avions pas que des désaccords... J'ajoute, et c'était à mes yeux le plus important, que je n'ai jamais ni partagé, ni compris, ni accepté la mode de l'anti-nucléaire. Cette posture est littéralement incohérente, pour ne pas dire irresponsable. Le général de Gaulle et des générations de brillants ingénieurs français ont donné à la France une avance considérable, mondiale, dans ce secteur. Que l'on veuille la détruire par idéologie politique ou par posture médiatique n'est ni plus ni moins qu'un scandale. D'ailleurs, jusqu'à François Hollande, tous les présidents de la Ve République, de droite comme de gauche, ont préservé le consensus national sur le sujet. Et ce fut tout à leur honneur, le nucléaire n'étant ni de gauche ni de droite. C'était vrai, hélas, jusqu'à François Hollande qui pourra ajouter au bilan de tout ce qu'il a cassé sur l'hôtel de la petite politique la filière nucléaire française ! En fait, c'est bien par pure opportunité politicienne, afin de séduire la partie « verte » de sa majorité, qu'il promit de faire fermer, contre tout bon sens, la centrale de Fessenheim qui, à elle seule, couvre 90 % des besoins en électricité de toute l'Alsace, et qui venait de recevoir l'autorisation de l'Autorité de sûreté nucléaire pour dix années de fonctionnement supplémentaires. À cela s'ajoute que cette même centrale rapporte à EDF pas moins de 200 millions par an. Pourquoi Fessenheim et pas une autre ? Nul ne le sait. D'ailleurs, si l'on pense que le nucléaire est dangereux, alors il conviendrait d'être cohérent en proposant la fermeture de toutes les centrales, et pas seulement de l'une d'entre elles. Pourquoi aussi vouloir opposer le nucléaire aux énergies renouvelables ? Nous avons besoin des deux, et nous devons faire d'EDF tout à la fois le champion du nucléaire et celui du renouvelable. Je ne comprends toujours pas ce qui devrait pousser un pays comme le nôtre qui ne dispose d'aucune réserve d'énergies fossiles, pétrole comme gaz, à abandonner ce qui fait son indépendance énergétique depuis de nombreuses décennies ! Pour une fois qu'il dispose d'un avantage compétitif, il devrait le défendre bec et ongles plutôt que de s'échiner à le détruire. Il m'apparaît que ce raisonnement relève du simple bon sens. Reste à trancher la question de la dangerosité du nucléaire. Il faut d'abord souligner qu'il n'existe pas une seule source d'énergie qui ne présente des inconvénients mineurs comme majeurs. Ainsi, le charbon et le pétrole polluent beaucoup. Les éoliennes dégradent visuellement le paysage, qu'elles soient terrestres ou off-shore.

Les panneaux solaires occupent un large espace, et ont de grandes limites en termes de stockage. Le nucléaire, quant à lui, suscite des fantasmes en termes de sûreté. C'est sans doute lié à la Seconde Guerre mondiale, aux drames de Hiroshima et de Nagasaki, mais la réalité s'avère toute autre. Depuis le début de l'aventure nucléaire dans les années 1950, jamais la France n'a connu la moindre catastrophe nucléaire. Aucun de nos cinquante-huit réacteurs n'a jamais provoqué d'incidents sérieux. Près de soixante-dix années de fonctionnement sans problème devrait au minimum donner un *a priori* de garantie de sécurité. Hélas, c'est tout le contraire. Nous n'avons connu aucun problème sérieux, mais nous aurions pu... disent les détracteurs du nucléaire ! Ce n'est ni juste ni raisonnable. Sur le plan mondial, il n'y eut, en vérité et sur la même période, qu'une seule catastrophe nucléaire d'ampleur, celle de Tchernobyl. Cet événement est, pour le coup, bien réel, mais il résulte davantage des immenses failles dans la sûreté nucléaire russe que du nucléaire lui-même. Quant à Fukushima au Japon, ce ne fut pas un accident nucléaire proprement dit, puisqu'il s'agit d'un tsunami qui a détruit les systèmes de pompes à refroidissement de la centrale. Mais le moteur lui-même a résisté, et l'essentiel du drame fut évité. On voit mal, par ailleurs, où se trouverait le risque de tsunami à Fessenheim, qui borde le Rhin ! Il reste à évoquer le cynisme de nos amis allemands et d'Angela Merkel qui, dans l'unique but de préserver la coalition avec les verts, décidèrent la fermeture de huit centrales nucléaires, pour l'essentiel en Bavière, et dans le même temps, la réouverture de nombreuses centrales à charbon qui envoient désormais leurs particules polluées jusqu'à Paris. On ne dit pas à quel point nous payons cher, en termes d'air vicié, cette décision purement démagogique de nos voisins. La vérité c'est que le nucléaire est la source énergétique qui pollue le moins, qui rapporte le plus, et qui bénéficie de la plus grande efficacité ! Aucune énergie n'est en mesure de prendre son relais, en tout cas en l'état actuel de nos connaissances scientifiques, et, pour le court comme le moyen terme. Il faut donc continuer à investir dans cette filière qui fait travailler près de 220 000 personnes, continuer à chercher pour bénéficier à bon compte de cette manne inépuisable, et, surtout, pour en améliorer encore la sécurité. En effet, les centrales nucléaires de la dernière génération sont beaucoup plus sûres encore que celles de la première ! Ce n'est pas le moindre des paradoxes de la décision de François Hollande, qui a consisté à conserver nos plus anciennes installations, et à arrêter la livraison des nouvelles, pourtant plus sûres. C'était l'exact contraire de la politique que j'avais conduite en décidant en 2004 de lancer la construction d'un nouvel EPR (centrale nucléaire de la dernière génération), considérant qu'il était incohérent d'essayer de vendre cette centrale partout dans le monde, notamment en Chine, en Grande-Bretagne et en Finlande, sans en doter la France. Si nous n'avions pas nous-mêmes confiance dans nos produits, qui aurait pu avoir confiance à l'étranger ? En matière de sécurité nucléaire, les normes ont évolué vers davantage de sévérité. Et c'est tant mieux. Ainsi, le réacteur nucléaire d'un EPR doit être protégé par une double coque de béton et d'acier capable de résister au crash d'un Airbus sur le sommet de la centrale ! Je me rendis plusieurs fois à Fessenheim. J'y ai rencontré les agents, les élus, la population qui vit autour. Ils étaient tous, à la quasi-unanimité, mobilisés pour sauver leur centrale. J'en repartais chaque fois un peu plus inquiet des ravages qu'était en train de réaliser sur l'esprit public cet exemple caricatural de démagogie contraire à l'intérêt national. Après cela, comment convaincre que la politique et les politiques sont bien au service de l'intérêt général ?

Outre la défense de l'industrie nucléaire, le dossier EDF me permit de gagner en expérience dans la négociation avec les grandes centrales syndicales, notamment la CGT. Celle-ci avait, à la tête de la Fédération de l'énergie, Frédéric Imbrecht, un garçon intelligent, sympathique et aussi ouvert qu'il le pouvait compte tenu, ou malgré, son appartenance au bureau politique du PCF, ce qui en matière de symbole n'est pas rien. Nous sympathisâmes assez rapidement, échangeant sur nos vacances et sur nos familles. Étrangement, je lui fis immédiatement confiance, tout en sachant que ses marges de manœuvre étaient réduites, tant du fait de sa base dont je n'étais certainement pas le « style de beauté », que de son sommet qui, pour des raisons politiques, ne pouvait me consentir le moindre cadeau. Malgré tout, notre entente fut utile en ce qu'elle permit de comprendre les lignes rouges de chacun, et d'éviter les violences qui ont toujours été au cœur de mes préoccupations. Au fond, c'est bien à cela que servent d'abord les discussions entre les gouvernements successifs et les organisations syndicales : éviter les drames ! Et ce n'est pas rien ! En revanche, je n'ai jamais cru à la cogestion avec les partenaires sociaux. Ils ne sont pas là pour gérer. Ils sont là pour défendre ce qu'ils considèrent comme des acquis sociaux, et, si possible, en obtenir d'autres. En l'occurrence, je ne pouvais guère négocier sur le contenu, tenu que j'étais par les contraintes européennes. Je pouvais cependant y mettre les formes, et apporter des compensations et des garanties. C'est ce que je fis. Mais le plus compliqué fut de convaincre les 100 000 agents d'EDF que le changement de statut, pour l'entreprise comme pour eux, était inévitable. Je décidais de lancer une véritable campagne pour emporter le soutien de l'intérieur de l'entreprise. Mais, plutôt que d'imprimer des affiches, des documents sur papier glacé, ou de réaliser des films de propagande publicitaire qui, à mes yeux, n'auraient au mieux servi à rien et, au pire, auraient aggravé la situation en irritant un personnel qui n'en avait vraiment pas besoin, avec ces artefacts de communication, je privilégiai le contact direct, et multipliai le nombre de mes déplacements dédiés à l'entreprise. Je m'adressais chaque fois à des audiences de 2 000 à 3 000 personnes. C'était extrêmement chronophage, assez épuisant, et relativement dangereux politiquement, car toutes ces réunions se déroulèrent devant la presse. Comment d'ailleurs aurait-il pu en être autrement ? Je m'étais cependant convaincu que, dans les situations les plus complexes et les plus dangereuses, ce n'est jamais une erreur de faire face, d'être omniprésent sur le terrain, et d'affronter la colère. À l'inverse, il est inutile de chercher à l'éviter, car l'on n'y arrive jamais, et, de surcroît, cela est souvent interprété comme une marque de mépris. Je ne sais si j'ai toujours privilégié cette méthode par tempérament ou comme le résultat d'une analyse, mais, quelle que soit la raison profonde, je me suis toujours senti à l'aise dans cette posture. À l'inverse, je me trouve extrêmement emprunté dans les situations qui demandent des faux semblants, un double langage ou, tout simplement, beaucoup de diplomatie.

Il y eut, au moins, une de ces réunions d'explications et de rencontres qui faillit vraiment mal tourner. Nous passâmes à deux doigts de la catastrophe. J'avais décidé d'aller à la rencontre des salariés, sous-traitants compris, de la centrale de Chinon. Frédéric Imbrecht m'avait indiqué la place importante qu'elle occupait dans le paysage syndical d'EDF. L'immense majorité des employés de base était adhérente de la CGT. J'avais accepté, me disant que, de toutes les façons, il faudrait bien en passer par là, alors, un peu plus ou un peu moins difficile, cela n'avait guère d'importance. Quand je suis arrivé, la grande salle était bondée. Il y avait peut-être là 1 500 ou 2 000 personnes. L'ambiance était celle d'un meeting, mais d'un meeting un peu particulier où je n'aurais eu aucun partisan, à l'exception du directeur de la centrale et de son adjoint, qui n'avaient pas poussé le sacrifice jusqu'à monter sur l'estrade avec moi ! Je le leur avais d'ailleurs déconseillé. Je pouvais donc les comprendre aisément. Je crois que de ma vie entière je n'ai jamais été hué et insulté autant que ce soir-là. Quand je suis arrivé au pupitre pour essayer de m'exprimer, l'ambiance est devenue irrespirable. C'était encore pire que pour le meeting de Bagatelle entre les deux tours de la présidentielle de 1995, pire qu'au rassemblement de l'UOIF au Bourget, pire que lors de ma visite sur la dalle d'Argenteuil en pleine crise des banlieues, c'est dire ! Il y avait des cornes de brume, des sifflets, des hurlements. C'est bien simple, je n'ai pas pu dire un traître mot qui puisse être audible pendant les quinze premières minutes. J'essayais de rester stoïque, et de garder une contenance. Je voyais que les esprits s'échauffaient tout seuls. On n'était finalement pas très loin d'une bataille rangée qui menaçait à tout moment d'éclater, et que nous aurions évidemment perdue, quels que soient le courage et le professionnalisme des policiers du Service de protection des hautes personnalités (SPHP) qui m'accompagnaient ce jour-là. Au bout de cette interminable entrée en matière, un calme très superficiel, et surtout très relatif, me permit de prononcer une phrase : « Continuez à m'empêcher de parler, mettez-moi dehors de votre centrale, insultez-moi si cela vous chante, mais demain, qui vous défendra devant la commission à Bruxelles ? Croyez-vous que, moi parti, elle abandonnera ses projets ? Laissez-moi au moins vous expliquer comment on peut s'en sortir. » J'obtins, ainsi, le droit de continuer, mais sous étroite surveillance. Le moindre mot jugé inapproprié par la salle déclenchait immédiatement de nouvelles interruptions. Finalement, après bien des péripéties, des efforts, des commentaires spontanés plus ou moins aimables, je pus venir à bout de mon propos. Je ne reçus quasiment aucun applaudissement, à l'exception de ma profession de foi en faveur du nucléaire qui fut accueillie avec beaucoup de soulagement. Une fois la réunion terminée, le directeur me proposa sagement de quitter la salle par une petite porte dérobée située derrière la tribune. Sans doute inutilement bravache, je refusai et indiquai que je souhaitais retraverser la salle pour ne pas donner le sentiment aux salariés d'EDF que j'avais peur ou que je les méprisais. L'ambiance était encore assez tendue. Au début, les participants s'effacèrent lentement, et pas toujours de bonne grâce, pour me laisser passer. Quelques-uns cependant glissaient des mots aimables. « Merci d'être venu, c'est courageux, on a compris... Ne nous laissez pas tomber... » Alors que je me trouvais au milieu de la remontée du couloir central, un homme que je trouvais immense me fit face, bien décidé à ne pas bouger. Il était littéralement recouvert d'autocollants de la CGT. Je n'en menais pas large mais ne pouvais décemment pas faire marche arrière. Je me dirigeai vers lui d'un pas que je voulais décidé. Il ne devait pas être loin de faire le double de ma taille, et le triple de mon poids. Je lui dis aussi calmement qu'il m'était possible : « Bonjour, Monsieur, seriez-vous assez aimable de me laisser passer ? ». Je sentais la tension chez les policiers qui m'entouraient. Elle était vraiment palpable ! L'homme me toisa un long moment. Le silence était pesant, et tout d'un coup mon interlocuteur hurla d'une voix de stentor : « Ah ça, on peut dire que le petit, il a des c... ! » Il répéta la phrase plusieurs fois, en même temps, qu'il s'effaçait pour me laisser continuer mon chemin. Tous ceux qui avaient suivi la scène éclatèrent de rires sonores, et, pas toujours de la plus grande élégance. Ce fut comme un soulagement pour chacun. Je reçus de grandes tapes dans le dos, comme si j'avais été reconnu digne d'être leur interlocuteur. Au moment de rejoindre ma voiture pour quitter les lieux, Frédéric Imbrecht me dit dans un large sourire : « Je vous l'avais bien dit, que cela se passerait bien... On sait recevoir nos invités, il n'y aurait jamais eu de débordement et de violence. La situation était sous contrôle. » Je voulais bien le croire, même si j'en doutais. Et surtout, si ce jour-là ils m'avaient bien reçu, qu'est-ce que cela pouvait être lorsqu'ils recevaient mal ? Je n'ose même pas l'imaginer. J'étais épuisé. Les images de Chinon firent la une de toutes les télévisions. Personne ne dit bien sûr que j'avais gagné, ce qui, d'ailleurs, n'avait pas été le cas, mais, de ce moment-là, la pression contre le changement de statut de l'entreprise diminua continuellement. Incontestablement, nous avions franchi un cap. J'étais plus que soulagé.

Je veux préciser une nouvelle fois que je ne suis en rien lié avec ce que l'on appelle parfois dans la presse le « lobby du nucléaire ». Je ne suis pas ingénieur. Je n'ai bénéficié d'aucune formation scientifique. Le monde même de l'électronucléaire m'est complètement étranger. Si je me suis engagé pour cette filière, c'est après y avoir beaucoup réfléchi, rencontré énormément d'acteurs, et apprécié leur professionnalisme, leur sérieux, leur compétence. J'ai rarement vu des gens aussi conscients de leurs responsabilités, autant dédiés corps et âme à leurs métiers, aussi fiers de ce qu'ils sont capables d'accomplir. Qu'il me soit permis de dire que je n'ai pas toujours constaté la même rigueur chez certains de ceux qui se réclament de l'écologie politique. Je crois au combat pour la protection de l'environnement. Je suis convaincu que l'homme à une part de responsabilité dans le réchauffement climatique et qu'en conséquence, il nous faut agir vite, et fort. Mais je confesse un agacement marqué à l'endroit de toutes ces postures qui se veulent vertueuses, autant que définitives. Nicolas Hulot en est un parfait exemple. L'homme est certainement sympathique et sans doute intelligent. J'aimais beaucoup ses reportages rapportés du monde entier avec des images d'une beauté à couper le souffle. Je ne ratais aucun des épisodes de son émission « Ushuaia ». Nicolas Hulot était alors très utile à la cause de l'environnement, et de la planète. L'est-il demeuré lorsqu'il eut la mauvaise idée de s'engager en politique ? Rien n'est moins sûr. Il y a d'abord eu l'épisode où il fut nommé « envoyé spécial pour la protection de la planète » auprès de François Hollande. Passons sur la grande modestie du titre... Il fallait y penser, et surtout, il fallait oser. Quel fut son travail réel, et quels furent les résultats ? Il y eut ensuite sa nomination comme ministre d'État dans les gouvernements Macron. On s'attendait à voir un ministre engagé, allant sur tous les fronts, menant croisade pour ses convictions. On ne vit rien de tout cela. L'intéressé dit même « s'être ennuyé au gouvernement » ! Quelle étrange confession. Et, en fin de compte, on ne le revit qu'au moment de partir, où nous eûmes droit à ses larmes retransmises en direct par toutes les télévisions, convoquées pour immortaliser cette péripétie. Le spectacle fut gênant, presque choquant quand on pense aux réelles souffrances dans notre pays qui ont bien peu à voir avec le chagrin d'une « excellence » qui choisit de partir sur un coup de tête. Sa démission donna l'impression d'un caprice. Mais on ne m'empêchera pas de penser qu'il y a des épreuves qui doivent être plus douloureuses dans la vie… Tout ceci, me dira-t-on, fait partie du cirque médiatique et n'a guère d'importance. C'est sans doute vrai… Mais à la manière des petits marquis de la cour des rois de France qui exaspérèrent tant les Français de l'époque prérévolutionnaire, ces simagrées médiatiques éloignent nombre de nos compatriotes de la juste cause de la protection de l'environnement, qui mérite infiniment mieux que cela…

La véritable question est ailleurs. Rares sont ceux qui acceptent de l'évoquer car elle bouscule bien des habitudes, mais la première cause de toutes les pollutions, la plus grave, la pire, la plus lourde de conséquences, c'est l'explosion de la démographie mondiale ! Les chiffres donnent le vertige. Quand je suis né, il y a quelque six décennies, la terre comptait un peu plus de 2,5 milliards d'individus. Nous sommes aujourd'hui à 7,5 ! En l'espace de la vie d'un homme, la population mondiale a donc été multipliée par trois ! Et ce n'est que le début, nous n'avons encore rien vu. Dans trente ans, nous serons 9 milliards et à la fin du siècle 11 milliards. Jamais la Terre n'aura connu un tel choc démographique. Combien d'êtres humains peuvent-ils vivre ensemble sur la planète ? Telle sera la grande question du XXIe siècle. Depuis quatre milliards et demi d'années que celle-ci existe, elle a subi beaucoup de dérèglements climatiques. Certains ont conduit à la disparition de plus de 80 % des espèces vivantes, d'autres à l'extinction de tous les mammifères géants, d'autres encore à l'assèchement complet de la Méditerranée, ou bien à la transformation de la zone humide africaine en désert du Sahel. Mais le choc démographique inéluctable qui nous attend, jamais nous n'avons rien connu de semblable ! Il est donc plus qu'urgent de créer un organisme mondial de la démographie pour anticiper les évolutions, analyser les flux et leurs conséquences, et définir ce que devrait être une planification de la démographie de la planète. Je sais que le sujet est très sensible. Je connais la grande difficulté à évoquer la maîtrise des naissances. Et pourtant, il faudra bien en passer par là si l'on veut éviter la catastrophe. Toutes les espèces du vivant, et l'homme ne fait pas exception, ont vocation à disparaître un jour. La surpopulation peut épuiser physiquement notre planète, et détruire l'humanité. Étrangement, ce n'est pas un sujet présent dans l'univers médiatique, et pourtant il est d'une importance cruciale. Il devrait, en tout cas, susciter au moins autant d'attention que le tri sélectif, la disparition des abeilles ou la dissémination des OGM... La défense de l'environnement gagnerait beaucoup à être incarnée sérieusement, sans arrière-pensée politique ou médiatique, et avec le souci de hiérarchiser les priorités. La démographie et son évolution, ne sont pas l'une des priorités de la planète, elles sont la priorité !

Un dernier sujet marquant occupa mon activité de ministre des Finances, celui de la taxation de l'héritage. Ici encore, le débat peut porter à autant de démagogies que de polémiques. L'idée constamment et complaisamment rebattue étant qu'au nom de l'égalité des chances, il conviendrait de redistribuer les cartes en remettant chacun à zéro au moment où il démarre dans la vie, dans un souci de parfaite égalité. Le raisonnement paraît à première vue implacable. Pourtant, à mes yeux, il est faux ! En effet, ce qui donne du sens à la vie, c'est de travailler, non pas uniquement pour soi, mais aussi pour ceux que l'on aime, et qui dépendent de vous. Tenir à sa famille, travailler dur toute son existence pour que ses enfants puissent débuter un peu plus haut que soi-même, économiser pour préparer et aider le futur des siens ne me semblent pas être des comportements blâmables ! Bien au contraire, car ils témoignent d'un attachement à la famille en tous points positif, et d'un souci de l'avenir qui m'apparaît, à bien des égards, très sain ! Je préfère en tous cas cette attitude à celle de tous ceux, innombrables, qui ne pensent qu'à eux, dépensent sans compter, et laissent les leurs sans un sou vaillant au moment de leur décès. De surcroît, tout cet argent patiemment économisé a été, tout au long de la vie de celui qui a constitué un patrimoine, soumis à l'impôt à de multiples reprises. Pourquoi faudrait-il qu'au moment de notre départ de cette terre, l'État taxe jusqu'à 60 % cet argent, fruit d'une vie de labeur ? Il n'y a là ni légitimité, ni cohérence, ni justice. Celui qui aura tout dépensé ne sera donc pas pénalisé, à la différence de celui qui aura épargné ! Reste l'argument de l'égalité des chances. Il est tout aussi inexact car, si l'objectif n'est pas discutable, les moyens le sont ! On ne renforce pas l'égalité en dépouillant ceux qui ont travaillé et épargné. On la renforce en donnant à chacun la possibilité d'avoir, à son tour, un patrimoine. Pour cela l'éducation, la formation professionnelle, l'apprentissage sont les voies privilégiées, pas la spoliation d'un héritage patiemment et laborieusement constitué.

C'est, au fond, toujours la même différence qui m'oppose aux raisonnements de la gauche. Je n'ai jamais considéré que la réussite, l'argent, le patrimoine étaient un problème en soi. Pour les socialistes, être riche est déjà une injustice. J'ai, à l'inverse, toujours souhaité que chacun puisse devenir propriétaire d'un patrimoine. À la présidentielle de 2012, François Hollande voulait, avec sa taxe à 75 %, moins de riches. Je voulais moins de pauvres ! Le fossé entre nous demeure... C'est en tout cas le raisonnement qui m'a conduit, en 2007, à supprimer les droits de succession sur les petits et moyens patrimoines. Contrairement à ce qu'imaginent les habituels garants de l'égalitarisme forcené, cette mesure fut extrêmement soutenue par la France populaire, qui y voyait la récompense d'une vie tout entière consacrée au travail. J'ajoutais à ce nouvel équilibre fiscal une mesure permettant d'accélérer le transfert de patrimoine, d'une génération à une autre, toujours en franchise d'impôt !

En effet, la vie n'est pas toujours bien faite. Quand on est jeune, on a peu ou pas d'argent, et un très grand besoin de consommer. Quand on est plus âgé, on a parfois davantage de moyens financiers, et moins d'envie de consommation. Pour soutenir l'activité économique et la demande, faciliter ce transfert d'une génération à une autre peut se révéler extrêmement positif. C'est ce qui se produisit puisque nous obtinrent plus de consommation, et moins d'épargne thésaurisée. J'autorisai donc le transfert de 150 000 euros, tous les dix ans, pour chaque enfant, par chaque parent, en franchise totale d'impôt. Ce fut un succès immédiat qui nous permit de gagner quelques dixièmes de croissance. La mesure donna lieu à un bras de fer avec le service de la législation fiscale. Je craignais que, comme à l'accoutumée, l'administration cherchât à reprendre d'une main ce que le gouvernement avait donné d'une autre. J'exigeais donc la plus grande simplicité pour la réalisation de cette opération pour les particuliers. Je voulais un formulaire de déclaration de donation qui soit limité strictement à un recto et un verso. Ce n'était pas, et c'est un euphémisme, dans les habitudes des services de Bercy. Il ne fallut pas moins d'une dizaine d'allers-retours entre l'administration et mon cabinet pour obtenir le résultat recherché. Après m'avoir moult fois expliqué que cela ne serait pas possible, nous arrivâmes, enfin, au but. Ainsi, du moins l'espérais-je, j'avais réussi à remplir mon objectif d'entrer dans la vie quotidienne des Français, bien que ministre des Finances.

Conséquence de mon tempérament heureux et optimiste, je m'étais coulé dans mes nouveaux habits. J'étais même heureux d'habiter dans les immeubles de l'architecte Chemetov à Bercy, que je n'ai jamais trouvés aussi sinistres que l'on a l'habitude de le prétendre. Il m'arrivait même de pratiquer mon jogging quotidien dans les cours intérieures du ministère, qui sont assez vastes pour cela. Parfois, je sortais pour me rendre dans le magnifique parc des anciennes halles, juste derrière le ministère. J'aime le sport. J'aime le regarder dans les stades comme à la télévision. J'aime le pratiquer. Depuis 1993, j'ai pris l'habitude d'en faire au moins une heure chaque jour. C'est désormais comme une addiction ou une drogue « positive ». Quand je ne pratique pas une journée, j'ai l'impression d'avoir pris du poids ! Je confesse que le départ de cette activité quotidienne n'est pas toujours facile, et même parfois franchement laborieux, mais le retour est toujours l'occasion d'une très grande satisfaction. J'ajoute que je ne connais pas de moyen plus efficace pour se prémunir contre le stress que le sport pratiqué très régulièrement. Et comme je suis naturellement excessif, il est beaucoup plus facile pour moi de pratiquer tous les jours qu'une fois par semaine, ce qui ne servirait pas à grand-chose. Quitte à souffrir, autant que cela en vaille la peine en termes de résultats. J'éprouve le besoin de ce rythme régulier comme un rite qui me rassure, et me tranquillise.

Je m'étais donc fait à ma vie à Bercy. L'appartement dit « du ministre » est idéalement placé, juste en haut de la pile qui a les pieds dans l'eau. La vue est à couper le souffle. Je pouvais rester de longues minutes à contempler les bateaux sur la Seine. La vision de l'est parisien donne la mesure de tous les changements survenus dans cette partie de la capitale durant ces quatre dernières décennies. L'architecture y est assez belle, même si la grande bibliothèque n'est sans doute pas le plus réussi de tous les grands chantiers de François Mitterrand. Emprunter la navette fluviale de la douane pour gagner la place de la Concorde et l'Assemblée nationale était tout à la fois pittoresque et plaisant. Le passage sur les bords de l'île de la Cité, avec la vue sur Notre-Dame, donne une idée de la beauté incomparable de Paris. J'aimais passer sous le pont Marie, l'un des plus vieux de la capitale. Arrivé au Pont-Neuf et à la place Dauphine, je repensais souvent à mes jeunes années d'avocat au barreau de Paris où, alors que nous n'étions que stagiaires avec Thierry Herzog, mon ami de toujours, nous hantions les restaurants de la place, juste avant d'aller plaider aux audiences correctionnelles du Tribunal de grande instance. Tout allait donc pour le mieux jusqu'à ce que la politique me rappelle à ses réalités. Alain Juppé avait été rudement condamné à de la prison avec sursis par le tribunal de Nanterre dans l'affaire dite des emplois fictifs de la mairie de Paris. Il fallait donc élire un nouveau président pour le Parti. J'étais candidat, et naturellement Jacques Chirac ne voulait pas en entendre parler !

J'étais ministre des Finances depuis moins d'une année. Nous étions à l'automne 2004. Dans le courant du mois de septembre, Jacques Chirac me convoqua pour me parler de la future organisation de notre parti, l'UMP. Le sujet lui tenait à cœur, car c'est lui qui avait voulu le rassemblement de la droite et du centre, après la présidentielle de 2002. Dans les premiers temps, je n'avais pas été très enthousiaste à cette idée, craignant que cela ne finisse par ouvrir un espace considérable au Front national. À la réflexion, et avec le recul, je suis persuadé que l'intuition de Jacques Chirac était la bonne, et qu'il avait donc eu raison avant beaucoup d'autres, au premier rang desquels je me trouvais. Le Président me confia à quel point il regrettait le départ de Juppé pour le Québec. Il pensait que, dans ces conditions, le mieux serait une direction collégiale pour l'UMP « où naturellement tu auras ta place », me dit-il faussement conciliant. Je lui demandai quel serait le nombre des participants à cette future instance de direction collégiale. « Entre huit et douze », me répondit-il. Je lui fis valoir que mon influence, dans une instance aussi nombreuse, qui serait par ailleurs composée quasi exclusivement de chiraquiens convaincus, promettait d'être inexistante. En conséquence, tout ceci ne me disait rien qui vaille ! Je ne pourrais donc pas accepter d'y participer. Et j'ajoutai que si, en revanche, il souhaitait que son Premier ministre, Jean-Pierre Raffarin, devienne président de l'UMP, ce qui me semblait légitime, je pourrais alors être son numéro 2, reconduisant en quelque sorte, à la tête de l'UMP, le tandem qui fonctionnait au gouvernement. Avec une franchise qui m'étonna, Jacques Chirac éclata : « Mais je te connais, tu vas le bouffer en deux heures. Cela n'est tout simplement pas possible ! » Je ne sus pas immédiatement si cette remarque était plus désagréable pour le Premier ministre ou pour moi. Toujours est-il que je lui répondis que, dans ces conditions, puisqu'il y aurait une élection, j'envisageais de me présenter aux suffrages des militants et que l'on verrait le résultat ! Sa réaction ne se fit pas attendre. « Si tu es candidat, je te mettrai immédiatement à la porte du gouvernement. » Piqué par le ton de sa voix, ma réaction fut cinglante : « C'est votre droit de me mettre dehors, mais pas de m'empêcher d'être candidat. Dans un parti qui se veut démocratique, la candidature unique est impossible. Je serai donc candidat et vous perdrez le contrôle de votre parti ! »

Mes amis et mon entourage étaient très partagés sur le choix à faire. Pour les uns, abandonner le gouvernement était une grave erreur. Ma popularité en avait entièrement dépendu. Je pouvais y être utile, et continuer à y faire mes preuves. J'étais en train d'acquérir de l'expérience, et de la crédibilité. De plus, les Français n'aiment pas les dirigeants de partis politiques. Partir, représentait donc un grand risque ! Pour les autres, à l'inverse, je ne pouvais, en aucun cas, laisser passer l'opportunité de prendre en main l'UMP. Je pouvais désormais devenir le président d'une famille où j'avais été si longtemps minoritaire, qui m'avait conspué, et qui représentait un atout fondamental pour les prochaines échéances. Aucun de ces arguments n'était fallacieux. Il y avait beaucoup de choses exactes dans chacune de ces deux thèses parfaitement opposées. Cependant, je n'hésitais guère. J'avais choisi de partir car je ne voulais pas prendre le risque de « m'embourgeoiser » dans mes confortables habits de ministre d'État. Car c'est bien là un des risques majeurs avec le pouvoir. On s'habitue à y être, à l'exercer, à le détenir. Et on finit par y perdre son envie de combattre, et de convaincre. J'avais bien conscience en partant de me mettre en danger, mais j'en éprouvais aussi secrètement le besoin. Nous étions à plus de deux ans du futur scrutin présidentiel, je voulais être encore plus libre, et le challenge de rénover de fond en comble ma famille politique était en vérité assez excitant.

Mon départ provoqua une scène où l'hypocrisie eut une grande place. Puisque je n'étais plus ministre, et pas encore député, l'élection législative partielle n'ayant pas encore eu lieu, Jacques Chirac décida de me conférer la Légion d'honneur. Il n'était pas obligé de le faire. C'était donc un honneur, que je ressentis comme tel, même si j'aurais de beaucoup préféré qu'il me la donnât dès 1995 au titre de ma participation aux événements liés à « Human Bomb ». Nous convînmes qu'il me remettrait lui-même cette décoration, en petit comité. Je fus servi au-delà de mes espérances, puisque la cérémonie se déroula dans son bureau. Nous étions sept ou huit, ma famille au sens le plus réduit. Le tout dura moins de quinze minutes, et, alors que je pénétrai dans la pièce, Jacques Chirac me dit : « Tu es d'accord, il n'y a pas besoin de discours ! » J'étais bien évidemment d'avis de ne pas lire de discours, ni pour lui ni pour moi, mais de là à

ne pas prononcer un mot en dehors de la formule rituelle :
« Au nom de la République française, je vous fais... », il y
avait un grand pas que le Président franchit allègrement,
sans en ressentir la moindre gêne. Je quittai l'Élysée avec ma
croix rouge épinglée au revers gauche de mon costume. Bien
que la cérémonie ait été à ce point écourtée, j'en ressentais
toutefois une certaine fierté. J'étais le premier membre de
ma famille à être ainsi décoré, cela avait une réelle signification pour moi. Ce soir-là, j'ai pensé à mon grand-père
qui respectait beaucoup les récompenses républicaines. Il
aurait été heureux, et sans doute fier. J'aurais tant aimé lui
donner ma médaille...

Les élections partielles ne sont jamais faciles. Il y a très
peu de participation. Ceux des électeurs qui se déplacent
sont, soit vos supporters les plus ardents, soit vos adversaires les plus acharnés. C'était ma deuxième expérience de
ce type. La première avait suivi les présidentielles de 1995.
L'atmosphère y était alors tout autre. Le vent me soufflait
fort dans le dos. Ce fut une formalité, même si, aujourd'hui
encore, je suis profondément reconnaissant aux habitants
de Neuilly comme de Puteaux de m'avoir témoigné une si
constante fidélité pendant plus de vingt années. Je mesure
mieux, avec le recul, combien leur soutien me fut précieux,
et tout ce que m'apportait en termes de stabilité une base
arrière si solide. J'avais, par ailleurs, conservé la présidence
du Conseil général des Hauts-de-Seine, y compris lorsque
j'étais au gouvernement, et cela au grand déplaisir de Jacques
Chirac qui me demandait quasiment toutes les semaines
d'en démissionner. Je lui faisais régulièrement valoir que
lui, qui avait été en même temps maire de Paris, président

du Conseil de Paris et député de la Corrèze pouvait comprendre mon attachement à mon département. Mon entêtement servait bien les intérêts de mon ami François Baroin, lui aussi ministre et maire de Troyes, qui me confiait : « Je m'abrite derrière ton exemple. Tant que tu tiens, je peux tenir aussi. J'explique à Chirac, si vous laissez Sarko, vous pouvez me laisser aussi ! » Nous en avons beaucoup ri tous les deux, et de bon cœur. J'ai toujours apprécié François Baroin. Il est intelligent, sympathique, et fidèle. À n'en point douter, ces qualités en font un compagnon rare. Je comprends ce que peut avoir aujourd'hui d'incongru le fait d'avoir été ministre et en même temps président d'une assemblée départementale. Je vois bien les inconvénients qu'un tel cumul peut présenter. Mais, à mes yeux, il est infiniment moindre que celui d'avoir un parlement déconnecté de tous les mandats locaux. Cet enracinement local est indispensable aux législateurs pour qu'ils demeurent connectés aux réalités du terrain. D'ailleurs, qui oserait prétendre que l'Assemblée nationale a gagné en compétence, en utilité, en sérieux à ne compter en son sein que des députés à « mandat unique » ? Ils ont maintenant toute leur semaine pour légiférer à tour de bras. Et ils ne s'en privent pas. Alors que, dans le même temps, les élus locaux n'ont jamais eu tant de mal à obtenir un malheureux rendez-vous dans un ministère. La démocratie ne gagne jamais rien à faire le choix de la démagogie. Le mandat unique est une démagogie.

Une nouvelle page venait de s'ouvrir. Je n'étais plus ministre après quatre années au gouvernement. Je devais préparer le congrès qui allait m'élire président de l'UMP. Mon élection ne faisait guère de doute. Tous les candidats « importants » avaient renoncé devant la réalité implacable des sondages, et des pronostics. C'est peu dire que j'avais la faveur de nos militants. Ils avaient, comme d'habitude, senti les choses avant tout le monde, et notamment que la page Chirac allait et devait être tournée. Ils ressentaient le besoin de changements, de rupture, d'une nouvelle histoire. C'est justement ce que je voulais à tout prix leur faire partager. François Baroin, à l'époque secrétaire général délégué de l'UMP, était sans cesse sollicité par Jacques Chirac pour se présenter contre moi à la présidence de notre mouvement. Il refusa que nous nous affrontions, considérant que compte tenu de notre proximité affective, cela n'aurait eu aucun sens. Bien que chiraquien de cœur, son refus avait une réelle signification pour moi. Il montrait qu'il était courageux et indépendant. Michèle Alliot-Marie, toujours disponible pour « rendre service » si un poste se présentait, fit un tour de piste qui n'enflamma guère. Finalement, il demeura Christine Boutin, qui avait la manie d'être candidate à tout, au nom de ses idées qui autrement « ne seraient portées par personne », avait-elle l'habitude de dire. Autrement dit, il lui avait fallu se « dévouer » une nouvelle fois. Bien que ne partageant pas tous ses combats, tant s'en faut, j'appréciais sa personnalité chaleureuse, affective et loyale. Mon autre challenger était Nicolas Dupont-Aignan. Je ne pouvais décemment pas lui faire grief de se porter candidat contre moi. En effet, nous n'avons jamais eu le moindre atome crochu ni la plus petite proximité. Dès les premiers instants de notre première rencontre, j'ai compris que le courant ne passerait pas entre nous. Je l'ai connu conseiller technique au cabinet de François Bayrou, séguiniste fanatique, partenaire de Marine Le Pen, gaulliste isolé dans son propre parti. Le parcours donne le tournis, d'autant plus qu'à chaque fois, il est défendu avec une grande conviction... La seule constante que je lui reconnaisse est celle d'un caractère solitaire, ombrageux et peu cordial. En vérité, il est à mes yeux trop violent, et assez brutal sans toutefois incarner une véritable force. Il m'a toujours semblé fragile. Il est plus sectaire que convaincu et il ne peut jamais s'intégrer durablement à une équipe. Je lui reconnais cependant de la persévérance, ce qui n'est pas rien en politique, et, à force de passer dans les médias, il a fini par acquérir un style qui lui appartient et qui est réel. Ces deux candidatures ne représentaient pas un grand danger, toutefois. Elles rassemblèrent près de 6 % pour Christine Boutin et 9,10 % pour Dupont-Aignan. Ce qui fut suffisant pour donner l'image d'une véritable élection, et pas assez pour mettre en cause ma nouvelle légitimité de président de la famille.

La journée du congrès, un dimanche du mois de novembre 2004, fut organisée avec un grand soin par mon équipe. Nous avions réservé un immense hall dans la grande banlieue parisienne, pour ce qui devait être l'acte I de ma nouvelle présidence. Nous avions le vent en poupe. Alors que nous tablions sur 20 000 personnes, c'est plus du double qui se déplaça. Du seul point de vue de la participation, c'était déjà un succès. J'avais bien réfléchi à l'axe que je voulais stratégique pour ma formation politique. Jacques Chirac était en train de finir son deuxième mandat dont le premier avait été de sept ans. Cela faisait donc douze ans ininterrompus pour « la droite » à l'Élysée. C'était beaucoup, surtout pour la France qui avait pris l'habitude des alternances à répétition. Si je m'inscrivais dans la continuité, il y avait un risque majeur d'usure, d'autant plus que j'avais appartenu à certains gouvernements de Jacques Chirac. La France aime le changement mais, depuis le fameux « changement dans la continuité » de VGE, le mot était devenu banal, daté. Il me fallait un concept plus crédible, et plus fort, pour signifier qu'une autre époque allait commencer. Cela serait la « Rupture ». De surcroît, le mot correspondait parfaitement avec l'impression que m'avait donnée si souvent Jacques Chirac, de ne plus vouloir rien bouger ni rien changer. J'avais tant de fois pesté contre son immobilisme. Je revendiquais haut et fort l'appartenance de mon parti à une droite républicaine décomplexée, et ma volonté d'agir vite et fort. Au moment d'entrer dans l'immense salle bondée, j'étais ému, plus sans doute que je ne l'avais imaginé, mesurant le chemin parcouru et comprenant que c'était sur mes épaules que désormais reposait le futur de ma famille politique. C'était une chose d'avoir constamment critiqué le leader précédent, Jacques Chirac, c'en était une autre de devoir passer de la parole aux actes en devenant à mon tour celui-ci. Cécilia était à mes côtés. J'étais à mille lieues d'imaginer que c'était l'une des toutes dernières fois. Peut-être le savait-elle déjà ? Avant mon entrée en scène, il y eut un petit film où un certain nombre de personnalités nationales comme internationales avaient tenu à témoigner leur soutien à mon action, passée comme future. Le film se terminait par une image de mon plus jeune fils Louis disant « bonne chance, mon papa ». Je n'ai à blâmer personne pour cette initiative, dont j'ai eu, seul, l'idée. Ce fut la grande polémique du jour ! Je fus immédiatement accusé de mettre en scène ma famille, d'instrumentaliser mes enfants, de mélanger ma vie privée avec ma vie publique. Et quand la séparation avec Cécilia arriva, nombreux furent les journalistes qui expliquèrent qu'il était normal qu'ils dévoilent tous les malheurs de ma vie familiale, y compris les plus intimes, puisque j'avais le premier exposé ma famille. Au fond, pour eux, j'étais le coupable et le responsable, ce qui leur permettait au passage de se dédouaner d'un comportement que j'avais naïvement cru n'appartenir qu'à la presse « *people* ». Toutefois, je me dois d'entendre l'argument et de reconnaître qu'il n'est pas dénué d'une certaine force. Si c'était à refaire, sans doute ne le referais-je pas, mais de là à dire que c'est moi qui ai ouvert les vannes du déferlement de la sphère publique dans celle du privé, il y a plus qu'un pas que je ne franchirai pas. L'arrivée des réseaux dits sociaux, l'appétit d'une partie de l'opinion publique pour ce qui est intime, privé, parfois graveleux, la disparition complète de toute forme de déontologie, de pudeur, de réserve, de la part de jeunes journalistes qui doivent à tout prix faire le « buzz » pour satisfaire les exigences de leurs rédactions, tous ces phénomènes ne viennent pas de moi, mais d'une évolution bien préoccupante de nos démocraties où, désormais, mieux vaut être le premier à dire quelque chose de faux pourvu que cela fasse du bruit plutôt que de perdre du temps à vérifier, au risque d'être à la traîne de ses confrères. La vérité est qu'en 2005, nous n'étions qu'au tout début d'un changement d'époque. Ce n'est pas de savoir si c'est mieux ou moins bien, car c'est un fait aujourd'hui incontournable. Qui pourrait, par exemple, imaginer que François Mitterrand puisse vivre dans les locaux de l'État avec sa famille officieuse, et ce pendant quatorze années, sans que personne ne le révèle alors que tous, dans la presse, le savaient ! Naturellement personne ! Cela paraît être le Moyen Âge, c'était pourtant il y a moins de vingt-cinq ans ! Sans doute avons-nous été en France trop longtemps dans le culte du secret. Un culte qui a permis de cacher bien des choses. Est-ce pour autant une raison de se livrer aujourd'hui dans le culte de la transparence à tout va ? À mon avis, non, même si chacun peut avoir sa propre vision du sujet. Je pense que la transparence à tout prix, et la fascination pour la pureté, sont des directions très dangereuses où la démocratie à plus à perdre qu'à gagner. En tout cas, ainsi va la France qui a pris l'habitude, à travers son histoire tourmentée, de passer d'un excès à un autre. En général, celui opposé ! À la royauté, succède la Révolution. À la terreur, succède l'empire. À la permissivité de « l'esprit 68 » succède une atmosphère d'ordre moral où tout se confond, faisant de la galanterie à la française une forme de « domination machiste insupportable ». Au culte du secret d'État, succède donc l'intégrisme de la transparence au service d'une pureté dont j'ai l'intime conviction qu'elle est pire que le mal qu'elle est censée dénoncer, et corriger.

Une fois élu, je m'installais dans les bureaux de l'UMP, rue de la Boétie. Je disposais, au dernier étage, d'un bureau sous les combles, doté d'une terrasse où je pouvais même organiser petits déjeuners et déjeuners avec une vue imprenable sur les toits de Paris. Elle était minérale et typiquement parisienne. J'étais entouré d'une petite équipe de fidèles, au premier rang desquels se trouvaient mon ami de toujours, Brice Hortefeux, indispensable compagnon de route, Emmanuelle Mignon, Laurent Solly, et le si précieux Franck Louvrier en charge de la presse. Emmanuelle Mignon m'apportait ses compétences qui sont immenses sur à peu près tous les sujets. Laurent Solly était imaginatif, disponible, sympathique et infatigable, même lorsqu'il fut confronté à des épreuves personnelles très douloureuses. Il subit ainsi le décès de la mère de ses enfants avec une dignité qui m'a impressionné. Quant à Franck Louvrier, toujours assisté de l'indispensable, et si fidèle, Véronique Waché, il constituait une forme de roc, imperturbablement souriant, calme et positif. Comportement d'autant plus admirable qu'il avait à faire face aux feux roulants des médias. Une situation ni facile ni enviable. À ce petit groupe, s'adjoignait Pierre Giacometti. Sa finesse, sa modération, son expérience en faisaient, à mes yeux, un partenaire indispensable. Il y avait également Claude Guéant qui m'accompagnait sans jamais compter ses heures depuis 2002, et qui avait quitté sa réserve de haut fonctionnaire pour s'engager politiquement à mes côtés. L'homme que j'ai connu, et qui m'a soutenu avec tant de cœur, est un bourreau de travail. Arrivant le premier le matin, quittant ses fonctions le dernier le soir. Sacrifiant à son travail ses vacances, ses loisirs, ses moments de détente. Je l'ai toujours vu comme un « moine » du service public. Ce n'est certainement pas aujourd'hui, où beaucoup de ceux qui lui faisaient une cour assidue lui tournent le dos, que je suis prêt à oublier ce que je dois à son travail, et à son affection. Il s'expliquera sur ce qui lui est reproché mais, à mes yeux, il fut un grand serviteur de l'État. Je ne peux m'empêcher de penser que le sort qui lui est réservé a été aggravé par le rôle qu'il a joué à mes côtés. Il y avait également le « fameux » Patrick Buisson, dont la proximité et le rôle n'ont jamais eu l'importance que sa réputation sulfureuse leur a conférée. J'avais l'intuition intime de la diversité de la France. Je voulais donc un entourage politique qui lui fasse écho. Je craignais comme la peste d'être réduit aux mêmes technocrates que j'avais si souvent vus à l'œuvre, capable de tuer toute forme d'alternance par un conformisme sans limites. Je savais bien que Buisson venait de l'extrême droite. À mes yeux, ce n'était pas une raison suffisante pour l'ostraciser. D'ailleurs, que des anciens de *Minute* veuillent rejoindre la droite républicaine était plutôt positif. D'autant plus que dans mon esprit, les choses étaient claires, il ne pouvait y avoir d'alliance avec le Front national. Je ne l'aurais jamais accepté. En cela, Jacques Chirac et moi partagions exactement les mêmes convictions. À ceci, s'ajoutaient l'intelligence de Patrick Buisson, qui est grande, sa capacité de synthèse, qui est assez originale, et aussi sa culture, qui en faisait un interlocuteur toujours intéressant. Je n'ai, en revanche, jamais apprécié sa personnalité qui m'a toujours apparu étrange. C'est ce qui explique que nous ne fûmes pas des intimes au-delà du cercle strictement professionnel. Quand j'ai appris qu'il avait enregistré toutes nos conversations en dissimulant un appareillage électronique sous son costume, les bras m'en sont tombés. C'est ma faiblesse. Peut-être l'une des plus grandes. Je ne peux imaginer que les autres mettent en œuvre ce que je serais moi-même incapable de faire. Ai-je été naïf ? Oui, sans doute. Aurais-je dû écouter davantage les conseils de tous ceux qui ne l'aimaient pas ? Oui, sans doute aussi. Aurais-je dû tenir un plus grand compte de ces agissements passés ? Oui, bien sûr, car au fond, on ne change jamais fondamentalement. Ce qu'il avait fait aux autres, il n'y avait aucune raison pour qu'il ne le fît pas à moi. J'ai donc ignoré la partie trouble de la personnalité de Patrick Buisson, privilégiant la part que je pensais noble. Ce fut une erreur. Je n'ai aucune paranoïa, donc pas assez de méfiance, cela m'a certainement, en l'espèce, fait manquer de discernement. Ce fut une faute.

Il y avait enfin Henri Guaino, la plume ! J'aimais son originalité, son talent, sa chaleur méditerranéenne. J'appréciais moins son caractère si ombrageux qui m'obligeait à prendre des « pincettes » à chaque fois que surgissait un désaccord ou une contrariété. Il m'a apporté beaucoup, mais pas comme on a pu le dire ou l'écrire. Nous avions sur l'Europe des parcours parfaitement inverses. J'ai toujours dit oui à l'Union. Il lui a toujours dit non. Quand il est arrivé dans mon équipe, Édouard Balladur n'était pas content, et me le fit savoir. « Pourquoi vous êtes-vous entouré de ce zozo ? » Dans le vocabulaire balladurien, une expression aussi « violente » en disait long sur l'appréciation qu'il portait au personnage. Et pourtant, c'est justement pour ses positions sur l'Europe que je voulais m'attacher Henri Guaino. J'avais, en effet, l'ambition de faire la synthèse entre la France du Non, et celle du Oui. Comment la mener si mon entourage n'était composé que de Maastrichiens convaincus ? En réussissant à trouver une voie d'équilibre dans ma propre équipe, j'avais une chance d'être entendu par les « deux France ». À cela, s'ajoutait le grand talent d'écriture de Henri Guaino, son souffle si particulier, sa large culture. Il a le sens de tout ce qui est épique. Mais, si j'avais une totale confiance en son talent d'écrivain, je ne l'avais pas à ce point sur le contenu ! C'est pourquoi j'ai toujours veillé à discuter longuement et très en amont des discours avec lui, rappelant sans cesse qu'il s'agissait de mes discours, pas des siens. Une fois dans une première version écrite, nous passions des heures, parfois des nuits, à la corriger. Finalement, je suis très reconnaissant à Henri Guaino d'avoir toujours accepté et respecté ces règles du jeu entre nous. À la différence de Patrick Buisson, il est loyal par éducation, et sentimental par nature. J'ai parfois souffert à cause de lui, car il a un problème avec la ponctualité. Cela commença très tôt puisque le premier jour de mon installation à l'Élysée, alors que je me rendais à Berlin pour rencontrer Angela Merkel, nous partîmes sans lui, car il rata l'avion. Un soir, durant la campagne présidentielle, alors que j'étais à Toulouse devant 12 000 personnes, je dus monter sur scène avec les vingt-deux premières pages de mon discours, les autres n'étant pas finies ! Je reçus les douze dernières pile au moment de les présenter, alors que j'étais au micro depuis une bonne demi-heure ! Quant au fameux dernier discours de la campagne de 2012, sur la place du Trocadéro, je le reçus juste au moment de monter dans ma voiture ! Carla s'en étonna vivement : « Comment vas-tu faire ? Plus de 100 000 personnes t'attendent, et tu ne peux pas relire ton discours ! » Je la tranquillisai en lui rappelant que nous avions travaillé quasiment toute la nuit précédente. Je connaissais donc mon texte déjà assez bien... Mais Henri Guaino est ainsi fait qu'il ne peut travailler que dans l'urgence, sous pression, en se mettant toujours au bord du précipice. Je peux assurer que ce ne fut pas tous les jours très confortable mais, si sur la ponctualité il avait beaucoup de progrès à faire, sur le résultat, il ne fut jamais décevant. Il a joué un rôle important sur ce très long chemin de la « conquête du pouvoir ».

Je pouvais également compter sur Pierre Charon qui, outre son amour pour la vie politique dans ses moindres détails, fut un ami à l'affection bien précieuse lorsque j'eus à affronter mes difficultés conjugales. Ils furent, avec Brice Hortefeux et Roger Karoutchi, des compagnons présents, pudiques, affectueux. Ils étaient là simplement et c'était déjà beaucoup.

C'est sans doute le moment de dire et surtout d'expliquer à quel point j'ai aimé monter sur scène, prononcer des discours, communier avec les salles. Je l'ai vécu d'abord comme un immense privilège. Je n'ai jamais été blasé, lassé, habitué à ce rituel. Je n'ai quasiment connu que des salles bondées. En soi, ce n'est rien de moins qu'un miracle. Même lorsque je n'étais pas en odeur de sainteté ou que j'avais subi un cuisant échec, j'ai toujours rencontré des foules nombreuses. Parfois, elles venaient pour me siffler. Le plus souvent pour me soutenir, et m'applaudir. Mais j'ai eu le grand privilège, car c'en est un, de ne jamais avoir ressenti ni rencontré l'indifférence. Certaines salles furent cruelles, notamment dans la période de 1995. Je m'en souviens comme s'il s'agissait d'hier. Dès que je faisais un geste, j'étais hué, sifflé, même insulté. Le meeting de Bagatelle fut, de ce point de vue, une caricature de sectarisme et de violence politique. Celui du parc des Expositions de Vincennes l'année suivante ne fut pas mal non plus. Dès que mon visage apparaissait sur l'écran géant, il était instantanément vilipendé. Mais je ressentais cette expression de haine comme un amour contrarié, un amour que j'aurais déçu. Elle renforçait ma volonté de reconquérir ces militants que j'avais désorientés par mon choix pour Balladur. Cela ne m'a jamais découragé, bien au contraire, car je le prenais comme un défi. Ma réaction aurait été tout autre devant des salles vides, ou même seulement clairsemées. Car cela a toujours été ma hantise. Une chaise inoccupée, et je ne regardais qu'elle. Une seule travée vide au sommet d'un palais des sports de province, et je considérais que c'était un échec. J'aimais passionnément les salles où l'on s'entassait, où les militants s'agglutinaient, où la foule était tellement serrée qu'elle ne faisait plus qu'un. Je n'avais pas peur du nombre qui me conférait un surplus d'énergie. L'hostilité m'a toujours semblé surmontable. L'indifférence, non. C'est peut-être la part du petit garçon qui voulait que l'on s'attache à lui qui sommeille toujours en moi. C'est sans doute pourquoi je n'ai jamais quitté ma famille politique, y compris quand je m'y suis trouvé très minoritaire. J'ai serré les dents. J'ai attendu mon heure. Il fallait tenir, puis reconquérir en y mettant toute l'énergie dont j'étais capable. Depuis mon plus jeune âge, j'ai empilé les tours de France, visité sans relâche les régions, les départements, les communes. Il n'y a sans doute pas une seule grande salle de notre pays où je n'ai eu l'occasion de prononcer un discours. J'ai labouré notre territoire des années durant, sans jamais m'en lasser. J'ai appris à connaître, à prévoir, et parfois à comprendre la France et les Français. Rien ne m'était plus étranger que la tentation d'abandonner le navire au prétexte que j'y aurais été minoritaire. Je voulais diriger la « cathédrale », pas régner sur une « chapelle ». J'aspirais à rassembler le plus grand nombre, pas à dominer la secte de mes plus proches partisans. J'observe tristement aujourd'hui le phénomène strictement inverse. Dès qu'apparaît le moindre désaccord, la division semble devenue inéluctable. Ainsi, Valérie Pécresse a créé Libres,

Xavier Bertrand la Manufacture, Bruno Retailleau Force républicaine... à l'arrivée, je crains fort que chacun sera déçu. En effet, quand toute la famille est rassemblée, la victoire est déjà très difficile à obtenir. Quand elle est divisée, la victoire devient impossible. Le seul chemin à suivre est donc celui du rassemblement. Pour cela, il faut être capable de faire abstraction des inimitiés, des malentendus, des coups reçus, des mauvaises manières des uns comme des autres, pour privilégier le seul objectif commun. La jalousie ne peut pas avoir sa place dans un combat de long terme pour la France. Chacun est utile, et doit avoir un rôle à jouer. La peur doit être bannie, spécialement la peur de la concurrence. Celui qui veut être le leader, le chef, le numéro 1, doit s'inspirer, se nourrir de la force de ses concurrents. Il n'y a pas d'autres choix que d'affronter la compétition pour en triompher car, en aucun cas, elle ne peut être évitée.

J'ai passionnément aimé ces corps à corps avec les foules rassemblées. J'étais impatient de rentrer en scène. Je la quittais épuisé, ayant le sentiment d'avoir tout donné. J'ai beaucoup modifié ma façon de parler en public tout au long de ma carrière. Au début, je ne prononçais pas mes discours, je les hurlais et les scandais sans même prendre le temps de retrouver mon souffle. J'avais l'impression que je devais solliciter les applaudissements à chaque instant, comme pour me rassurer. J'ignorais le crescendo, la modulation, le changement de rythme. Je démarrais à fond, et essayais vainement d'accélérer. Ce n'est que bien des années plus tard que j'ai compris qu'obtenir le silence total d'une salle de plusieurs milliers de participants était bien plus difficile, et en même temps plus valorisant, que de les faire applaudir.

Le silence mobilise l'intelligence et la compréhension, il est une marque supérieure d'attention. Le bruit est davantage le produit d'une réaction collective spontanée. J'aimais travailler les salles. Prendre le temps de les façonner, de les dompter, de les organiser. Je voulais les faire écouter, puis adhérer, puis enfin supporter. Cet ordre était très important. J'ai toujours essayé d'exprimer des sentiments. Je revendique la parenté entre les artistes et la politique au plus haut niveau, qui doit être pratiquée comme un art car le but ultime est toujours le même : donner et partager une émotion. Peu importe le moyen employé, la musique, l'image, la parole, le dessin, la peinture. Pour être compris, il ne peut s'agir que d'une authentique histoire d'amour entre l'orateur et la foule, le spectateur et l'œuvre. Certes, elle ne durera que le temps de la réunion, mais l'important est qu'elle ait existé. J'ai toujours voulu partager ce supplément d'âme. Il y a bien sûr les chiffres, la réalité qui est souvent grave, la vie qui est une épreuve. Mais c'est justement pour cela qu'il faut des sentiments. J'ai aimé vivre ces émotions, recevoir toute cette affection, me sentir à l'unisson de ceux qui étaient venus exprimer une même espérance pour l'avenir. À force, j'ai appris à imposer le silence, à le rechercher, à l'utiliser, à le goûter. J'ai découvert que se taire quelques instants devant une salle de plusieurs milliers, parfois plusieurs dizaines de milliers de spectateurs, était une façon d'obtenir une attention soutenue. Je ne devais pas avoir peur d'affronter cette forme de vide. J'ai compris aussi qu'il me fallait maîtriser mon attitude, être plus économe de mes gestes, pour concentrer toute mon énergie sur un détail. J'ai observé avec admiration combien Charles Aznavour savait fasciner toute une salle par le simple tremblement d'une main portée par un bras immobile. Et combien, à l'inverse, l'agitation de l'orateur pouvait inspirer de la méfiance. J'ai surtout toujours attaché la plus grande importance au contenu de mes discours, aux messages à envoyer, au sens donné à mes paroles, aux références historiques évoquées. On peut mal prononcer un bon discours. On ne peut jamais bien dire un mauvais ! À cette période de ma vie professionnelle, juste avant la présidentielle, je devais faire un effort tout particulier en ce sens car avec la multiplication des réunions, le risque était grand de se répéter et donc de se caricaturer. Cette idée m'a toujours tétanisé. J'ai observé à de multiples reprises que, contrairement à ce qui est souvent rabâché, le public militant n'est pas pavlovien. Ce sont des « spécialistes » qui ont sans cesse besoin d'avoir des discours de référence. Ils ne craignent ni la qualité ni la hauteur de vue, au contraire, ils les recherchent. C'est le bon côté de la France, faire de la politique au plus haut niveau exige d'être un orateur qui sache entraîner les foules. L'art de la parole compte encore dans notre pays. Les réseaux sociaux, internet, les tweets, la télévision ne change rien à cela, et c'est tant mieux. La politique, contrairement une nouvelle fois à une idée reçue, n'est pas une affaire de « monstre à sang froid ». C'est même tout le contraire. La politique, je le répète, c'est la vie sous une loupe, avec ses déceptions nombreuses, ses joies furtives, ses épreuves constantes. Seuls les sentiments sincères, profonds, véritables, permettent de tout surmonter. Être sentimental, et humain, n'est nullement contradictoire avec un engagement politique au plus haut niveau. C'est même, à mes yeux, une condition *sine qua non* !

Fidèle à mes convictions, je constituais à la tête de l'UMP une équipe de direction politique où personne ne manquait à l'appel. J'étais obsédé par la nécessité du rassemblement qui devait aller des plus centristes jusqu'aux plus souverainistes. Le risque de l'élongation ne me faisait pas peur, celui de la rétractation, oui ! Cela me prenait un temps infini mais l'enjeu en valait la peine. J'étais, par ailleurs, bien aidé par la perspective de la victoire qui, comme chacun le sait, apaise les tensions en aiguisant les appétits. Je proposai ainsi au libéral Jean-Claude Gaudin d'être vice-président, et au très démocrate-chrétien Pierre Méhaignerie de devenir secrétaire général. Le maire de Marseille fut d'une loyauté à toute épreuve. Il fit preuve de courage aussi, car à la minute où il me manifesta son soutien public dans une interview au *Point*, Jacques Chirac le bouda instantanément ! Pierre Méhaignerie fut un soutien solide, même si je mesurais combien il me fallait ardemment négocier sur chacun des aspects de mon projet. Le thème récurrent du « cadeau aux riches » le hantait littéralement. Il fallut le convaincre qu'autoriser la défiscalisation partielle des emplois à domicile permettrait de régulariser des emplois souvent « au noir », que la suppression de la taxation des petits et moyens patrimoines était une mesure essentielle pour les classes moyennes à qui je voulais m'adresser de façon prioritaire, qu'enfin un bouclier fiscal à 50 % n'était pas un cadeau aux plus riches, puisque cela signifiait que ceux-ci devraient travailler six mois de l'année pour l'État, ce qui n'était pas rien ! Et qui, en tout cas, représentait bien davantage que dans tous les autres pays européens. Je dus batailler ferme, et surtout longtemps. Mais ce constant effort de synthèse, sans que cela affadisse le projet final, me permettait d'aller au bout de toutes les problématiques, m'obligeait à affiner mes arguments, m'exerçait pour tous les débats de la future campagne. En un mot, ce fut un entraînement utile qui me permit d'être prêt pour la confrontation présidentielle. Finalement, les échanges et les discussions internes furent plus utiles que je ne l'avais imaginé. En tout cas, ce ne fut pas du temps perdu. Loin de là. Du côté centriste de ma famille, il y avait le cas particulier de Simone Veil que je laissais volontairement de côté quant à la définition de mon projet présidentiel. De par son histoire intime, elle ne pouvait, en effet, être impliquée dans le durcissement de la politique d'immigration que j'avais choisi de porter. Nos relations étaient personnelles et affectueuses. Je devais lui laisser une liberté politique complète, y compris pour manifester un désaccord avec moi, ce qui ne fut jamais un problème entre nous. Il y avait enfin Jean-Louis Borloo avec qui j'entretenais des relations assez amicales mais qui, jusqu'au bout, est demeuré pour moi une énigme. L'homme est sympathique, intelligent, créatif. Il aurait pu être un atout majeur pour une équipe souhaitant incarner l'alternance. Il ne l'a jamais été, malgré ses grandes qualités, car il lui en manquait cruellement deux : la constance et l'esprit d'équipe. Jean-Louis Borloo peut être un bourreau de travail, et puis, brusquement, disparaître sans plus donner la moindre nouvelle. Il se passionne avec une grande intensité pour un sujet qu'il abandonnera brutalement pour des raisons qu'il aurait lui-même bien du mal à expliquer. J'ai eu souvent l'impression qu'il était comme branché sur un courant alternatif. C'est vraiment dommage, car ses qualités intellectuelles, et humaines, sont au-dessus de la moyenne. On pourrait même dire que c'est un gâchis, qui ne l'a tout de même pas empêché de réaliser beaucoup de choses. Je pense notamment aux plans pour la Ville qu'il mit en œuvre aussi bien pour Jacques Chirac que pour moi. De plus, il présentait à mes yeux un dernier inconvénient, mais de taille celui-ci : je ne savais jamais s'il était complètement avec moi ! Ce n'est pas de la traîtrise, car il n'est pas un traître. Ce n'est pas de la lâcheté, car il courageux. Je pense que c'est bien davantage lié à sa personnalité profonde. Il se sent emprisonné dès qu'il faut s'intégrer à une équipe, et ce même s'il s'agit de la diriger. Il ne peut supporter le poids des autres, comme si assumer le sien était déjà une tâche assez lourde. J'ai pu travailler avec lui. J'ai même aimé cette période, mais je n'ai jamais réussi à en faire un élément décisif de l'action que je voulais engager. Peut-être à tort, mais c'est ainsi que je le percevais. Il me semblait trop instable, et souvent irrationnel. C'est cette impression personnelle qui m'a convaincu de ne jamais sérieusement envisager de le nommer Premier ministre. J'imaginais même cette perspective avec une crainte réelle. Que ferais-je s'il ressentait une période « de moins bien » ou un « coup de mou » ? Que dirais-je lorsqu'il déclarerait ce qui ce jour-là lui serait passé par la tête ? Et pourtant, si j'avais à choisir dans mes anciens ministres celui ou celle avec qui je partirais volontiers en vacances, il serait assurément l'un de ceux que je privilégierais, car il est drôle, charmeur, et facile... en tout cas, dès qu'il s'agit de passer du bon temps.

J'avais également choisi de faire une place appréciable aux chiraquiens convaincus. Je demandais à Valérie Pécresse, qui était une proche collaboratrice de Jacques Chirac à l'Élysée, de devenir l'une des porte-paroles principales de l'UMP. Elle en fut surprise, et accepta avec enthousiasme, non sans prendre la précaution de me demander si j'allais exiger d'elle « qu'elle dise du mal de Chirac ». Je lui répondis : « Tournons la page, ce n'est plus le problème... » Elle fut rassurée, et fit son travail avec le grand sérieux que je lui ai toujours connu. C'était parfois un peu rigide, et strict, mais il n'y avait jamais d'erreurs. Je confiai à Luc Chatel le deuxième poste de porte-parole, il est une personne en laquelle j'ai toujours éprouvé une grande confiance. Le choix le plus attendu était celui du trésorier. Dans l'ambiance de l'époque, les observateurs étaient persuadés que je désignerais pour ce poste, hautement sensible, un « sarkozyste » de stricte obédience. Je surpris chacun en choisissant celui qui était alors le plus proche d'Alain Juppé, Éric Woerth. Je le connaissais assez peu. Mais je le savais rigoureux, honnête, et précis. Nous devînmes rapidement amis. Ce fut un plaisir de travailler avec lui. Entre autres qualités que je lui ai découvertes par la suite, son courage qui m'impressionna, spécialement dans l'affaire Bettencourt, où nous fûmes attraits ensemble avant d'être tous les deux complètement innocentés.

Dans l'équipe, je pouvais également m'appuyer sur Xavier Bertrand. Il était jeune, habile, disponible, et travailleur. De surcroît, il professait, à l'époque, un « sarkozysme » militant assez touchant. À l'entendre, il était devenu mon plus fidèle et surtout plus solide soutien. L'avenir montra qu'il s'était engagé un peu hardiment sur ce pronostic ! Brice Hortefeux ne l'aimait pas, et s'en méfiait beaucoup. Il le trouvait même plus hypocrite que « tous les autres réunis ». Je ne partageais pas complètement son jugement que je trouvais trop sévère. J'avais du plaisir à partager les moments de campagne avec lui. J'aimais sa passion pour la politique, et étais touché par les constants complexes qui l'animent et l'agitent. Ils rendent cependant son maniement assez compliqué. Ne se faisant pas confiance à lui-même, il lui est impossible de faire confiance aux autres. Sa paranoïa est en conséquence assez développée. Ainsi, j'étais toujours étonné des arrière-pensées qu'il me prêtait régulièrement. Il m'imaginait sans cesse préoccupé de lui. La vérité était tout autre. Je l'appréciais, il était utile par son talent de pédagogue et sa volonté de toujours aller au combat. En cela, il est l'exact inverse de Borloo. Mais je ne l'ai jamais considéré comme un rival. Je n'avais donc aucune méfiance. Je veux préciser que, peut-être par excès de confiance, d'autres pourraient dire par arrogance, je ne suis guère porté à la jalousie, spécialement dans la vie politique. J'ai toujours aimé l'affrontement avec mes rivaux. Je n'ai jamais fui la bataille. Et, lorsque j'ai perdu, j'ai toujours essayé d'assumer dignement la défaite. La concurrence, la compétition, la lutte ont toujours fait partie de ma vie. Dans mon tempérament, il n'y a pas de place pour la jalousie. C'est d'ailleurs un sentiment dangereux qui se nourrit de lui-même et qui peut rendre fou. Le savoir, et le comprendre, m'a rendu bien des services tout au long de ma carrière. J'ai toujours eu en horreur la jalousie et les jaloux.

J'étais heureux en chef de parti. J'effectuais, quasiment toutes les semaines, des déplacements qui pouvaient aller jusqu'à trois jours. Je faisais des immersions complètes dans nos territoires, je voulais toucher aux plus intimes des attentes de la France. Cela fut passionnant, exigeant, et aussi épuisant. Pour comprendre, et interpréter notre pays, il faut du temps, beaucoup de temps. Les Français ne peuvent pas être résumés ou réduits à une collection de notes rédigées par de « beaux esprits ». Il y a des choses qui se sentent car elles ne se disent pas. Il y a des ambiances, des milieux, des cercles tellement divers, et qu'il faut savoir pénétrer. C'est un effort de longue haleine. C'est presque un parcours initiatique que rien ne peut remplacer, ni le talent, ni l'intelligence, ni l'énergie. Il faut s'imprégner de « l'humeur » de la France, de la culture de la France, de l'identité française.

Identité, le mot est lâché, et, curieusement, il a toujours fait scandale parmi nos élites. J'avais décidé de faire de notre identité l'un des marqueurs de ma future campagne présidentielle. Pour moi, les choses étaient claires. Nous devions être fiers de notre culture, de nos valeurs, de notre histoire. Nous devions les connaître, les transmettre, les promouvoir. Il n'y avait pas la moindre arrière-pensée de fermeture, ou de repli sur nous-mêmes. Bien à l'inverse, j'étais persuadé que, pour partager et accueillir, il fallait, au préalable, apporter un contenu. En l'absence de celui-ci, il n'y a plus rien à mettre au pot commun. D'ailleurs, à quoi pourrait servir de vanter la diversité si le monde avait décidé de s'aplatir autour d'une culture mondialisée, unique, informe et sans saveur ? Avec une seule langue, et la disparition de toutes formes d'aspérité. Dans mon esprit, c'est parce que chacun pourrait conserver son identité que la diversité deviendrait une richesse, et une réalité. Je voulais, aussi, que la France assume son histoire, dans ses bonnes comme dans ses mauvaises pages et surtout qu'elle mette enfin un terme à la culture permanente de la repentance. Car nous étions arrivés à un point où une partie majoritaire de nos élites donnait le sentiment d'avoir honte de l'histoire de France. Ainsi, parler de l'action des grands rois français, c'était faire l'apologie d'un régime socialement oppresseur.

Évoquer certains aspects nobles de la colonisation, c'était ni plus ni moins que se ranger aux côtés des esclavagistes et des racistes. Parler de l'action de l'église catholique dans la construction de notre pays, c'était porter une atteinte insupportable à la laïcité ! Certains allaient bien plus loin encore, annonçant sentencieusement que désormais toutes les cultures se valaient, et, qu'il ne pouvait être fait de hiérarchie entre elles. À ce titre, l'excision des jeunes filles faisant partie de la culture de certains pays d'Afrique, il convenait de ne pas la juger, et de ne pas la diaboliser. La bêtise a parfois quelque chose d'effrayant... Le raisonnement était le même pour la burka, qu'il convenait d'autoriser par respect pour l'identité musulmane. Il était donc non seulement devenu indécent d'évoquer l'identité française, mais il convenait en plus de s'incliner devant l'identité des autres ! Ce raisonnement était tout à la fois faux et dangereux. Faux, parce que la France est devenue une Nation parce qu'elle constitue une communauté d'idées et de culture. La France n'est pas une ethnie. La France ne peut être réduite à un territoire. La France est une histoire, une volonté, des valeurs communes, une langue, une gastronomie, des paysages, une façon de chanter, de peindre, de filmer. Nier l'identité propre de la France, c'est nier tout cet héritage. Dangereux, parce que mettre toutes les cultures sur le même plan dans une forme de nihilisme militant, c'est perdre et sacrifier la dimension universelle de nos valeurs. Or, dans l'identité française, il y a des valeurs qui sont au-dessus de toutes les autres : les droits de l'Homme, l'égalité entre les sexes, le respect des droits de l'enfant... Ces valeurs sont universelles, et, doivent être défendues comme telles. Je ne pouvais pas imaginer que je déclencherais de telles polémiques à la seule idée d'évoquer l'identité française. Fallait-il que nos élites aient arrêté de réfléchir, de penser, de prendre de la hauteur ? Pour mes adversaires de l'époque, dont une partie de la gauche, défendre l'identité française, c'était appartenir au Front national, quitter le camp républicain, vouloir exclure tous les Français issus de l'immigration. Le mot même était devenu un symbole irrévocable, et imprononçable, en tout cas dans les milieux qui revendiquaient de penser bien.

Une fois devenu Président, je constatai la profondeur de cet effondrement intellectuel lorsque j'annonçai la création prochaine d'une Maison de l'histoire de France. Aussi curieux que cela puisse paraître, il n'en existe aucune. Je créai donc une commission d'historiens pour pallier ce manque incompréhensible. La polémique enfla. J'essayais vainement de convaincre que l'histoire de France ne m'appartenait pas, qu'elle n'était ni de droite ni de gauche, qu'elle était un bien commun qui devait nous rassembler au lieu de nous diviser. Rien n'y fit. Les tribunes, les éditoriaux, les pamphlets enflammés se multiplièrent. Cela avait au moins le mérite de mettre l'histoire au cœur des débats ! Mais l'une des premières décisions de mon incorrigible successeur fut de supprimer l'idée d'une Maison de l'histoire de France. Le plus curieux fut qu'il en était fier. On ne dira jamais assez combien le sectarisme de toute une partie de la gauche peut faire des dégâts considérables.

J'avais d'ailleurs pu le mesurer dans des circonstances assez voisines, pour l'entrée, que je souhaitais, d'Albert Camus au Panthéon. J'ai une profonde admiration pour ce grand écrivain qui fait honneur à la littérature française. J'ai lu ses livres, nombre de ses articles, et sa correspondance. J'aime tout autant l'écrivain, l'homme engagé et la personne égarée dans les méandres d'une vie amoureuse, sentimentalement aussi tumultueuse qu'émouvante. Son immense correspondance avec Maria Casarès en porte les empreintes profondes. J'aime ses doutes autant que ses certitudes. Lors d'un voyage en Algérie, je me rendis sur ses traces à Tipaza, et compris ce qu'il avait pu ressentir devant la splendeur de ces paysages intacts, immaculés. Je formais le projet de faire entrer ce géant de la littérature française du XXᵉ siècle au Panthéon. Il fut un homme de paix, prix Nobel de littérature, tout à la fois écrivain, romancier et philosophe. Et à la différence de nombre de ses contemporains, il ne porta jamais le fardeau des lourdes erreurs de tous les compagnons de route du Parti communiste, et de l'Union soviétique, contrairement à Sartre. Ses titres me paraissaient incontestables. Je m'étonnais d'ailleurs que nul ne l'ait déjà envisagé. J'étais confiant et somme toute assez serein. Je convainquis assez facilement sa fille Catherine du principe d'un transfert de la dépouille de son père du cimetière de Lourmarin au Panthéon. Parler avec elle fut un réel bonheur, tant elle est intelligente, ouverte, et bienveillante. Elle comprit instantanément ce que la « panthéonisation » pouvait apporter à l'œuvre de Camus. Avec son frère, ce fut une tout autre histoire. L'homme vit retranché dans son appartement. L'en faire sortir fut d'une grande complexité. Quant à nos échanges... J'ai rarement rencontré quelqu'un de plus décousu dans sa pensée, et de plus traumatisé dans ses sentiments. Seule certitude, il ne voulait pas de cet honneur pour son père. Les raisons de son refus me sont encore aujourd'hui parfaitement obscures, même si je me devais de les respecter. Peut-être tout simplement était-il contre parce que sa sœur était pour ? Ce ne serait pas la première famille à connaître des divisions profondes et douloureuses. Ce n'est bien sûr qu'une hypothèse, mais elle ne semble pas la plus irrationnelle. Il est vrai, surtout, que le contexte politique ne favorisa pas notre discussion. Une fois encore et contrairement à mes prévisions optimistes, les esprits s'étaient échauffés. Le problème n'était pas les titres d'Albert Camus à entrer au Panthéon, mais plutôt qui le proposait ! En l'occurrence, moi ! Aussi inouï que cela puisse paraître, toute une école de la gauche mondaine s'était mobilisée contre ce qu'ils appelaient mon « appropriation » de Camus. *Le Nouvel Observateur* se montra tel qu'en lui-même : tout à la fois sectaire et prétentieux. Je partageais bien sûr leur point de vue, selon lequel Camus n'était en rien ma propriété, mais dans ce cas elle n'était pas davantage la leur ! Cette contradiction ne leur était même pas venue à l'esprit. J'étais donc accusé de politiser cet immense écrivain par ceux-là mêmes qui jugeaient bon de l'utiliser politiquement contre moi. On est bien loin du *Nouvel Observateur* qui portait haut les idées d'humanisme, de tolérance, d'ouverture... La sottise profonde qui unissait les membres de cette coterie ne méritait nullement d'être soulignée, sauf pour regretter qu'ils aient réussi à faire échouer la panthéonisation de Camus, et pour illustrer la prétention à détenir seul la propriété de ce que notre culture a produit de plus élaboré. C'est ainsi que l'écrivain de la mesure et du scrupule s'est vu emprisonné par la pédanterie et la politique, dans ce qu'elle peut avoir de plus caricaturale. Ce fut une bien belle occasion de rassemblement autour d'une figure emblématique gâchée en pure perte.

L'UMP se portait de mieux en mieux. La campagne d'adhésion battait son plein. J'avais entrepris un énième tour de France. Les salles étaient bondées. Nous ne tardâmes pas à dépasser largement les 300 000 adhérents. J'avais même prévu l'installation d'un écran qui, dans l'entrée du parti, enregistrait, et indiquait jour après jour, les nouvelles adhésions. Cela me comblait de satisfaction. Chaque jour, je demandais ce qu'avait été le score de la veille. C'était devenu une obsession... Je vois bien le côté ridicule qu'il peut y avoir à donner tant d'importance à ce qui n'était pas prioritaire aux regards des enjeux français mais, en même temps, si je ne m'étais pas investi à ce point dans la marche de mon parti, cela n'aurait eu aucune chance de fonctionner aussi bien. La passion est indispensable à la politique ! Nous étions devenus la première force du pays. Mon indépendance et ma liberté vis-à-vis de l'action gouvernementale était grande. Je ne regrettais pas mon choix initial.

C'est à cette période que Jacques Chirac eut la « mauvaise » idée de soumettre le projet de constitution européenne de Valéry Giscard d'Estaing au référendum. Les sondages créditaient le oui d'un score supérieur à 60 %. L'Élysée était très confiant. L'opération promettait d'être bonne sur le plan électoral. Jacques Chirac n'en doutait pas, son gouvernement s'en trouverait relégitimé à bon compte et sans grands risques. Je ne partageais pas, tant s'en fallait, son optimisme. J'étais inquiet de la conjonction de plusieurs phénomènes, qui s'additionnaient dangereusement. Il y avait l'impopularité du gouvernement, l'exaspération grandissante que suscitait l'Europe chez nombre de nos compatriotes, et enfin un projet de constitution confus auquel personne n'avait rien compris, si ce n'est que ses rédacteurs avaient refusé d'y inscrire les « racines chrétiennes » de l'Europe. Refus incompréhensible qui achevait de convaincre les plus agités du risque supranational, avec à la clef notre perte d'identité ! Pour dire la vérité, je ne voyais vraiment pas comment nous pourrions surmonter tous ces obstacles accumulés. Jacques Chirac, avec qui je m'en étais plusieurs fois entretenu, ne considérait pas du tout les choses ainsi. Il en avait même rajouté « une couche » en affichant sa détermination à faire entrer la Turquie ! Nous n'avions vraiment pas besoin de cela. Il est resté optimiste jusqu'au bout puisque, au début de la semaine précédant le jour du vote, il me confia : « Je suis certain qu'au dernier moment, une fois devant l'urne, les Français feront le choix de la responsabilité, et de la raison. » En réponse, je lui demandai à quel moment de l'histoire de France il faisait allusion pour pouvoir tirer une conclusion si optimiste ? En effet, si les Français ont de grandes qualités de courage, d'intelligence, de créativité, d'énergie, c'est moins évident pour le calme, et la raison... J'avais d'ailleurs été alerté par l'échec de l'émission « Face aux jeunes » à laquelle il avait participé. L'idée était sans doute intéressante de faire dialoguer le président de la République avec des jeunes sur l'Europe, mais le résultat fut désastreux. Il ne demeura de ce moment que la phrase de Jacques Chirac à l'assistance qui traduisait son impuissance. Évoquant la peur de la jeunesse à l'endroit de l'Europe, il déclara : « C'est un sentiment, je ne vous le cache pas, que je comprends mal, notamment de la part des jeunes qui s'engagent dans la vie et qui devraient ne pas avoir peur. » C'était bien là le problème, l'incompréhension totale. Jacques Chirac, depuis toujours passionné par les questions internationales, ne pouvait accepter toute forme de réticence à l'endroit de la mondialisation en général, et des solidarités en Europe en particulier. Les jeunes lui parlaient identité. Il répondait Europe. Le divorce était consommé. En cela, la réaction de Jacques Chirac n'était pas isolée ni incongrue. Une grande partie des élites françaises, ayant baignées dans une culture et une éducation « européenne », ne pouvaient imaginer la moindre remise en question de l'idée européenne. Toute velléité de changement en profondeur du système dans lequel ils se sont formés s'apparentaient, pour beaucoup à une remise en cause au mieux, à un retour en arrière au pire. Le résultat de cette incompréhension fut l'affrontement de plus en plus brutal entre ceux, les plus nombreux, qui trouvaient qu'il y en avait toujours trop en termes de transfert de souveraineté, et, ceux pour qui il n'y en avait jamais assez tant que n'aura pas été atteint l'idéal fédéral. Tous étant persuadés d'avoir intégralement raison. La caricature des positions réciproques se cristallisa dans un combat entre « les anciens » et « les modernes » ou même entre « les intelligents » et « les bornés ». En fait, le débat n'eut jamais vraiment lieu puisque chacun s'en tenait à sa seule posture. Je ne voulais en aucun cas me laisser enfermer dans cette dichotomie binaire autant que mortifère. Ma famille politique s'étirait des plus souverainistes aux plus européistes, je n'avais d'autre choix que celui de tenter de construire une synthèse. Jacques Chirac, sans doute marqué par son engagement souverainiste passé, se voulait désormais plus européen que tous les autres réunis. Sa foi de nouveau converti était sympathique mais ne correspondait en rien « à l'humeur » de la France d'alors, où l'exaspération à l'endroit de l'Europe était en train de progresser de manière spectaculaire. Le résultat fut sans appel, brutal et même humiliant. Près de 55 % pour le non. Le moins que l'on puisse en dire, c'est que la réponse était dépourvue de toute ambiguïté. Ce « non » si massif venant d'un pays fondateur de l'Europe eut une répercussion immense chez nos partenaires. Nombreux savaient que grondait une colère, souterraine, mais de là à la voir exploser, il y avait un pas que beaucoup avaient hésité à franchir. En France, ce fut un tonnerre interprété comme une défaite politique de la majorité, du gouvernement, et, bien sûr, du Président. J'avais fait campagne pour le oui, à la tête de mon parti, mais je fus curieusement assez épargné par l'onde de choc de cet échec référendaire. C'est de ce jour que je conçus une réserve certaine à l'endroit de ce type de référendum. Le principe d'une consultation populaire est en soi une bonne chose, nul ne saurait le contester. Encore faut-il qu'il puisse être répondu à la question posée par un oui ou par un non. Or, dans le cas précis, il s'agissait de demander aux Français leur avis sur un texte constitutionnel européen comprenant plusieurs centaines d'articles. La question était tout sauf simple, et, au minimum, ne se prêtait pas à une réponse binaire. En conséquence, les Français ont davantage répondu à celui qui posait la question qu'à la question elle-même. À l'inverse, lorsque Jacques Chirac décida en 1996 de supprimer le service militaire, il aurait pu, et à mon sens il aurait dû, soumettre cette question aux suffrages référendaires. Chacun, en fonction de ses convictions et de son expérience personnelle, était parfaitement habilité à répondre par oui ou par non à la question de la conscription.

Jacques Chirac fut sonné par les résultats. Il comprit qu'il lui fallait à tout prix imaginer une initiative politique forte, sans laquelle il prenait le risque de terminer son deuxième mandat en simple spectateur et d'être condamné à l'immobilisme. Il décida donc de changer de Premier ministre. Il était grand temps, Jean-Pierre Raffarin se trouvait si usé qu'il ne protégeait plus en rien l'Élysée. Je fus plus sage en cette occasion que les fois précédentes, comprenant que la proximité de l'élection présidentielle rendait ma candidature à Matignon illusoire autant que contre-productive. Je ne fis pas le moindre effort pour postuler. De toute façon, cette fois-ci pas plus que les autres, Jacques Chirac n'envisagea sérieusement de faire appel à moi. Il avait presque complètement porté son dévolu sur Michèle Alliot-Marie, pour laquelle il n'a jamais éprouvé une grande considération mais dont il était certain qu'elle ne lui causerait pas d'ennuis. C'était sans compter sur l'intelligence, et les ambitions, du secrétaire général de l'Élysée, Dominique de Villepin, qui me téléphona pour me demander ce que je pensais de la situation. Je lui répondis que le changement de Premier ministre et de gouvernement me semblait, au minimum, s'imposer. Il me confia partager cet avis, et m'interrogea pour connaître mon état d'esprit. « Seriez-vous prêt à revenir dans un gouvernement dont je serais le Premier ministre ? » Je lui indiquai que je n'y voyais pas d'objection à titre personnel, mais que cela me semblait impossible puisque, cinq mois plus tôt, Jacques Chirac m'avait sommé de choisir entre la présidence de l'UMP et mon appartenance au gouvernement. Dans ces conditions, je ne voyais pas comment le Président pourrait se dédire à ce point, surtout si peu de temps après. « J'en fais mon affaire » fut le seul commentaire de mon interlocuteur. J'appris par la suite qu'il avait habilement convaincu Jacques Chirac de la nécessité d'une large initiative de rassemblement pour tenter de redresser une situation devenue catastrophique après le référendum. Ladite initiative consistait à me faire revenir. Et Dominique de Villepin, dans la foulée, affirma à son interlocuteur que je ne pouvais accepter que s'il devenait lui-même Premier ministre ! Il devait donc, en quelque sorte, se dévouer pour le bien de la cause de son patron qui, du coup, n'avait d'autre choix que de lui céder. C'est ainsi que le poste de Premier ministre passa sous le nez de Michèle Alliot-Marie, qui n'y vit que du feu. De fait, le lendemain, je reçus un appel de Jacques Chirac me confirmant son intention de me faire revenir comme ministre d'État, ministre de l'Intérieur. « La gravité de la situation oblige chacun de nous à faire des efforts », me dit-il. Je lui donnais mon accord sous réserve de deux conditions. La première était, bien sûr, que je reste le président de l'UMP. « Cela va de soi », me répondit-il. La seconde, « c'est que ma nomination soit annoncée en même temps que celle du Premier ministre ». Je poussai même le souci du détail jusqu'à lui suggérer la façon dont il aurait à l'annoncer : « Vous pourriez dire, j'ai décidé de nommer Dominique de Villepin Premier ministre, et j'ai demandé à Nicolas Sarkozy, qui l'a accepté, d'être ministre d'État, ministre de l'Intérieur. » C'est exactement ce qu'il fit, lors d'une intervention télévisée. Les Français assistèrent ainsi au spectacle étrange d'un Président nommant en même temps son Premier ministre et l'un de ses ministres. Ce fut une première. Il y a fort à parier que cela restera une dernière !

Quasiment tous mes amis étaient opposés à mon retour au sein de l'équipe gouvernementale. C'était compréhensible, et somme toute raisonnable de leur part. Le gouvernement était dans une mauvaise situation. J'avais déjà fait mes preuves comme ministre de l'Intérieur, je ne pouvais que décevoir. Ma liberté politique risquait d'être entravée par cette appartenance gouvernementale si proche de l'échéance présidentielle. Et pourtant, je refusais d'entendre ces conseils raisonnables, et je choisis d'accepter sans trop d'hésitations la proposition de Jacques Chirac. Je me faisais fort de conserver ma liberté de ton et d'action, mais surtout j'imaginais que je serais ainsi davantage « protégé de mes propres amis ». Il restait un peu moins de deux ans avant la grande échéance. En m'installant au cœur du dispositif « adverse », je limitais les possibilités de mauvais coup, surtout si je pouvais m'appuyer sur le ministère de l'Intérieur. L'affaire Clearstream avait laissé en moi de profondes empreintes. Je les savais capables de tout, mieux valait ne pas trop s'éloigner... À cela, s'ajoutaient des sentiments personnels moins rationnels, mais qui comptèrent tout autant qu'une analyse froide de la situation. J'aimais ma vie de ministre de l'Intérieur. Ne plus diriger les policiers et les gendarmes avait fini par me peser. Outre la protection statutaire que m'offrait le poste, j'étais en manque d'une action concrète, et pas seulement politique. Je me réinstallais donc avec plaisir place Beauvau, cumulant mes fonctions gouvernementales avec celles de chef de parti. Les réunions hebdomadaires de la majorité à l'hôtel de Matignon étaient pleines de sous-entendus, mais la plupart des affrontements furent évités. Lors de nos petits-déjeuners, j'étais assis en face du Premier ministre dont je n'ignorais rien des potentielles ambitions présidentielles. Mais il n'était de l'intérêt de personne de déclencher des hostilités ouvertes, en tout cas prématurément. Le danger que représentait la gauche était trop réel pour se payer le luxe d'oppositions frontales. Le Parti socialiste avait en effet fini par se rassembler derrière Ségolène Royal. J'avais tout de suite observé à quel point cette dernière ne devait pas être sous-estimée. C'est une femme qui sait user à merveille de sa féminité. Tour à tour moderne parce que « femme », victime parce que « femme », sincère parce que « femme »... Elle est sans limites dès qu'il s'agit d'exploiter ces filons habituels qu'il m'était à l'inverse impossible d'utiliser ou même simplement de contrecarrer. De surcroît, elle est dotée d'une énergie remarquable, et d'un aplomb dont peu d'hommes que j'ai eu à affronter auraient été capables. Elle peut sans sourciller dire à peu près n'importe quoi sur tous les sujets. Elle est capable d'affirmer quelque chose dont elle ne croit pas un mot. Je me suis parfois demandé, notamment lors du débat présidentiel de l'entre-deux tours, si elle faisait preuve d'incompétence par volonté politique, ou si plus vraisemblablement elle ne possédait ni la connaissance ni la compréhension des dossiers qu'elle abordait. Ségolène Royal est, enfin, dotée d'un courage peu commun, à moins qu'il s'agisse d'inconscience. Là aussi, il m'est arrivé de me poser la question. Bien évidemment, j'ignorais tout de sa vie privée. J'avais juste été choqué de la réaction publique de

François Hollande lorsque la mère de ses enfants avait évoqué la possibilité d'un « mariage romantique » en Polynésie : « Ce n'est pas à l'ordre du jour », avait laissé tomber le galant homme ! J'ignorais donc qu'elle vivait dans ses bureaux de campagne alors que son partenaire avait quitté le domicile conjugal. Ce n'était pas le moindre des paradoxes que de voir les deux favoris de la prochaine élection présidentielle subissant au même moment des avanies identiques dans leur vie de famille. La seule différence était que les difficultés de la candidate socialiste étaient demeurées secrètes, alors que les miennes continuaient d'être aussi omniprésentes dans le débat public. Ce n'est ni la première ni la dernière fois que je constatais la différence de traitement médiatique entre la gauche et la droite. Car, naturellement, de nombreux journalistes connaissaient la réalité de la situation du couple Hollande/Royal, ne serait-ce que parce que le premier filait le parfait amour avec l'une de leurs collègues ! Ce silence s'apparentait, en tout cas à mes yeux, à une forme de complicité. Sans doute valait-il mieux que je n'aie été au courant de rien car j'en aurais alors conçu une réelle sympathie pour mon adversaire... Ce qui n'est pas conseillé dans un affrontement présidentiel.

S'agissant de ma propre situation familiale, les choses allaient de mal en pis. Cécilia multipliait les allers-retours. À de longues périodes de disparition succédaient des retours qui étaient plus douloureux que les départs. Alors que j'avais besoin de calme, de sérénité et de stabilité, ma vie personnelle était tout l'inverse. D'une certaine façon, c'était devenu un calvaire de chaque instant. Il y eut cependant trois conséquences aussi heureuses que surprenantes à cette triste situation. La première, c'est que, loin de m'éloigner de mon travail, ces événements me poussaient à m'y réfugier totalement. Au regard de cette lutte quotidienne, le combat politique me paraissait moins dur que j'avais pu le craindre. C'est ainsi que, pas un jour durant toute cette période, je ne fus absent psychologiquement ou physiquement d'un rendez-vous ou d'un événement professionnel. Bien au contraire, je disposais de plus de temps que je n'en avais jamais eu. La seconde fut que cette longue dégradation des sentiments me renforça dans l'idée que ceux-ci étaient sans doute ce qu'il y avait de plus important dans la vie. Je n'avais, tant s'en faut, pas toujours pensé ainsi. Trop souvent dans le passé, le souci de ma carrière avait dominé celui de ma famille. On ne m'y reprendra plus car, loin de m'éloigner de l'idée du partage, de la vie commune, et même du mariage, cet échec, qui n'en finissait pas de se consumer, ne suscita chez moi ni désillusion, ni aversion, ni amertume. À l'inverse, il me fit mieux comprendre que la vie pouvait être cruelle, que j'avais jusque-là vu les choses d'une façon par trop rigide et qu'il me fallait désormais être plus attentif à toutes les souffrances, et à toutes les peines qui m'entouraient. Loin de m'endurcir ou de me pousser à me renfermer sur moi-même, ces épreuves m'adoucirent et m'ouvrirent aux autres. Et sans doute, en avais-je grand besoin.

Enfin, la troisième conséquence, et, à mes yeux certainement la plus improbable autant que la plus importante, fut la rencontre avec Carla qui se produisit le 13 novembre 2007, alors que j'étais divorcé depuis tout juste un mois et demi. Nous ne nous étions jamais rencontrés. Nous ne nous connaissions pas, et évoluions dans des univers bien différents. Je peux maintenant dire que le coup de foudre existe ! Il fut immédiat, évident et sans appel. Je veux souligner combien l'espoir peut être présent dans chaque existence. Il y aura bientôt douze années que nous sommes mariés. Huit années que le miracle que constitue Giulia a bouleversé nos vies. Au moment où je m'y attendais le moins, j'ai donc fait la rencontre la plus importante de ma vie. Celle qui a le plus compté, qui m'a le plus apporté. Cela a beaucoup remis en question certaines de mes convictions, ou plutôt de mes habitudes. Au fond, je pourrais le résumer en disant que, de ce jour-là, j'ai compris que les choses n'étaient jamais acquises, qu'il convenait d'en prendre grand soin quand on y tenait, et que la vie était bien moins linéaire et beaucoup plus imaginative que je ne l'avais cru.

Jacques Séguéla, pour qui j'ai toujours eu beaucoup d'amitié, m'adressait régulièrement des notes sur des sujets variés pour me donner son avis sur l'actualité. Il le faisait avec son cœur, qui est grand, et sa compétence, qui n'est plus à démontrer. Il ne me posait jamais de questions sur ma vie personnelle, même s'il comprenait que les choses n'allaient pas dans le bon sens. À la fin d'un de nos rendez-vous dans le courant du mois de septembre, il me dit combien il serait heureux de m'inviter à dîner chez lui avec quelques amis, dont Carla Bruni. Il me demanda si je l'avais déjà rencontrée. Je lui répondis « jamais », même si j'avais lu quelques-unes de ses interviews que j'avais trouvées intelligentes, ciselées, et drôles. Beaucoup évoquaient sa beauté, j'avais été tout autant impressionné par son intelligence. Nous prîmes une date qui fut modifiée à plusieurs reprises compte tenu des contraintes lourdes de mon emploi du temps de président. Finalement, le dîner eut lieu le 13 novembre 2007. Nous étions en plein dans la grève des services publics déclenchée à la suite de l'instauration du service minimum et de la réforme des régimes spéciaux de retraite. La France fut bloquée pendant neuf journées. Et justement, ce jour-là, j'avais eu un entretien assez franc avec le secrétaire général de la CGT, Bernard Thibault, pour lui faire savoir que je ne reculerai pas et qu'en conséquence, il porterait, en tout cas à mes yeux, la responsabilité de la violence que cette situation, si elle s'éternisait, ne manquerait pas de déclencher.

Le dîner avait lieu au domicile d'alors des Séguéla, dans une jolie petite ville des Hauts-de-Seine, Marnes-la-Coquette. La cité porte bien son nom, avec ses maisons en pierre meulière typique de l'Île-de-France. J'arrivai assez en retard, ayant été retenu à l'Élysée par la gestion de ces conflits sociaux. Jacques et sa femme Sophie m'attendaient à l'entrée de leur maison. Je pénétrai dans le salon où se trouvaient deux autres couples et Carla Bruni. Je dois préciser qu'entre le moment où le dîner fut fixé et la date de sa tenue effective, j'avais divorcé. C'est d'abord en cela que les différents changements de dates furent utiles... Je n'avais aucun projet particulier, même si j'étais heureux de rencontrer Carla. Je fus saisi immédiatement par son élégance, sa grâce et sa gentillesse simple et vraie. C'est peu dire que le courant passa entre nous dès la première seconde. Elle me demanda, en guise d'introduction, si je venais « de la Lucarne ». Je répondis interloqué : « Vous devez confondre avec la Lanterne, qui est la résidence de campagne du Président. » Nous éclatâmes de rire. Cela commençait bien ! Je m'assis près d'elle dans le salon. Elle fut placée à ma droite, à la table du dîner. Nous commençâmes ainsi une discussion qui dure maintenant depuis bientôt douze années, sans interruption. Le monde extérieur n'existait plus. Je crois n'avoir pas dit un mot à nos hôtes, et encore moins à leurs invités. Je ne voulais en aucun cas être impoli, mais je ne pouvais faire autrement. Carla était à l'unisson, c'est comme si nous nous connaissions depuis toujours. Elle n'appréciait guère la politique.

Je ne connaissais pas grand-chose au monde de la chanson. Mais nous avions tant en partage et tant à nous dire. À la fin du repas, nous éprouvâmes le plus grand mal à nous séparer. Il était tard. Je commençais très tôt ma journée suivante. Après le dîner, elle m'adressa un poétique et gentil texto. Je lui téléphonai le lendemain en fin de matinée. Pour le coup, elle trouva que je l'avais fait attendre... et, qu'au fond, j'étais moins impatient que ma réputation le laissait entendre ! Nous déjeunâmes chez elle le jour suivant. Elle était seule avec son fils Aurélien, qui est devenu mon beau-fils et qui nous apporte beaucoup de satisfaction. De ce jour, nous vécûmes ensemble. Ce ne fut pas, à proprement parler, une décision, juste une évidence. Je lui dis que je voulais l'épouser, alors que je la connaissais depuis moins d'une semaine. Elle eut la gentillesse de ne pas me prendre pour un fou. C'est ce que je fis exactement deux mois et demi après notre toute première rencontre. Ce fut le premier mariage célébré à l'Élysée. La cérémonie eut lieu dans le salon vert, juste à côté du bureau présidentiel. Nombreux furent ceux qui doutèrent de la solidité de ce merveilleux coup de foudre. Carla et moi n'avions pas l'ombre d'un doute. Nous avons laissé dire... Quand on a la chance de rencontrer un amour si profond, il faut avoir la sagesse d'accepter que tant de gens qui sont seuls ne puissent le comprendre. Puis est arrivée Giulia, alors que nous nous apprêtions à quitter le Palais. C'était là aussi une première. Une naissance à l'Élysée !

Je dois beaucoup à Carla, pour tout ce qu'elle m'a apporté, et tout ce sur quoi elle m'a ouvert. Il n'y a pas d'âge pour apprendre. J'ai appris à ses côtés. J'ai appris qu'une journée sans lire, sans regarder un film, sans voir une exposition est une journée perdue. J'ai appris que, dans une famille, la parole est féconde, que le silence s'apparente à la poussière que l'on pousse sous le tapis. J'ai appris que lorsqu'on avait, comme nous, tant de chance, la bienveillance est un devoir. J'ai appris que la vie était un tout et que l'équilibre, c'est justement de tout savoir mener. J'ai appris que la famille était ce qu'il y a de plus précieux. J'ai appris, surtout, que rien n'était acquis, pas même l'amour, qu'il fallait donc en prendre grand soin, et que c'était finalement la seule garantie de sa solidité, et de sa durée. J'ai appris enfin que l'on avait l'âge de ses enfants. Depuis Giulia, qui est plus jeune que mon petit-fils Solal, j'ai beaucoup rajeuni ! Aujourd'hui encore, il nous arrive de nous demander, Carla et moi, pourquoi avons-nous eu tant de chance. Quel est le responsable du miracle que constitue, à nos yeux, cette rencontre inattendue ? Qu'a-t-on bien pu faire pour mériter d'être si heureux ?

Quand les premières photos de nous ont été publiées, nombreux dans mon équipe étaient catastrophés. Ma grande amie, Catherine Pégard, alors à mon cabinet, est arrivée un dimanche en fin d'après-midi dans mon bureau pour m'alerter sur le fait que les agences avaient des images de notre premier week-end à Disneyland Paris avec Aurélien. J'ai senti son inquiétude affectueuse, et sa volonté de me protéger, y compris de moi-même. Je me contentai de lui répondre : « L'information est exacte. Je vis désormais avec Carla Bruni. Les photos sont-elles belles ? ». Je n'avais pas l'ombre d'un doute, ni sur les sentiments de Carla, ni sur les miens, ni sur ce que serait la réaction des Français. De ce jour, Carla fut le centre de ma vie. Douze années après, elle l'est toujours. L'année 2007 aura été riche en événements pour moi. Je fus élu président de la République. Je divorçai. Je rencontrai Carla. Tout cela en moins de six mois. On peut dire qu'elle restera l'année charnière de mon existence !

Alors que j'étais dans son gouvernement, il y eut deux moments de réelle tension entre Dominique de Villepin et moi. Le Premier se produisit à l'occasion de l'affaire dite du CPE. Le nouveau Premier ministre était tout feu tout flamme. Il voulait lui aussi trancher avec « les indécisions » de ses prédécesseurs. Il imaginait surtout que s'il arrivait à inverser la courbe du chômage, notamment chez les jeunes, la légitimité de sa candidature présidentielle s'imposerait alors. Il proposa à Jacques Chirac de faire adopter un nouveau contrat de travail qui s'adresserait à tous les jeunes de moins de 25 ans. Analysant, à juste titre, les problèmes spécifiques à la France où un surcroît de protections sociales avait fini par tuer la protection, il voulut proposer un statut qui permettrait aux plus jeunes d'intégrer l'entreprise à un coût moins élevé pour ces dernières. L'intention était louable. Elle ressemblait d'ailleurs trait pour trait à ce qu'Édouard Balladur avait tenté sans succès en 1994 avec le CIP. J'avais appris de cet échec cuisant que jamais les Français n'accepteraient un statut social dégradé au seul prétexte de l'âge. Que l'on prévoie un statut différencié pour ceux qui n'ont pas de formation est possible, mais en ne tenant pas compte du fait qu'ils soient jeunes ou « quinquas ». Le seul critère de l'âge apparaît toujours comme une forme de discrimination aux yeux de nos compatriotes. Je fis valoir ces arguments à Jacques Chirac, qui n'était pas loin de les partager. Il laissa pourtant faire son Premier ministre qui, lui, n'en démordait pas, n'écoutant rien ni personne. La polémique si prévisible enfla donc, sur le thème d'un système social à deux vitesses. La « précarité » des jeunes mobilisa ces derniers, et leurs parents bien sûr solidaires !

Par manque de connaissance de la France, par entêtement, peut-être aussi par idéologie, le Premier ministre s'enferra. Les jeunes descendirent dans la rue, les syndicats les rejoignirent, les médias s'en emparèrent. La France fut bloquée. Les journaux soulignèrent à l'unisson mon opposition réelle au projet. Jacques Chirac qui n'a jamais manqué d'expérience et qui connaît la France comprit rapidement comment tout ceci allait se terminer. Il lui fallait cependant éviter d'humilier son nouveau Premier ministre. Il ne pouvait pas le laisser capituler en rase campagne. Il imagina donc un système que je jugeais invraisemblable. Je n'en crus pas mes yeux lorsque je le découvris. Jacques Chirac expliqua avec un aplomb impressionnant que puisque le projet avait été voté par le Parlement, il ne l'annulerait pas. Mais que, puisque le pays n'en voulait pas, il ne serait pas promulgué ! En conséquence de quoi, il n'entrerait pas en vigueur. Ainsi se trouva mort-né le projet de CPE, ainsi que, dans le même temps, les ambitions présidentielles de Dominique de Villepin.

C'est toujours la même question que l'on doit se poser avant d'engager une réforme sensible : jusqu'où peut-on, et jusqu'où faut-il aller ? Ce n'est pas une affaire de courage, car lorsqu'une majorité de Français a décidé, pour une raison ou pour une autre, que cela ne passerait pas, rien ni personne ne pourra les contraindre. Ces situations de blocage idéologique ne peuvent se conclure que par le recul du gouvernement, qu'il soit courageux ou pas ne changera rien à l'affaire, peut-être tout juste cela fera-t-il évoluer le délai dans lequel le retrait devra forcément intervenir. La question centrale n'est donc pas celle du courage mais celle, autrement plus difficile, de la connaissance des Français, et de l'équilibre qu'il convient d'établir entre l'audace et la raison. J'ai eu la grande chance, pendant les cinq années de mon mandat présidentiel, de ne pas avoir été confronté à un tel blocage. Je n'ai jamais eu à retirer un projet en catastrophe. J'ai toujours mis le plus grand soin à analyser la situation politique pour tenter de comprendre jusqu'où je pouvais aller. C'est la raison pour laquelle j'ai refusé les demandes pressantes d'une partie de ma majorité d'abolir les 35 heures. Ma conviction était que cela aurait immédiatement conduit à un affrontement idéologique inutile et insurmontable. Il m'apparaissait beaucoup plus efficace de les vider de toute substance en libérant le quota d'heures supplémentaires. C'est ce qui se passa. Les entreprises y gagnèrent en souplesse. Les salariés bénéficièrent d'une augmentation de pouvoir d'achat. La France fit l'économie de ces « tragédies politiques » dont elle raffole, et qui lui font perdre un temps précieux. Il en fut de même pour le trop fameux ISF. Au regard de notre compétitivité économique, c'est un impôt absurde, qui d'ailleurs n'existe pratiquement nulle part ailleurs. Mais au regard de notre fascination morbide pour le nivellement égalitariste, c'est un symbole indispensable à tous les idéologues qui ignorent souverainement la marche d'un monde qui nous attend de moins en moins. Le bouclier fiscal me permettait de faire disparaître ce prélèvement sans que personne ne me demande de rétablir un impôt qui n'avait pas été supprimé, mais qui avait disparu, de fait, compris dans les 50 % du bouclier. C'est en cela qu'une longue et patiente pratique de nos compatriotes est indispensable à qui veut conduire le navire France sans à-coups majeurs. L'expérience, la connaissance des ressorts intimes du pays, les échecs des autres comme les siens sont autant de boussoles qui permettent cette navigation en très haute mer. Bien sûr, cela ne doit en aucun cas conduire à l'immobilisme, ce dont je ne fus d'ailleurs jamais accusé. J'observe, à l'inverse, que tous ceux qui ont voulu aller trop loin ont été immédiatement obligés de reculer trop fort. C'est aussi cela qui m'a conduit, lors de la réforme des retraites de 2010, à arbitrer pour les 62 ans plutôt que d'écouter tous ceux qui m'enjoignaient de monter à 63, 64 voire 65 ans ! Nous passâmes ainsi de 60 à 62 ans sans aucune violence, ce qui rapporta à la branche vieillesse de la Sécurité sociale pas moins de 25 milliards d'euros de recettes annuelles supplémentaires, et ce dès 2018. J'avais la conviction qu'aller plus loin aurait remis en cause notre fragile pacte social. Je veux préciser en outre, qu'à mes yeux, il n'y a pas de réforme définitive ou parfaite. La bonne réforme, c'est celle qui permet de faire avancer la France, étape par étape. Elle sera forcément suivie par d'autres, que les ministres qui les porteront croiront être aussi pérennes que le pensaient leurs prédécesseurs... L'expérience a aussi cela de bon qu'elle apprend une forme d'humilité bien nécessaire quand il s'agit de s'atteler à la conduite d'un pays aussi complexe que le nôtre.

Le second moment de tension avec Dominique de Villepin eut pour théâtre les Universités d'été des jeunes de l'UMP, au début de l'automne 2005. Fidèle à la stratégie de président rassembleur de ma famille politique, j'avais indiqué au Premier ministre que je serais heureux qu'il puisse prendre la parole juste avant mon discours de clôture de cet événement qui rassemblait plusieurs milliers de jeunes. J'étais bien décidé à affronter et à assumer toutes les concurrences. Il était inenvisageable de ne pas inviter mon principal challenger. Mon calcul n'était pas désintéressé. Je pensais que voir nos deux interventions se succéder ne se ferait pas à mon désavantage. J'avais plus l'habitude des réunions politiques que lui, et je connaissais mieux nos militants. Je n'éprouvais guère d'appréhension. Mais, comme souvent en politique, rien ne se produisit comme je l'avais imaginé. Au matin du dimanche de clôture, nous avions tous les deux convenu d'un petit déjeuner de travail dans un restaurant de la sublime plage de La Baule. Conformément à mes habitudes, j'étais à l'heure. Je déteste être en retard. Je suis ponctuel presque compulsivement. Je n'aime pas attendre seul au restaurant, et j'aime encore moins faire subir le même traitement aux autres. Arriver après l'heure convenue est à mes yeux une forme d'arrogance qui m'a toujours mis mal à l'aise. Le temps était radieux. La température estivale. La mer d'huile. Ce matin-là, Dominique de Villepin, tout heureux de son nouveau statut qui lui faisait abandonner le costume de collaborateur pour celui de Premier ministre, avait décidé de profiter des conditions météorologiques pour prendre un bain de mer devant les caméras convoquées pour apprécier tout à la fois ce moment et, bien sûr, son physique qu'apparemment il jugeait avantageux. Il avait compris que, politiquement, il était sur mon terrain, que j'y étais sans doute plus fort. Sur le plan personnel, il estimait qu'il s'agissait d'une tout autre affaire. En effet, mes adversaires politiques externes comme internes à ma famille politique exploitaient désormais ouvertement mes difficultés conjugales. Elles étaient hélas devenues un élément majeur du débat politique ! Pour les uns, je ne disposais plus de l'équilibre moral nécessaire à l'exercice de mes fonctions de ministre de l'Intérieur. Pour les autres, j'étais devenu si fragile que je n'avais plus la tête à mon travail. Pour tous, j'étais populaire mais faible, en tout cas à titre personnel. C'était le bon moment pour attaquer là où, pensaient-ils, cela ferait le plus mal. C'est donc ce jour précis que Dominique de Villepin avait choisi pour me faire « lambiner », seul à la terrasse de ce restaurant, pendant qu'entouré de médias il procédait à son jogging, puis à son bain de mer du matin. Le contraste était censé produire un effet saisissant. Un homme seul, triste, déstabilisé face à un Premier ministre entouré de ses amis et de sa famille, dans une forme physique resplendissante. De fait, la presse raconta cette histoire jusqu'à plus soif. J'étais censé être humilié d'abord, démoralisé ensuite. Je laissai passer l'orage médiatique sans y attacher plus d'importance qu'il convenait. La réalité de ce que je ressentais à l'époque était bien différente de ce qu'avaient espéré mes concurrents. J'avais constaté que mon interlocuteur, ce matin-là, était en retard, mais j'ai plutôt mis son attitude sur le compte de son caractère fantasque, pas comme le produit d'une stratégie soigneusement élaborée. Je suis, par ailleurs, assez peu sensible à l'« humiliation » de manière générale, pour la raison évidente que je suis un combattant. Or, dans le combat, on peut gagner ou perdre, mais pas être humilié, car la défaite, quand on s'est battu jusqu'au bout, n'est jamais déshonorante. Je reconnais volontiers avoir eu, et peut-être avoir encore, un « ego » trop développé, voire surdimensionné. Mais ce qui serait humiliant à mes yeux, c'est de ne pas pouvoir répondre, lutter, défendre mes chances…, pas d'avoir à attendre à la terrasse d'un café ! Quant à être démoralisé ? C'était encore plus mal me connaître. Ma situation familiale me pesait, suscitait en moi de la tristesse, du chagrin. Je m'inquiétais beaucoup pour mon fils Louis que je restais sans voir plusieurs semaines d'affilée. Mais j'ai la grande chance d'être fait ainsi : même dans les épreuves, les souffrances, les échecs, je n'ai jamais perdu cette folle envie d'agir, d'entreprendre, de vivre, qui m'a toujours habité. Je n'ai aucun mérite à cela. C'est une donnée quasi biologique, qui m'habite et me constitue. Mon projet était la présidentielle, rien ni personne n'aurait pu m'y faire renoncer. M'imaginer au bord du renoncement était une profonde erreur psychologique autant que politique. Bien au contraire, toutes ces manœuvres et ces supputations ne faisaient que renforcer ma détermination et même ma rage à triompher de tous ces défis. J'encaissai donc le retard du matin sans mot dire, puis me fis l'intense plaisir de présenter « l'addition » lors du discours de l'après-midi. S'il y avait eu des interrogations, les réponses furent apportées dans mon discours de clôture. Dominique de Villepin ne s'y illustra guère, alors qu'il pouvait être brillant lorsqu'il s'en donnait la peine. Apparemment, ce n'était pas son jour. Je lui succédai dans une ambiance survoltée. J'avais décidé de tout donner. La salle me le rendit au centuple. La constatation avait pu être faite par tous les observateurs. J'étais devenu inexpugnable à l'intérieur de ma propre famille politique. Chirac et Villepin commençaient à comprendre une réalité qu'ils avaient, jusqu'à présent, refusé de considérer.

Un nouvel événement inattendu se produisit. Peu de temps avant de prononcer son discours, le Premier ministre m'informa par téléphone, de façon extrêmement succincte, que le président Chirac avait été hospitalisé la veille au soir, et que la nouvelle allait être rendue publique incessamment. J'étais stupéfait de l'apprendre. Je n'en avais pas eu le moindre écho ni le plus petit indice. Le ministre de l'Intérieur n'en savait rien ! Mieux, tout avait été mis en œuvre pour qu'il l'ignorât jusqu'au bout... J'appris par la suite que seule une petite équipe de gendarmes avait conduit Jacques Chirac dans le plus grand secret au Val-de-Grâce. Aucun policier n'avait été mis dans la confidence. Cette anecdote en dit long sur la réalité des rapports qui nous unissaient. Du strict point de vue du fonctionnement des institutions de la République, ces pratiques étaient parfaitement anormales, voire choquantes. J'en ai d'ailleurs été blessé car, en tout état de cause, j'aurais respecté scrupuleusement le secret médical. Pas, parce qu'il était le Président, mais parce qu'il était un homme dans la souffrance. Toute ma vie je me suis astreint à cette ascèse, de ne jamais attaquer un adversaire affaibli. Comme j'ai déjà eu l'occasion de le dire, mes sentiments à l'endroit de Jacques Chirac étaient ambivalents. Informé de ses fragilités physiques, j'aurais été plus attentif à lui et, à coup sûr, moins agressif. En tout état de cause, je n'ai pas eu à me poser la question plus longtemps, puisque je n'ai jamais su ce qui s'était exactement passé. Ce n'est que bien plus tard que j'ai appris qu'il s'était agi d'un problème vasculaire cérébral. Je pense, à la réflexion, que cet accident de santé fut plus sérieux que ce qui avait été évoqué à l'époque. Je sais aussi que Dominique de Villepin ne savait pas tout, même s'il en connaissait bien davantage que moi.

Je fus touché par cet événement, dont je pressentais la gravité. Jamais je n'en ai dit publiquement un mot, et j'avais formellement interdit à mon entourage, comme aux porte-paroles du parti, d'y faire la moindre allusion. En vérité, tout le monde y pensait mais personne n'en parlait, les uns par pudeur, les autres par prudence. Le sujet était tabou, même si « en creux » cela rendait encore plus illusoire les déclarations publiques comme privées de Jacques Chirac, selon lesquelles il se déciderait pour la présidentielle au début de l'année 2007. Au fond, plus personne n'y croyait vraiment. Y pensait-il encore lui-même ? Je le revis deux ou trois semaines après son accident. Il me reçut avec son entrain habituel. En fait, il surjouait son énergie. En surface, rien ne semblait avoir changé. D'ailleurs, si on me l'avait demandé, j'aurais moi aussi dit que rien n'avait changé. Et pourtant, ce n'était pas complètement vrai. J'en avais éprouvé comme un malaise. Il n'était plus tout à fait le même, en tous cas pour ceux qui, comme moi, le connaissaient intimement. Au début, je me suis dit que je me faisais des idées, que j'étais conditionné par cette histoire d'accident, que je voyais chaque indice minuscule comme la preuve d'une affliction plus profonde. Puis, avec les semaines et les mois qui passèrent, mes doutes devinrent des certitudes. C'est vrai qu'il n'était plus tout à fait le même. Il y avait bien eu un avant et un après l'accident. D'abord, il ne pouvait plus voyager comme il le souhaitait. L'avion lui était devenu sinon dangereux, tout au moins assez fortement déconseillé. Nos conversations avaient également changé. Il me répétait souvent les mêmes anecdotes, certaines de ses phrases parfois me faisaient lever les sourcils. Rien de grave, mais suffisant pour le remarquer. Cela n'a jamais mis en danger l'exercice de ses responsabilités. Il a pu conduire les affaires jusqu'au bout. Jamais je ne l'ai vu dire quelque chose d'incohérent. Mais je sentais la fragilité. Aurait-il été capable de faire face, à ce moment-là, à une crise majeure ? Heureusement, la question ne s'est pas posée mais, aujourd'hui encore, je n'en suis pas certain.

La période avait été épuisante, stressante, ponctuée de multiples rebondissements, mais finalement j'en sortais assez favorablement. Jacques Chirac était de moins en moins en mesure de s'opposer à ma candidature. Dominique de Villepin avait progressivement disparu des radars de la future élection présidentielle. L'UMP était rassemblée autour de moi comme jamais. Le nombre de nos militants augmentait chaque jour dans des proportions impressionnantes. J'avais atteint, et même dépassé, l'objectif des 30 % de l'électorat. Ma nouvelle période au ministère de l'Intérieur s'achevait sans accroc majeur. L'équipe qui m'entourait était nombreuse, chaleureuse, diverse et, pour l'instant, unie. On ne dira jamais assez combien la perspective de la victoire agit comme un ciment à l'efficacité redoutable. Il était donc grand temps d'entrer en campagne.

La première décision, et sans doute l'une des plus complexes, fut de choisir le bon moment pour quitter le gouvernement et me consacrer totalement à l'échéance présidentielle. Une fois encore, les avis étaient très partagés. Henri Guaino militait avec conviction pour que j'abandonne mes fonctions le plus tôt possible. Mais sa vision gaullienne, épique autant que romantique, ne me tentait guère. Je la trouvais inadaptée aux nouvelles réalités de la société française. Voir un homme seul labourer la France, allant à la rencontre de ses compatriotes sans artifice et sans intermédiaire, était le rêve de Henri Guaino. Le mythe du leader solitaire, abandonné de tous, se ressourçant aux creux de nos lointaines campagnes a la vie dure chez une partie de nos responsables politiques. Je voyais bien l'image. Je percevais les avantages qu'aurait pu présenter une telle filiation. Mais, en dernière analyse, je trouvais tout ceci artificiel, et, disons le mot : dépassé. Mon projet était tout autre. Je songeais à créer les conditions du rassemblement d'une immense équipe tout entière vouée à sa mission. J'aspirais à rencontrer le peuple de France dans sa diversité et dans son nombre. Je rêvais d'une force qui franchirait tous les obstacles, pas d'une force qui commencerait par se regarder elle-même dans un exercice solitaire et forcément nombriliste. Par ailleurs, il me paraissait complexe d'expliquer que j'aimais tellement la France que je devais quitter le ministère de l'Intérieur une année avant l'échéance pour me préoccuper de ma seule campagne ! Mais au fond, j'explique peut-être aujourd'hui mon choix en le rationalisant complètement, alors qu'à l'époque, ma décision fut certainement plus instinctive. Tout simplement, j'ai attendu le dernier moment pour quitter le gouvernement parce que je ne sentais pas de faire différemment ! Et, de fait, je suis demeuré place Beauvau jusqu'au début du mois de mars. Ce qui était, j'en conviens, l'extrême limite, s'agissant d'un ministère en charge d'organiser l'élection à laquelle je m'apprêtais à être candidat ! Bien sûr, le sujet suscita la polémique, qui n'a jamais vraiment semblé concerner les Français. En fin de compte, la date de mon départ n'eut aucune incidence sur le déroulement de la campagne.

Je dus décider d'un siège pour accueillir toute l'équipe qui organiserait et coordonnerait les multiples événements propres à une présidentielle. J'ai toujours été étonné de voir le soin que l'on mettait à se choisir un lieu par définition provisoire, et qui n'a en réalité qu'une importance symbolique. L'expérience m'a appris qu'on voit toujours trop grand. Car si innombrables sont ceux qui, au début, sont prêts à tout pour y obtenir un bureau, bien moins nombreux seront ceux qui joueront un véritable rôle dans la campagne. Le quartier général respire au rythme des sondages. S'ils sont bons, il n'y aura pas un centimètre carré de libre. S'ils sont mauvais, les lieux deviennent déserts avec une rapidité stupéfiante. Je n'ai moi-même jamais été très présent dans mes différents QG de campagne. Autant, j'aime la foule et son contact lorsqu'il s'agit d'aller sur le terrain, autant j'ai besoin de solitude pour réfléchir, me préparer, travailler, écrire entre tous ces moments de bruits et de multitude. Je venais dans l'immeuble que nous avions loué en plein cœur du Paris populaire à peine une ou deux fois par semaine. Je n'y demeurais que quelques heures, et disparaissais aussitôt pour me ressourcer, et retrouver le calme dont j'avais tant besoin. À vrai dire, c'est mon équipe qui avait choisi les locaux, les fournisseurs, l'organisation interne. Je n'avais même pas voulu me préoccuper de la si délicate question de la répartition des bureaux entre les uns et les autres, ce qui donne toujours lieu à des querelles épiques. J'avais même découvert le mien le jour de l'inauguration de ce siège de campagne ! Il était clair, donnait sur un ensemble de baies vitrées, ne conférait aucune espèce d'intimité. Je n'y ai fait que passer.

La composition de l'équipe et le choix de mes collaborateurs furent assez simples à réaliser. Je suis un homme d'habitude. Je n'aime pas changer d'entourage. Quand je donne ma confiance, elle est acquise. Je n'avais aucune raison de modifier une équipe qui avait, à de multiples reprises, fait ses preuves. J'ajoute que, si je fais confiance assez spontanément, je n'ai jamais éprouvé le besoin d'être « materné » ni d'avoir un ou plusieurs « gourous ». Je suis attaché à mon indépendance comme je respecte celle de ceux qui travaillent avec moi. Je suis un partisan convaincu du chacun à sa place, sans trop de mélange des genres. Mes collaborateurs peuvent compter sur moi. J'ai pu compter sur eux, mais je n'étais ni leur père, ni leur frère, ni leur mari... Beaucoup, parmi eux, sont devenus des amis. Nous avons des liens souvent affectueux mais j'ai toujours veillé à ce que certaines limites ne soient pas franchies. Il s'agit d'une affaire de respect que je leur devais, de même que j'étais attaché à ne jamais empiéter sur le temps qu'ils consacraient à leurs familles. Ce qui est important pour moi doit l'être tout autant pour eux. C'est sans doute ce qui explique que j'ai gardé le même entourage si longtemps. Pour diriger l'équipe de campagne, la personnalité de Claude Guéant s'imposait. Bourreau de travail. Très précis dans ses compétences. Parfaitement ponctuel dans ses obligations. De surcroît nous avions fini par devenir amis après avoir vécu tant d'événements si forts. Il me soulageait de tout un travail de coordination et de préparation qui prenait un temps fou. Son autorité naturelle et son calme faisaient merveille. Emmanuelle Mignon avait la haute main sur les groupes de travail qui alimentaient le projet présidentiel. Elle a abattu une tâche considérable, elle a traqué inlassablement toutes les imprécisions, elle s'est assurée de la cohérence de l'ensemble et, comme si cela ne suffisait pas, elle a relu les innombrables courriers que le candidat doit adresser en réponse à toutes les demandes et suggestions qui lui sont faites. Elle était aidée par Sébastien Proto, qui ne tarda pas à devenir l'un de mes plus proches collaborateurs. Avec Henri Guaino pour l'écriture des discours principaux, l'équipe était complète, diverse, soudée, et talentueuse. Ce sont eux, plus quelques autres, qui ont fait la plus grande part du travail, la vérité étant que je me suis davantage appuyé sur mes collaborateurs que sur les « politiques ». Question de confiance d'abord. Mon équipe n'avait rien à me demander. Ce qui n'était pas le cas des élus qui tous voulaient être assurés « qu'ils en seraient ». Comprenez, qu'ils deviendraient ministres. Il n'était pas envisageable de satisfaire tant d'ambitions. Question de disponibilités, aussi. Pour les parlementaires comme pour les maires, ce n'était guère facile d'être mobilisables à chaque instant compte tenu des contraintes de leurs propres agendas. Parfois aussi, question de compétences. Beaucoup sont des généralistes de qualité, mais les dossiers sont devenus si complexes et évoluent à une telle vitesse qu'il n'est pas toujours aisé, quand on a de multiples activités, d'être aussi informé et aussi précis qu'il le faudrait. Je ne réunissais donc le comité politique composé des principaux élus qui me soutenaient que les mercredis, et c'était à peu près tout. J'essayais par ailleurs d'apaiser les inquiétudes, et d'entretenir la flamme en leur téléphonant régulièrement, même si je reconnais ne pas apprécier outre mesure abuser des bavardages. Je n'aime ni les réunions ni les discussions qui s'éternisent. J'apprécie peu « les phraseurs », les bavards, les interminables explications. J'aime écouter, comprendre et décider. Les réunions ne duraient donc jamais plus d'une heure. Sans doute cela peut paraître comme un manque de cordialité mais, lorsque l'on est candidat, il y a tant de choses à faire, à choisir, à assumer, à défendre, et surtout à conquérir ! J'avais choisi d'aller à l'essentiel. Dans un premier temps, j'ai même pensé à désigner durant la campagne ceux qui seraient mes principaux ministres. J'aimais cette idée d'arriver avec une équipe. Au final, je ne fus pas aussi précis, pour ne pas heurter des susceptibilités qui sont toujours éruptives dans la vie politique. Je fis une exception pour celui que je voulais nommer Premier ministre. Mon choix s'était porté sur François Fillon. Nous n'étions pas spécialement proches. Nous n'avions jamais été des amis au sens personnel et privé du terme, mais, à l'inverse, nous n'avions pas de contentieux. De surcroît, même si l'élection présidentielle est une affaire éminemment individuelle, on n'a jamais élu un ticket ! François Fillon à cette époque était une personnalité politique, mais il n'était pas considéré comme incarnant un courant particulièrement marqué, ni comme un leader. Il avait voté non à Maastricht, c'était connu. C'était un proche de Séguin même si ce dernier m'avait étrangement mis en garde contre lui, « il n'est pas franc », ce qui m'avait étonné. Il avait appartenu aux gouvernements de Jacques Chirac avant que celui-ci ne le renvoie, mais n'avait jamais exercé de fonctions de tout premier plan. C'était donc à mes yeux un parfait équipier. Je le trouvais sérieux, compétent, solide et le pensais capable de fidélité. Je croyais le connaître... La suite montra mon erreur. En effet, je m'aperçus avec le recul

que je n'avais pas senti ni compris son profond mal-être.
L'image qu'il renvoie est bien différente de ce qu'il est en
profondeur. Il paraît calme, pondéré, discret. Or, il peut,
dans certaines occasions, être cassant et rancunier. Cela
n'enlève rien à ses qualités d'orateur ni à son intelligence.
Rarement, je ne suis autant passé à côté d'une personnalité.
Mon erreur vint de mon habituel travers à considérer que
les autres sont comme moi ou, plutôt, que je suis comme
eux. Ainsi François Fillon, dans les réunions que nous
avions, parlait peu et ne prenait que très rarement position.
J'en tirais la conclusion qu'il devait être d'accord. Il ne faisait
jamais la moindre remarque ni n'exprimait le plus petit
désaccord. J'en tirais la conclusion qu'il était content. Il était
toujours un peu en dedans, voire parfois « gris ». Cela ne
m'inquiétait pas davantage. J'en tirais la conclusion qu'il
avait un tempérament austère, et que les contingences
matérielles lui importaient peu ! Enfin, François Fillon me
mettait en garde contre tous ceux dont il considérait qu'ils
pouvaient ou qu'ils allaient trahir. J'en tirais à nouveau la
conclusion hâtive qu'il aimait la franchise, et qu'il serait
loyal. Pendant la campagne, il fut d'accord avec tous mes
choix de candidat. Durant le quinquennat, ce fut la même
chose, le seul désaccord qu'il manifesta fut à propos de la
Philharmonie de Paris, qu'il considérait inutile. C'est si vrai
que la seule fois où je l'ai vu s'animer, voire s'agiter, fut
lorsque la presse, dans le courant de l'année 2010, se fit
l'écho d'un changement possible de Premier ministre.
Paniqué à l'idée de quitter Matignon, il se livra alors à une
véritable campagne pour conserver son poste. Je reçus des
messages de nombre de ses amis pour me demander ins-
tamment de le garder. Même Édouard Balladur entreprit

cette démarche, tout en précisant qu'il le faisait à la demande expresse de l'intéressé ! J'imagine que si François Fillon s'était trouvé malheureux, il n'aurait pas poussé le masochisme jusqu'à vouloir, à tout prix, rester Premier ministre ! C'est dire mon étonnement quand je l'entendis à la télévision évoquer une ambiance de « cohabitation » durant nos cinq années communes. Quelle étrange déclaration, tellement contraire à la réalité. Elle ne grandit pas son auteur. De plus, elle minimise son rôle alors que, durant cinq années, il fut un exécutant vigilant de la politique présidentielle. Cinq années sans désaccord, ce n'est pas l'esprit de la cohabitation que j'ai connue entre Mitterrand et Balladur ! Je dois à la vérité de dire que Jacques Chirac avait vu plus clair que moi. Au lendemain de mon élection de 2007, il me confia : « On dit que tu veux nommer Fillon comme Premier ministre. Tu fais une grande erreur. Tu ne pourras pas compter sur lui. Il te trahira comme il a trahi tous ceux dont il s'est servi. » Je n'ai pas suivi ce conseil. Je trouvais alors Jacques Chirac trop dur. Je mis sa réaction sur le compte d'un ancien contentieux entre eux dont j'ignorais les ressorts. Avec le recul, je pense qu'il avait raison et que j'avais tort, en tout cas sur la personnalité dissimulée de François Fillon.

On m'a souvent demandé pourquoi je n'avais pas changé de Premier ministre. La première raison, et la plus simple, c'est d'abord que celui que j'avais choisi m'allait. Il exécutait sans jamais rechigner. Certes, il se portait rarement en première ligne des combats. François Fillon n'aime pas s'exposer en pleine lumière mais, pour le coup, je n'avais à m'en prendre qu'à moi-même. Je voulais tout faire, tout impulser, tout contrôler. Il était normal que j'en assume les conséquences. J'avais anticipé depuis bien longtemps les conséquences du quinquennat et de la concomitance des élections présidentielles et législatives sur le rôle du Premier ministre. La dyarchie au sommet de l'État sur une période aussi courte n'a plus lieu d'être. Le Président est élu, le Premier ministre est nommé, il ne peut y avoir la moindre ambiguïté sur celui qui dispose de la légitimité du pouvoir, en tout cas hors période de cohabitation. De ce point de vue, on se trouve bien loin de la lettre de la Constitution de la Vᵉ République où il est écrit que « le Premier ministre dirige le gouvernement et conduit la politique de la nation ». Avec le quinquennat et les législatives qui suivent immédiatement les présidentielles, son rôle a changé. Il se contente désormais d'appliquer la politique du Président. C'est ce que fit François Fillon d'une façon d'ailleurs satisfaisante, et sans états d'âme publics particuliers. De ce seul point de vue, il fut un bon Premier ministre. À cela s'ajoutait qu'il a besoin de ses vacances comme de ses week-ends, et qu'il déléguait à son directeur de cabinet, le très sérieux et compétent Jean-Paul Faugère, tout ce qui ne l'intéressait pas ou le gênait car le contraignant à prendre une position tranchée. Cela rendait la coordination entre nos collaborateurs encore plus aisée. Si son directeur de cabinet était d'accord, nous considérions alors qu'il n'y avait plus de problème. Cette situation me permettait de me déployer comme « omni-président », ainsi que la presse aimait à me dénommer. C'est donc ce qui, de l'extérieur, était vécu comme une faiblesse de mon Premier ministre qui me convainquait le plus de le conserver ! À la tête de l'État, il ne peut y avoir deux patrons. Je voulais être celui-là. François Fillon, non. Cela fonctionnait bien ainsi. J'ajoute, et c'est la deuxième raison, qu'on ne change pas de Premier ministre par caprice. On ne peut remplacer celui-ci que si on est décidé à modifier substantiellement sa politique. Ce fut le cas notamment lorsque François Mitterrand remplaça Pierre Mauroy par Laurent Fabius au moment du « tournant de la rigueur » en 1983. S'il n'y a pas de changement de cap, le renvoi du Premier ministre apparaît comme un caprice du président immédiatement suspecté de chercher un bouc émissaire pour mieux dissimuler ses propres turpitudes en refusant d'assumer ses responsabilités. Dans ce cas, le changement ne sert à rien, et se trouve même être contre-productif. Je ne voulais pas me prêter à ce genre de comédies politiciennes. Je n'avais rien à reprocher à François Fillon. J'ai donc continué avec lui durant cinq années. La France y a gagné en stabilité. J'avais par ailleurs suffisamment à m'occuper avec les deux crises financières mondiales et européennes de 2008 et de 2010 pour ne pas créer les conditions d'une agitation politique inutile. Durant toute cette période, François Fillon, assez naturellement porté à la prudence, ne prêta pas la main à des opérations de déstabilisation de l'Élysée comme l'avait fait Jacques Chirac avec Valéry Giscard d'Estaing ou Manuel Valls avec François Hollande. Je dois lui en savoir gré, car la pression médiatique est toujours forte pour pousser un Premier ministre à voir plus haut. De ce point de vue, les situations se sont inversées. C'est aujourd'hui le président qui protège le Premier ministre et non le contraire. Car c'est le premier qui décide. Il est donc responsable de tout. Le second, exécutant, se trouve par nature moins exposé. Édouard Philippe l'a compris, et intégré. Il démontre ainsi une force et un calme que je ne lui supposais pas. Il est un

Premier ministre loyal et compétent. Il a même fait de son supposé manque de charisme un atout.

Au final, si j'ai des griefs à présenter quant à l'attitude de François Fillon, ils ne portent pas sur la manière dont il a exercé les fonctions que je lui avais confiées. Il a fait au mieux de ce qu'il lui était possible. Je ne le blâmerais pas davantage pour ses ambitions présidentielles. Je serais le plus mal placé pour le faire, même si je ne l'ai jamais cru prêt à supporter les tempêtes que doit affronter un leader. Il faut aimer le gros temps. Ce n'est pas lui faire injure que d'affirmer qu'il ne l'aime pas. Je ne lui en veux même pas de sa réécriture de l'histoire. Après tout, cela tient davantage à un manque de maturité qu'à une quelconque méchanceté. Tout ceci à mes yeux ne compte pas, ou plutôt compte peu. Ce qui m'a blessé fut son attitude durant les épreuves judiciaires que j'ai eu à affronter. Il était bien placé pour connaître ma parfaite innocence. Le voir utiliser ces calomnies contre moi pour mieux m'éliminer, c'est ici qu'il a commis une faute. Depuis, je me suis fait raconter par ceux-là mêmes qui y participaient le « fameux » déjeuner. Or, tous leurs propos concordent parfaitement. François Fillon a demandé que l'on accélère les procédures judiciaires à l'encontre de celui qui l'a nommé cinq ans durant à Matignon ! Il n'y a rien à dire de plus. En soi, c'est accablant. Comme était désolante sa phrase : « Imagine-t-on le général de Gaulle mis en examen ? ». Depuis, François Fillon, à la manière des Tudor, a été puni par là où il avait péché. Il n'empêche, son attitude fut une surprise, et une déception.

La campagne présidentielle commença véritablement le 14 janvier 2007. C'est le jour que nous avions retenu pour le Congrès qui devait m'investir officiellement. Je crois n'avoir jamais autant travaillé un discours que celui que j'ai prononcé pour l'occasion. J'y ai passé des dizaines d'heures à imaginer, à modifier, à ajouter, à corriger. Henri Guaino me retrouvait quasiment tous les jours pour échanger sur ce que j'allais dire. Nous débutâmes la rédaction dès le début du mois de décembre. Cette « rupture » que j'avais déjà théorisée à propos de mon rapport à la politique suivie par Jacques Chirac, je voulais montrer qu'elle s'appliquait également à moi-même. Candidat à la présidence de la République, je devais m'imposer une nouvelle fois un changement personnel profond et sincère. C'est là que m'est venue l'idée de scander la phrase « J'ai changé ». C'était vrai sur le fond, et utile stratégiquement. J'ai dû beaucoup me préparer avant d'exercer la fonction suprême. Bien sûr, je n'étais pas certain d'être élu, mais la probabilité était forte. Or, on ne s'improvise pas président de la République. Même lorsqu'on l'a intériorisé, lorsqu'on s'y attend, lorsqu'on a exercé de lourdes responsabilités ministérielles avant, rien n'y fait, le choc de l'élection est tellement intense. On ne peut s'imaginer le poids des responsabilités, la multitude des décisions à prendre, la solitude de celui qui doit avoir le dernier mot. Je devais gagner en calme, en humanité. Il me fallait intégrer au plus profond de moi-même la dimension historique de la fonction. C'est sans doute là que j'ai éprouvé le plus de difficultés, sur cette longue route de la mutation personnelle. Pour moi, intuitivement, rien ne changerait avec l'élection. Je pensais demeurer le même. Je voulais rester le combattant infatigable qui devait toujours « défoncer » encore et encore les portes qui ne s'ouvraient pas ! Au fond, j'ai le défaut inverse de beaucoup d'autres, je ne « m'y crois » jamais. Au sens où je n'arrive pas à imaginer que j'y suis arrivé ! Or, avec la perspective de l'élection, tout allait changer. C'est ce que je pressentais. C'est bien à cela que je devais me préparer. Et il fallait que je réussisse d'abord à m'en convaincre. J'ai réfléchi à tous les événements, les rencontres, les discours qui m'avaient façonné tout au long de ces étapes de ma vie qui me conduisaient à la présidence de la République. J'ai voulu évoquer le testament lumineux et prémonitoire de frère Christian, l'un des six moines martyrs de Tibhirine, premières victimes du terrorisme fanatique islamique en Algérie. Deux ans avant d'être égorgé et décapité, le saint homme s'adressait par avance à son assassin pour lui pardonner. Il lui écrivait : « S'il m'arrivait un jour d'être victime du terrorisme..., voici que je pourrais, s'il plaît à Dieu, plonger mon regard dans celui du Père pour contempler avec lui les enfants de l'Islam tels qu'il les voit... et toi aussi l'ami de la dernière minute qui n'aura pas su ce que tu faisais. Oui, pour toi aussi, je le veux, ce merci, cet à Dieu... Et qu'il nous soit donné de nous retrouver, larrons heureux, en paradis s'il plaît à Dieu, notre Père à tous deux ! » Est-il possible de lire quelque chose de plus beau, de plus sensible, et de plus profond ? Cet homme de Dieu au bout de sa souffrance m'a aidé à comprendre combien la tolérance et le pardon étaient des valeurs civilisatrices. J'ai parlé de ma première visite au mémorial des enfants juifs de Yad Vashem. J'avais la gorge serrée en m'enfonçant dans les montagnes de Jérusalem où je distinguais clairement le murmure de tous ces enfants assassinés par la folie nazie. J'ai compris à ce moment que sans mémoire, nos sociétés perdaient toute boussole. Sans mémoire vivante, il n'y a pas d'avenir. J'ai rappelé la fameuse maxime de Camus, « la force du cœur, l'intelligence, le courage suffisent pour faire échec au destin ». Combien de fois ai-je pensé à cette phrase quand j'affrontais des épreuves que je croyais insurmontables ? J'avais essayé de toucher au plus proche de ce que je ressentais, de parler du plus vrai qu'il m'était possible, de faire comprendre la profondeur et la sincérité de mon engagement pour les Français. Dans le panthéon que je m'étais choisi, il y avait donc tous ceux qui m'avaient touché, ému, bouleversé. Je l'ai dit, je n'ai aucun sectarisme, et pas d'esprit de clan, je veux être libre encore et toujours. Je me suis donc arrêté sur le destin de ce jeune lycéen fusillé par les Allemands à 17 ans et demi, qui avait écrit à son père juste avant de mourir : « 17 ans et demi... Ma vie a été courte ! Je n'ai aucun regret, si ce n'est de vous quitter tous. » Peu m'importait qu'il fût un jeune communiste, moi qui les ai toujours combattus. Son sacrifice bouleversant fait honneur à la France. J'avais même cité Jaurès pour illustrer l'erreur profonde de la culpabilisation constante de la France : « Ce qu'il faut, ce n'est pas juger toujours, juger tout le temps, c'est se demander d'époque en époque, de génération en génération, de quels moyens de vie disposaient les hommes, à quelles difficultés ils étaient en proie, quelle était la pesanteur de leur tâche, et rendre justice à chacun sous le fardeau. » J'ai rarement lu plus pertinent sur la manière d'analyser le passé. Peu m'importait qu'il fût socialiste. À l'inverse, je fus accusé de sacrilège par les gardiens vigilants de la gauche doctrinaire. Au lieu de se réjouir que Jaurès inspire plus largement que dans les seuls rangs des socialistes, mes censeurs s'indignaient de me voir accaparer un héritage qui ne pouvait appartenir qu'à eux, à tout prix, même à celui de le voir rétrécir d'abord, disparaître ensuite. Personne n'a le monopole des grandes personnalités de la Nation et des principales dates du destin français. On ne dira jamais assez combien notre vie politique souffre de ce manque d'ouverture qui appauvrit terriblement le débat national.

J'avais demandé à la très jeune Rama Yade d'ouvrir le congrès. Elle prononça un discours qui me bluffa. Elle n'avait aucune expérience. Elle était membre de notre famille politique depuis peu. Elle m'impressionna par son autorité et son aisance naturelle. Elle commença avec humour. « Bonjour, je suis Rama Yade, française et sarkozyste, pas vraiment issue du canal historique. Je suis née à Dakar, j'y ai vécu jusqu'à 11 ans. » J'étais heureux de voir cette jeune Française du Sénégal prendre la parole. Elle apportait son talent, sa différence, son originalité. C'est ce jour-là que je décidai de la faire entrer dans le gouvernement, si le sort des urnes nous était favorable. La foule rassemblée était immense, 80 000 personnes, peut-être davantage, entassées dans les grands halls de la porte de Versailles. C'était si vaste que ma voix me renvoyait un léger écho que je devais laisser s'éteindre avant de continuer. C'est peu dire que la foule était enthousiaste.

Elle me portait littéralement. Cet après-midi-là, j'ai senti le poids de leurs attentes, et de leurs espérances. J'ai compris que je leur appartenais et qu'en conséquence je ne m'appartenais plus. J'ai vu le lien que nous étions en train d'établir. J'ai senti que je n'étais plus seulement un homme politique mais que j'entrais désormais dans la famille de chacun de ceux qui avaient décidé de me soutenir. C'était tout à la fois émouvant et oppressant. C'était joyeux et angoissant. Je me sentais heureux de tout cet amour, et aussi prisonnier de celui-ci. Mais j'avais fait mon choix. Un choix de vie. J'étais bien décidé à tout leur donner.

Il fallut régler la délicate question de l'arrivée du Premier ministre, Dominique de Villepin. Je tenais à sa présence, non parce qu'il représentait une force électorale, mais pour le symbole d'une famille politique parfaitement rassemblée. Je voulais, pour que la « fête » soit complète, qu'il ne manquât personne. Mais comment faire pour que Dominique de Villepin ne soit pas sifflé ? Beaucoup lui en voulaient de Clearstream, et d'avoir été mon challenger. Mais les sifflets m'auraient nui bien davantage qu'à lui. Ils auraient été du plus mauvais effet. J'eus alors l'idée d'attendre le Premier ministre à la porte du congrès, pour que nous pénétrions ensemble dans l'immense hall. Le stratagème fonctionna à merveille. J'attirais les soutiens de nos militants. L'entrée de mon invité passa ainsi presque inaperçue. Il put s'asseoir sans avoir été le moins du monde humilié. L'image du rassemblement ne fut pas écornée.

Était-ce le discours ? Était-ce la force du rassemblement ? Était-ce la faiblesse de la candidate socialiste ? Était-ce un peu de tout cela en même temps ? Toujours est-il que, de ce jour, les sondages présidentiels me mirent en tête sans discontinuer. Nous avions fait la différence. Jamais Ségolène Royal ne fut en mesure de rattraper son retard.

Le lendemain, je démarrai ma campagne de terrain par un déplacement au mont Saint-Michel. J'ai toujours aimé cet endroit. Sans doute l'un des plus spectaculaires de France. On a beau avoir vu et revu ces images, arriver devant le mont est un émerveillement. Je ne m'y suis jamais habitué. Le temps était magnifique bien que ce fût en plein hiver. Le congrès s'était déroulé à la perfection. Je sentais que « la machine » se mettait en place de façon inéluctable. La Manche, étrangement apaisée, brillait de tous ses feux sous le soleil de janvier. Le mont m'apparut plus raide et plus droit qu'à l'accoutumée. Tout était harmonieux. Je me sentais apaisé pour la première fois depuis bien longtemps. Même l'absence de Cécilia pour ce déplacement pourtant si important ne me pesait pas. J'avais fini par m'habituer... ou plutôt par refuser d'y penser plus qu'il ne le fallait. Nous entamâmes l'ascension jusqu'au sommet. J'étais entouré d'une nuée de journalistes mais, à cette époque de l'année, les touristes étaient rares, ce qui rendait aux lieux une partie de leur dimension mystique. La première partie du cheminement n'est pas d'un intérêt de tout premier plan, tant le nombre de boutiques regorgeant de « bondieuseries » bon marché occupent une place à mon sens démesurée. Nous passâmes devant le restaurant « de la mère Poulard » dont le nom évoque tant de plaisirs gustatifs. Puis nous arrivâmes dans le jardin du monastère, dans la chapelle, dans le réfectoire. Je fus saisi par la sérénité de ces lieux habités par un prêtre et une dizaine de sœurs, qui nous réservèrent le meilleur accueil. J'ai pensé à ce moment précis que j'aurais aimé y être reçu pour une journée ou deux, sans parler, sans combattre, sans s'inquiéter, juste pour écouter, réfléchir, penser. J'avais bien conscience du contraste caricatural entre ce que ma vie avait d'épuisant et d'étourdissant en comparaison avec ces personnes avec lesquelles je déjeunais et qui, sans doute, touchaient beaucoup plus en profondeur que moi à la gravité et au sens de la vie. J'ai compris que la vanité était une tentation qu'il me faudrait combattre, tout comme la superficialité de toute cette agitation médiatique. L'une des sœurs attira mon attention par son élégance autant que par sa douceur. Elle était grande, fine, simplement belle. Je lui demandais quel avait été son passé avant de rentrer dans les ordres. Elle me répondit : « J'ai été appelée par Dieu, comment lui résister ? C'était au-dessus de mes forces. J'étais mannequin pour Sonia Rykiel, mais c'est maintenant que je suis heureuse. » Elle continua en me souhaitant bonne chance, et en précisant qu'elle prierait pour moi. Ce fut une bien belle rencontre. J'ai souvent pensé à ce destin singulier. Passer des podiums de défilés de mode à une vie religieuse représentait un fameux changement. Je ne savais pas, à ce moment précis, que quelques mois plus tard je connaîtrai un « modèle » qui allait changer ma vie. J'ai compris que la superficialité apparente d'un monde n'était pas contradictoire avec la profondeur de certains de ses membres. Carla Bruni me l'a tant de fois démontré.

Les meetings se succédèrent à un rythme toujours plus croissant. Les salles étaient de plus en plus grandes. La foule sans cesse plus compacte. À Lille, je dus même signer une décharge de responsabilité à l'exploitant de la plus grande salle, car tout le monde exigeait de trouver une place à l'intérieur. Les règles de sécurité étaient plus que dépassées. À Toulouse, nous dûmes louer deux hangars au lieu d'un. À Toulon, l'immense Zénith était plein comme un œuf, au moins 12 000 personnes se tenaient coude à coude. Ce soir-là j'avais décidé de consacrer tout mon discours à la Méditerranée. C'était un choix audacieux car, en pleine campagne électorale, les participants préféraient en découdre sur le chômage, la sécurité, l'immigration. « La Méditerranée » pendant une heure n'était pas un sujet évident ! J'eus un moment de doute profond quelques minutes avant de rentrer sur la scène, en regardant de derrière les rideaux l'assistance compacte, joyeuse, bruyante, comme le Sud sait les rassembler. On s'embrasse, on s'apostrophe, on se reconnaît, on plaisante. Il n'y avait pas à en douter une seule seconde, j'étais bien dans la capitale du Var. L'espace d'un instant, j'ai hésité à prononcer mon discours écrit, qui pouvait paraître tellement décalé par rapport aux attentes et aux impatiences de la salle. Finalement, je me suis lancé en m'abritant derrière le fameux poème de Victor Hugo sur l'enfant grec de l'île de Chio ravagée par la guerre. J'ai expliqué que j'allais citer un texte que les plus anciens dans l'assistance avaient dû apprendre à l'école communale. « Ami, dit l'enfant grec, dit l'enfant aux yeux bleus, Je veux de la poudre et des balles. » C'est ainsi que le grand poète français évoquait le drame de la Méditerranée. Le seul fait de citer Victor Hugo, d'en appeler aux plus grands textes de la littérature française, d'évoquer des souvenirs de l'époque où, à la communale, on lisait ces écrivains intemporels, me fit gagner le silence de la salle, puis ses applaudissements nourris. Au lieu de nous abaisser collectivement, nous nous élevions tous ensemble. Comme à l'accoutumée, la presse politique ne reprit quasiment rien du discours. Peu importait, car j'avais acquis la conviction que la recherche et la promotion de l'identité française seraient la clef de la prochaine élection et, bien plus encore, qu'elle serait le grand débat des années à venir. C'est ainsi que j'ai toujours cherché à étayer mes convictions. À quoi réagissent les salles ? Que retiennent-elles ? Qu'est-ce qui les fait chavirer ? Cela valait à mes yeux toutes les études d'opinion et tous les sondages. Le rapport est direct, les questions ne pouvant être biaisées. C'est l'une des raisons qui me firent toujours accorder une telle importance aux meetings, que je n'ai jamais pris à la légère tant je les ai toujours trouvés riches d'enseignements.

Aujourd'hui encore, je demeure convaincu de l'importance de la question méditerranéenne pour la France. La Méditerranée nous a tout enseigné. Nous sommes les enfants de l'Égypte, de la Grèce, d'Israël, de Rome, de Venise, de Florence, de Séville... Elle a fait naître l'homme européen. Nous tous, chrétiens, juifs, musulmans, non croyants, nous sommes les héritiers d'un même patrimoine de valeurs spirituelles qui donne à nos dieux et à nos civilisations tant de ressemblances. Ce fut un grand tort d'avoir si longtemps négligé la Méditerranée, et de nous être projetés exclusivement vers le Nord et vers l'Est. En tournant le dos à la Méditerranée, l'Europe et la France ont cru oublier leur passé. Elles ont en fait tourné le dos à leur avenir... Je veux le réaffirmer : l'avenir de l'Europe est au Sud. Le rêve européen a besoin du rêve méditerranéen. Ce rêve qui fut celui de Bonaparte en Égypte, de Napoléon III en Algérie, de Lyautey au Maroc. Il ne fut pas tant un rêve de conquête qu'un rêve de civilisation. L'Occident a longtemps péché par arrogance et par ignorance. Il est indéniable que beaucoup de crimes et d'injustices furent commis. Mais je veux dire que beaucoup de ceux qui partirent vers le Sud n'étaient ni des monstres ni des exploiteurs. Ils construisirent des routes, des ponts, des écoles, des hôpitaux. Ici encore, il est utile de citer Camus : « J'ai aimé avec passion cette terre où je suis né, j'y ai puisé tout ce que je suis et je n'ai jamais séparé dans mon amitié aucun des hommes qui y vivent, de quelque race qu'ils soient. » Il ne faut pas refaire l'histoire. On ne peut pas juger les hommes d'hier sans se soucier des conditions dans lesquelles ils vivaient ni de ce qu'ils éprouvaient. Respecter l'histoire de France, c'est la considérer dans son ensemble avec lucidité, sans complaisance mais aussi sans cette recherche constante de la culpabilité ! Ce que la France et l'Allemagne avaient réussi à faire, je voulais que les pays méditerranéens puissent le mettre en œuvre à leur tour. Ce que le général de Gaulle avait dit à la jeunesse allemande correspondait, mot pour mot, à ce dont je rêvais pour la jeunesse méditerranéenne : « Soyez fiers d'être les enfants de grands peuples qui ont parfois, au cours de leur histoire, commis de grandes fautes et qui ont apporté au monde des trésors de pensée, d'art et de science. » C'est ce jour-là, à Toulon, que je lançai l'idée de l'Union pour la Méditerranée, dans laquelle j'étais décidé à m'investir complètement, quelles que soient par ailleurs les immenses difficultés qu'il faudrait surmonter. Loin de me décourager, cette perspective me passionnait.

Il y eut aussi Marseille où Johnny Hallyday me fit la « bonne surprise » de venir au premier rang, pour me soutenir et m'écouter. C'était important pour moi qui l'ai aimé depuis le début ! La première fois que je l'ai vu sur scène, c'était à l'Olympia où il chantait avec Sylvie. Nous étions dans les années 1960. Ma mère avait acheté des places pour la matinée du samedi. J'étais alors trop jeune pour aller au spectacle du soir ! Nous étions amis, je l'ai marié avec Laeticia à la mairie de Neuilly, nous parlions régulièrement ensemble. Enfin, les bons jours, car il y en avait aussi de mauvais... Johnny pouvait être sombre, triste, absent, tout comme il était gentil, solaire, rayonnant. Il a compté pour les Français comme il a compté pour moi. Lui que j'avais tant admiré sur scène, qu'il soit là à Marseille pour me voir en meeting me fit ressentir une pression particulière. Un géant nous a quittés. Je ne suis pas sûr qu'il sera remplacé ! N'est pas Johnny Hallyday qui veut.

Au fur et à mesure que les journées de campagne s'accumulaient, je gagnais en confiance. Ce n'est pas tant les sondages ou les commentaires qui me portaient, mais bien plutôt la certitude que j'étais en adéquation complète avec la réalité du peuple français. Je sentais la cohérence de notre projet. Je n'avais nul besoin de jouer la comédie, de prendre des postures, de forcer le trait. Rarement comme durant la campagne de 2007, j'ai pu être à ce point profondément, complètement sincère. J'avais tellement anticipé un résultat positif qu'il m'arriva de parler davantage en président avant l'heure qu'en candidat. Ce fut notamment le cas pour le meeting des jeunes au Zénith, tout juste un mois avant le premier tour. Nous étions à la mi-mars, 6 à 7 000 jeunes militants étaient rassemblés. C'est peu dire qu'ils étaient enthousiastes. L'ambiance était éruptive, joyeuse, débridée. Je voulais cependant que nous renvoyions une image de sérénité, tranquille et confiante. Je craignais une forme d'hystérie qui aurait pu paraître brutale. Or, c'était l'angle d'attaque quotidien de Ségolène Royal. Sa personnalité assez binaire ne la poussait pas à la demi-mesure. Pour elle, c'était clair, mon élection conduirait à la violence, à la destruction de la démocratie et à la remise en cause des équilibres républicains les plus fondamentaux. Rien que cela ! C'était l'enjeu, Ségolène Royal comme ultime rempart de la République. Bien que l'argument fût ridicule et outrancier, il y avait malgré tout un risque de mobilisation sur le thème habituel du « tout sauf Sarkozy » qui présentait l'avantage, pour mon adversaire, de ne pas avoir à entrer dans le détail d'un projet alors particulièrement évanescent. J'eus l'idée, pour contrecarrer ce risque, qu'à la réflexion je surestimais sans doute, d'organiser tout mon discours aux jeunes autour « du besoin d'aimer, et de l'importance de l'amour dans sa vie ». Je ne voulais pas être belliqueux. Je tenais à cette attitude humaniste ! J'allai même jusqu'à citer, dans un meeting de campagne, c'est dire mon goût du risque, de grands poètes. Je commençai par Rimbaud : « Nuit de juin ! Dix-sept ans ! On se laisse griser. La sève est du champagne et vous monte à la tête... » Je poursuivis par Baudelaire : « Ma jeunesse ne fut qu'un ténébreux orage, traversé çà et là par de brillants soleils », et je terminai par le grand poète allemand Rilke, citant ses lettres à un jeune poète : « Si nous construisons notre vie sur ce principe qu'il nous faut aller toujours au plus difficile, alors tout ce qui nous paraît encore aujourd'hui étranger nous deviendra familier et fidèle. » Je ne tardai pas à me rendre compte du complet décalage de mon discours avec les attentes de la salle surchauffée. Au premier vers de Rimbaud, ils se mirent à scander mon prénom pendant dix bonnes minutes. J'essayais vainement de les ramener à davantage de calme et, surtout, à plus d'écoute, sans jamais y parvenir. Au moment de citer Rilke, vers la fin de mon discours, ce fut encore pire, la salle était debout, hurlant « on va gagner » ! Je ne pouvais même pas finir ma phrase. Devant l'impossibilité de continuer, j'abandonnai. Finalement, je n'eus la possibilité que de chanter avec eux : « Effectivement, oui, nous allons gagner ! » Bien loin de moi l'idée de me plaindre d'une mésaventure qui se justifiait par le trop-plein d'enthousiasme que nous étions en train de soulever. J'avais connu bien pire durant cette période. Mais je voulais montrer combien l'énergie propre à la campagne électorale est impossible à maîtriser une fois que le processus est engagé. Certes, parfois il ne démarre jamais. C'est alors la certitude de l'échec. D'autres fois, il peut être insuffisant mais, quand la vague arrive vraiment, elle emporte tout sur son passage. C'est ce qui était en train de se produire. Ce n'était pas moi qui la pilotais. J'étais porté, poussé, hissé, et même comme cet après-midi-là dépassé par la force de tous ceux qui y croyaient, que rien ne pouvait arrêter sur le chemin de la victoire. Connaître de tels moments est un privilège d'autant plus précieux qu'ils sont rares. Après le meeting, je restai un long moment seul, comme étourdi par ce que je venais de vivre. Comment ne pas les décevoir ? Comment être à la hauteur de leur confiance ? Comment ne pas les trahir ? Autour de moi, tout le monde exultait. Et il y avait de quoi. Je mesurais déjà l'étendue de ce que nous allions devoir affronter. Au fond, je ne ressentais pas l'insouciance qui m'aurait permis de me réjouir réellement.

Le premier tour arriva. En fait, beaucoup plus rapidement que je l'avais anticipé. En campagne, la vie passe encore plus vite. Un événement chasse l'autre. Une urgence en remplace une autre. Un rendez-vous « capital » est immédiatement gommé par le suivant encore plus important. On ne s'appartient plus. On ne vit plus ; on court, on pare les coups. On en donne aussi. De surcroît, il faut à tout prix réussir à ne pas devenir une machine qui répond mécaniquement. Ma principale préoccupation était de garder une certaine fraîcheur malgré la fatigue intense et le stress de chaque instant. Continuer d'être sincère, et d'éprouver des sentiments réels, non pas construits sur le sable d'une stratégie de communication. C'est plus facile à dire qu'à faire. Je ne prétends nullement y être parvenu mais, d'une certaine façon, mes difficultés de l'époque avec Cécilia, qui allaient s'empirant, m'aidaient paradoxalement à demeurer enraciné dans la vie réelle. Il y avait tout cet amour venu de l'extérieur, et ce désastre à l'intérieur. Le contraste était saisissant. Il me contraignait à la réflexion.

Les résultats du premier tour allèrent au-delà de mes propres espérances : 31,18 %. J'avais réussi mon premier pari. On était loin des 19,88 % de Jacques Chirac en 2002. La veille du premier tour, plusieurs sondeurs avaient informé mes collaborateurs d'une forte poussée en ma faveur. J'étais donc serein, mais de là à dépasser les 30 %, il y avait un pas que je n'avais pas osé franchir ! Toute mon équipe était réunie dans la salle de réunion adjacente à mon bureau au siège de campagne. Les principaux responsables politiques étaient là, François Fillon, Xavier Bertrand, Jean-Louis Borloo, Brice Hortefeux, Laurent Wauquiez, et même Simone Veil qui avait tenu à être à mes côtés. Les premiers sondages sortis des urnes furent accueillis avec l'enthousiasme que l'on peut imaginer. C'était tellement étonnant que Jean-Louis

Borloo n'en revenait pas. Il n'arrêtait pas de dire « ce ne sont que des projections, attendons les résultats ». C'était quasiment la première fois que je le voyais depuis le début de cette aventure électorale. Et il semblait bouder son plaisir. J'ai trouvé cela étrange. Je me suis alors posé la question de la confiance que je pourrais vraiment lui témoigner... Cécilia me rejoignit au dernier moment, manifestant une forme d'indifférence qui me laissa tristement songeur. Elle partit aussi rapidement qu'elle était venue tardivement, et ne m'accompagna pas à la petite fête que mon frère François avait organisée pour moi à son domicile. J'étais soulagé, et heureux du résultat, mais je savais qu'il restait encore deux longues semaines. J'étais loin d'en avoir fini. Par ailleurs, je me demandais si cela ne serait pas encore trop long pour mon couple... Je n'eus pourtant aucun mal à trouver le sommeil. En fait, toutes ces tensions m'avaient plus fatigué que je ne voulais bien l'admettre.

Le moment fort de l'entre-deux tours fut le traditionnel débat télévisé qui oppose les deux candidats arrivés en tête au premier tour. J'avais décidé de complètement neutraliser les deux jours précédant ce rendez-vous majeur. Je voulais réviser mes notes, me reposer et réfléchir à la façon dont je devrais affronter ma concurrente. En fait, j'avais davantage à perdre qu'elle. Je faisais la course en tête. Les pronostics m'étaient favorables. Je ne devais sous aucun prétexte commettre la moindre erreur. J'étais persuadé qu'elle allait essayer de provoquer un véritable combat de rue. Je me convainquis donc de la nécessité du plus grand calme possible sans pour autant nuire à l'image d'énergie, qui était en train de devenir ma marque de fabrique. La période de préparation d'un grand rendez-vous télévisé est toujours assez pénible. Le temps est suspendu. On ne sait pas trop comment occuper son esprit. Réviser ses notes. Revoir ses dossiers. Accumuler la connaissance de dizaines de chiffres avant un débat rassure plus que ce n'est véritablement utile. Je connaissais déjà dans le détail toutes les nombreuses fiches que m'avait préparées mon équipe. Il faut éviter en revanche d'être pollué par l'extérieur, surtout par tous ceux qui vous abreuvent de conseils toujours contradictoires, et qui peuvent vous déstabiliser par leurs confusions alors même que vous vous trouvez dans un moment de particulière fragilité. Tous les sens sont en éveil. Un rien peut gripper la machine. Le mieux, en tout cas pour moi, a toujours été de chercher à m'isoler le plus possible. Trouver le calme avant la tempête était la stratégie la plus salutaire. De surcroît, l'affrontement, car cela en est bien un puisqu'il faut un vainqueur et un vaincu, ne se déroule jamais comme on a cherché à l'anticiper. Il faut s'adapter, saisir le bon moment, avoir le juste réflexe, être prêt à bondir sur la moindre faille. Mieux vaut donc ne pas arriver fatigué. Il faut avoir vécu ces grands rendez-vous pour se rendre compte de ce qu'ils représentent en énergie dépensée ! Je ne suis pas loin de penser que cela doit valoir un semi-marathon. J'en suis toujours sorti épuisé. Une trop grande décontraction est tout autant à proscrire car, tel un boxeur pris à froid, on peut ne pas retrouver son souffle après une charge mal anticipée. La concentration extrême est ainsi plus qu'utile pour éviter toute surprise. En fait, j'étais impatient que cela commence. J'arrivai seul au débat, Cécilia n'ayant pas souhaité m'accompagner. Il est vrai qu'elle m'avait annoncé dans l'après-midi sa volonté de divorcer. Le moment était particulièrement choisi ! Je retrouvai ma petite équipe rapprochée dans les studios de

Boulogne réservés par France Télévisions. Curieusement, je ne ressentais pas une grande tension. En fait, je n'avais pratiquement pas vu âme qui vive depuis quarante-huit heures. J'ignorais tout des commentaires, des supputations, des pronostics de l'avant-débat. Je ne rencontrai ma concurrente qu'au dernier moment, c'est-à-dire quelques minutes avant le coup d'envoi, alors que nous venions de prendre place sur le plateau. Elle était arrivée la première. J'allai vers elle tout sourire pour la saluer. Après tout, nous étions dans la même galère...

Je me rendis compte immédiatement de son profond état de stress. Elle était tendue comme un arc. J'ai même cru à un moment qu'elle ne me serrerait pas la main, tant elle semblait agressive. C'est peu dire qu'elle fut sèche, et assez désagréable. Ce qui eut pour effet immédiat de me rendre encore plus aimable, voire même chaleureux. Je sentis alors que son agacement redoublait. Julien Dray était à ses côtés, la guidant, la maternant, attentif au moindre de ses souhaits. À l'inverse de mon adversaire du soir, Julien Dray est sympathique et nullement arrogant. Nous nous connaissions depuis longtemps. Il fit cependant très attention de ne pas se montrer trop proche de moi, afin de ne pas provoquer de réactions négatives de sa candidate. Il était si présent que je lui dis, sur le ton de la plaisanterie : « Je suis heureux de débattre avec toi ce soir ! » De simplement énervée, Ségolène Royal devint furieuse et exaspérée. J'avais gagné mon entrée en matière en réussissant si visiblement à la déstabiliser. Ces débats sont très longs, près de deux heures et demi, mieux vaut économiser son énergie. Visiblement, la candidate socialiste n'était pas préparée pour un tel marathon !

Patrick Poivre d'Arvor et Arlette Chabot officiaient comme animateurs. PPDA est un bon professionnel. Il sait comment s'y prendre, et il n'est pas homme à perdre ses nerfs. Il a cependant du mal à ne pas se considérer comme la vedette exclusive de tout événement auquel il participe, ce qui est si rare dans son métier que cela méritait d'être souligné. Dans les discussions préparatoires au débat, j'étais représenté par Franck Louvrier et par mon vieil et précieux ami Jean-Michel Goudard. Je n'avais formulé qu'une seule exigence : pas de plan de coupe. C'est-à-dire que je ne voulais pas apparaître sur les écrans lorsque je ne parlais pas. Bien qu'ayant horreur de me regarder à la télévision, j'avais remarqué que, lorsque je ne disais rien, je paraissais sévère et triste. Je n'arrive d'ailleurs toujours pas à sourire béatement, quelles que soient les circonstances, à la télévision. Certains, à l'inverse, y parviennent parfaitement. Nathalie Kosciusko-Morizet était imbattable dans cet exercice. Elle pouvait affirmer des choses horribles avec un sourire angélique. Conscient de mon incapacité en la matière, j'avais donc demandé la suppression de ce type d'images durant le débat. En réalité, j'avais une idée bien ancrée dans la tête. Je voulais pousser mon adversaire du soir à l'exaspération, afin de lui faire quitter ce magnifique sourire qui était l'un de ses atouts majeurs. Or, quoi de plus horripilant que de s'adresser à votre contradicteur alors que celui-ci ne vous prête aucune attention ? En effet, chaque fois qu'elle prenait la parole, je feignais de regarder les deux journalistes. Ségolène Royal, qui aime prendre à partie son contradicteur, se trouvait alors en quelque sorte dans le vide. Et le tout sans que le téléspectateur ne puisse me reprocher la moindre discourtoisie ou la plus petite arrogance. Une fois encore, la manœuvre fonctionna, puisque la candidate socialiste apparaissait de plus en plus agacée et cassante. Sa véritable nature se trouvait ainsi révélée. À plusieurs reprises, elle tenta de jouer son va-tout en cherchant l'incident. Sans succès, car j'étais bien décidé à refuser toute posture qui aurait fait ressortir de ma part une quelconque agressivité. À tout prendre, je préférais passer pour amolli plutôt que survitaminé. La campagne de presse sur le sujet avait été rude pour moi. Les caricatures allaient bon train. Inutile donc de leur donner la moindre matière. J'ajoute que j'avais déjà intériorisé mon changement prévisible de statut. De candidat démolisseur, je passais à président aussi rassembleur que possible. La mue n'était pas si facile. Il n'était que temps de l'engager. Quelle meilleure occasion qu'une soirée devant 20 millions de spectateurs ? J'ai souvent observé qu'avant de convaincre les autres, je devais d'abord me convaincre moi-même. Ce que je n'eus finalement guère de mal à faire. Je sentis en revanche que mon nouveau positionnement avait déstabilisé les journalistes et les commentateurs. En effet, les débats qui suivirent immédiatement notre affrontement furent assez favorables à ma concurrente. Nombre d'observateurs la trouvèrent à l'initiative, énergique, ne subissant pas ma rhétorique. Je m'attendais à cette réaction sans m'en inquiéter davantage car Ségolène Royal avait commis deux bévues assez remarquables durant notre échange. La première en proposant de façon assez ridicule que toutes les fonctionnaires femmes qui travaillaient de nuit soient raccompagnées à leur domicile par un policier ! J'avais instantanément saisi l'opportunité pour saper sa crédibilité en lui demandant si c'était

une plaisanterie ou si elle était sérieuse. Elle s'était enfer-
rée et butée. J'avais souri ! L'affaire était entendue. Plusieurs
années après, nombreux étaient ceux qui évoquaient encore
cette saillie fantaisiste. Elle avait en fait davantage marqué les esprits que les spécialistes ne l'avaient anticipé.
Chaque fois qu'il est question de bon sens, les Français se
trompent rarement dans leurs jugements. Pour le coup, elle
en avait beaucoup manqué ! Au moment où il fut question
du nucléaire, et, de la troisième génération de nos centrales
avec l'EPR, la candidate socialiste se prit les pieds dans le
tapis, partagée entre sa fibre écologiste et son souci de de
démontrer qu'elle était prête à affronter les grands sujets
présidentiels. Ce fut sa seconde erreur. Mais, curieusement,
ce n'est qu'à partir du milieu de la nuit que les commentaires évoluèrent sensiblement. En vérité, comme toujours, ils suivaient les sondages post-débat qui pour le coup
m'étaient tous extrêmement favorables. Pourtant, en quittant le plateau de télévision, Ségolène Royal semblait très
satisfaite d'elle-même. Cela ne la rendit guère plus aimable.
Elle me salua à peine. Je dois dire que je n'en étais pas peiné.
Mes sentiments à son endroit étaient plutôt neutres à cette
époque. Je n'avais aucune raison d'éprouver de l'antipathie.
Elle m'avait certes attaqué durement durant toute la campagne mais, après tout, c'était de bonne guerre. J'en avais
sans doute fait tout autant à son endroit. C'est en vérité bien
plus tard que mes sentiments évoluèrent. En effet, quand
devenu président de la République j'avais procédé à l'acquisition d'un Airbus A330 d'occasion à la place de l'A319, dont
le rayon d'action était bien trop faible, acheté par Jacques
Chirac et Lionel Jospin, elle fit tous les plateaux de télévision pour expliquer que c'était dans le seul but de promener

Carla dans le monde entier ! Or, quand son ancien compagnon, François Hollande me succéda et se servit abondamment de « Sarko-one », la donneuse de leçons ne trouva rien à redire à monter elle-même dans l'avion présidentiel afin d'effectuer le tour du monde ! Ce qui la choquait pour moi ne la gênait pas pour elle et encore moins pour le père de ses enfants qui non seulement ne vendit pas l'avion de la présidence, mais l'utilisa bien davantage que moi. Nul journaliste ne lui en fit le reproche. Être de gauche n'a pas que des inconvénients...

Mon jugement fut plus définitif encore quand je la vis durant l'année 2010 annoncer solennellement au 20 heures de TF1, au milieu de manifestations contre ma réforme des retraites, que si François Hollande était élu, il reviendrait à la retraite à 60 ans que j'avais supprimée scandaleusement. Elle confirma deux fois de suite l'engagement ferme et définitif du candidat socialiste. Naturellement, le président Hollande ne fit rien de tel. J'ai rarement vu un exemple de mensonge aussi flagrant, et, le tout sans la moindre honte. Pour le coup, le couple s'était bien reformé... dans la même pratique du double langage. La politique n'en sortit pas grandie.

La troisième raison de lui en vouloir est encore plus personnelle. Elle attaqua mon fils Jean avec une grande violence au moment où il fut question qu'il devienne président de l'EPAD. Sa malhonnêteté intellectuelle fut réellement spectaculaire. Jean avait été élu conseiller général de Neuilly. Or, le poste, qui n'était pas rémunéré, et pour lequel il n'y avait ni bureau ni secrétariat ne pouvait revenir qu'à un conseiller général des Hauts-de-Seine. On pouvait légitimement se poser la question de l'opportunité de sa candidature, en aucun cas de sa légitimité ! Il est vrai également que mon ancien ami Patrick Devedjian, à qui j'avais confié le poste de président de l'Assemblée départementale, prêta la main à cette cabale. Ce qui ne fut pas à son honneur. Bien sûr on est toujours trahi par les siens... Pourtant, que l'on puisse attaquer mes enfants m'avait ulcéré. Je pardonne beaucoup de choses. J'avoue avoir eu du mal dans ces cas précis. Depuis, je respecte la personne de Ségolène Royal, son énergie, son courage, son charisme, mais quant à ses qualités humaines, je doute qu'elles soient la part la plus évidente de sa personnalité !

L'ambition, et dieu sait si j'en ai eue, ne peut s'affranchir de certaines limites qui touchent à l'intime, à la famille, au domaine le plus privé. Je sais bien, qu'aujourd'hui où tout semble permis à tous, et à tout moment, que ce que j'affirme peut avoir de décalé, de démodé et même de conservateur. Pourtant, je continuerai à croire qu'il n'y a pas de civilisation, d'État de droit, de démocratie sans respect de certains principes de base. Si le nouveau monde c'est la loi de la jungle, alors je suis heureux de revendiquer mon appartenance à l'ancien monde.

Une fois le débat télévisé passé, et, aux yeux de la majorité, gagné, j'éprouvais réellement le sentiment d'avoir fait le plus difficile. Il restait à peine une semaine et demie avant le deuxième tour, et l'arrivée finale. Je continuais cependant à aligner chaque soir de nouveaux meetings, et chaque journée de nouveaux déplacements. Les foules étaient encore plus nombreuses, y compris dans les toutes petites villes. L'accueil était sans cesse plus enthousiaste. Mon camp politique ne montrait aucune division, en tout cas en apparence.

C'était une tout autre histoire en coulisses, où chacun envisageait son futur rôle dans le prochain gouvernement. Pour satisfaire toutes ses ambitions, il m'aurait fallu pas loin de quatre gouvernements au grand complet ! Seul le poste de Premier ministre ne suscitait pas de candidatures multiples, puisque j'avais publiquement et préalablement tranché en faveur de François Fillon. J'essayai de tenir le juste équilibre entre ne pas tout promettre et ne pas désespérer complètement les impétrants. Y ai-je réussi ? Certainement pas ! Mais comme je n'y pouvais rien, je refusais de préciser mes choix. Je me disais par ailleurs que les quinze jours de délai entre l'élection et la mise en place du nouveau président seraient bien suffisants pour régler toutes ces difficultés tellement prévisibles. Ces journées de l'entre-deux tours sont d'ailleurs passées si vite que je n'en ai pas gardé un souvenir très précis. J'étais comme en apesanteur. Bien sûr toujours candidat, mais en même temps déjà un peu président. Je l'ai senti dès le lendemain du débat télévisé après lequel ma sécurité fut singulièrement renforcée. L'équipe était dirigée par Michel Besnard, dont le professionnalisme ne fut jamais pris en défaut. L'homme est solide, compétent, inépuisable et surtout prévoyant. Il semble toujours se préparer pour la prochaine catastrophe. Il ne rit jamais, et sourit rarement. Un jour que je lui demandai pourquoi, il me répondit : « Je suis payé pour anticiper le pire, jamais le meilleur ! » Il avait tellement raison. Je lui dois d'avoir passé toutes ces années sain et sauf. Il est devenu un ami pour qui j'éprouve beaucoup d'estime.

Le dimanche du 29 avril eut lieu le grand meeting parisien. Nous avions réservé Bercy et ses 18 000 places. Deux heures avant le début de la réunion, la salle était déjà pleine.

Par précaution, mon équipe avait fait installer de grands écrans à l'extérieur, afin que tous ceux qui n'auraient pas pu entrer puissent suivre mon discours. Ils furent plusieurs milliers dans ce cas. Je m'étais creusé la tête pour savoir quoi dire de nouveau. Après tant de discours, de tréteaux, d'émissions de radio et de télévision, j'avais le sentiment d'avoir déjà tout dit, et même de m'être tant de fois répété. C'était sans doute inévitable, mais le risque de « redite » m'obsédait. Je craignais que le public ne s'ennuie. Quand je suis arrivé sur l'immense scène de Bercy, où tant de chanteurs et leur orchestre m'avaient précédé, je me suis senti seul, vulnérable face à cette salle construite comme une arène. C'était beau. C'était magique mais, en même temps, je n'avais pas de musiciens et de musique pour me porter, m'aider, m'entourer. J'ai alors eu l'idée de demander que l'on éclaire la salle afin que le public puisse se voir. Et tout d'un coup, par la magie de la lumière revenue, nous ne faisions plus qu'un, la foule et moi. Il y avait dans les premiers rangs un certain nombre de personnalités dont la fidélité à mon endroit leur avait fait accepter le risque de me soutenir. Car c'en est un, et même un sacré risque, en France, que d'aimer un autre candidat que celui de la gauche bien-pensante. C'est comme une faute, une tache, presque une honte qui vous exclut du troupeau de tous ceux qui font semblant de penser la même chose. Ainsi, en 2012, un réalisateur ne se gêna pas pour dire à Emmanuelle Seigner, la courageuse et merveilleuse actrice qui m'avait soutenu : « Tu es folle d'avoir fait cela. Désormais, tu ne tourneras plus avec mes amis et moi ! » En digne successeur du temps de l'art officiel à Moscou, ce monsieur s'érigeait ainsi en professeur de vertu républicaine. Hélas, il fut loin d'être le seul, même si son cas est à mes yeux caricaturalement pathétique. Ce jour-là à Bercy, il y avait Christian Clavier, mon ami de toujours, Jean Réno, le jeune chanteur Faudel, et tant d'autres. Mais celui dont je me rappelle le mieux, c'est Dominique Farrugia. Sa présence était importante à mes yeux, car il représentait l'esprit Canal+ qui ne m'était guère favorable. Qu'il m'ait rejoint était important pour le milieu culturel. De surcroît, il assumait avec un courage immense une maladie dégénérative. Avec difficulté, il se leva. Il saisit le micro dans la salle et dit : « Je voudrais dire à tous mes camarades de la rive gauche que le diable n'est pas ici. Ici, c'est la famille. » La foule rit, et applaudit à tout rompre.

Puis j'ai commencé mon discours, en revendiquant haut et fort ma volonté d'être le candidat du peuple. Ce qui me valut dès le lendemain les protestations offensées de la gauche à l'idée que les mots « droite » et « peuple » puissent aller de concert. Dans la continuité, je me suis alors attaqué à l'héritage de 68 qui, à mes yeux, était tout sauf l'expression d'une révolte populaire. Les ouvriers ont toujours été absents des barricades de cette époque. Les événements ont été conduits par les étudiants appartenant, pour la plupart, aux classes moyennes et supérieures. Il y a certainement eu des effets positifs consécutifs à cette période. La société manquait sans doute trop de liberté mais, comme souvent en France, le balancier entre « conservation » et « révolution » va souvent trop loin dans un sens comme dans l'autre. Or, les raisonnements des leaders de 68 étaient faux, et ont eu des conséquences désastreuses sur les décennies qui ont suivi. Le refus de la sélection, des examens, des notes, des évaluations, tellement à la mode alors, a joué un grand rôle dans la dévaluation, et même le déclassement, de toute une partie de notre sphère universitaire. C'est si vrai qu'en conséquence les grandes écoles ont pris la place abandonnée par les universités. Cette spécificité française nous a fait beaucoup de mal. Trop grande sélectivité pour les unes, pas de sélection pour les autres. Tout le monde y a perdu. Mai 68 a également imposé un relativisme intellectuel et moral qui fait encore aujourd'hui des ravages, comme si tout se valait, qu'il n'y avait aucune différence entre le bien et le mal, entre le vrai et le faux, entre le beau et le laid. Et que dire de cette folie de chercher à faire croire que l'élève valait le maître, qu'il ne fallait pas mettre de note pour ne pas traumatiser les mauvais élèves, qu'il n'y avait plus besoin de classement ? Ils avaient proclamé que tout était permis, que l'autorité était finie, que le respect était dépassé, qu'il n'y avait plus rien de grand, plus rien de sacré, plus de règle, plus de norme, et, par-dessus tout, plus d'interdit. Sur les murs de la Sorbonne, on pouvait lire « Vivre sans contrainte et jouir sans entrave ». Ce fut, ni plus ni moins, à l'arrivée, qu'un désastre. On était bien loin de l'école de Jules Ferry fondée sur l'excellence, sur le mérite, sur le respect, sur le civisme. Voilà l'héritage détestable de 68 qui a voulu liquider une école qui transmettait une culture commune et une morale partagée grâce auxquelles tous les Français pouvaient se parler, se comprendre, vivre ensemble. Qui pourrait oser affirmer qu'aujourd'hui encore, nous ne payons pas le prix de ces renoncements ? Et comment expliquer que cinquante ans après, Daniel Cohn-Bendit puisse pérorer à longueur de médias pour donner des leçons de morale ? J'ai récemment réécouté l'une de ses interventions publiques, dans le courant des années 1970, où il vantait sans honte « la merveilleuse sexualité des enfants ». Tout le monde s'est trompé, et moi le premier, mais on peut affirmer que certains ont été dans l'erreur plus loin que les autres. De ce point de vue, Daniel Cohn-Bendit dispose d'un record difficilement égalable !

Pour la première fois, j'évoquai aussi le devoir de la France en matière de droits de l'Homme, et ma volonté d'obtenir la libération des infirmières bulgares et du médecin palestinien condamnés à mort en Libye par le dictateur sanguinaire Kadhafi. J'étais alors bien loin de m'imaginer que j'aurais, un jour, à m'expliquer sur mes relations supposées avec cet homme dont la raison et l'équilibre mental me sont toujours apparus extrêmement sujets à caution. Je conclus mon discours en affirmant « qu'une grande vie, c'est une vie mise au service de quelque chose de plus grand que soi. La France ne pourra pas disparaître tant que nous serons décidés à la maintenir comme un idéal pour les hommes et prêts à nous battre pour qu'elle vive. »

Je finissais ces quatre mois de campagne intense par la ville de Montpellier. Nous étions le jeudi 3 mai. Les sondages étaient désormais interdits. Il n'y avait plus qu'à attendre. C'est peu dire que c'est un domaine où je n'ai jamais excellé. Je ne pouvais plus faire campagne. Alors que mon agenda avait été surchargé toutes ces dernières semaines, je me trouvais comme désœuvré. Et ce d'autant que, par superstition, je m'interdisais de réellement penser à la suite. Il fallait d'abord gagner avant « de vendre la peau de l'ours ». Le dicton populaire est tellement juste. J'y ai beaucoup pensé tout au long de ce samedi. Et si les sondages s'étaient trompés ? Et si la gauche se remobilisait ? Toutes sortes d'images me passèrent dans la tête. J'avais vraiment hâte que tout ceci se termine. Je ne pouvais compter sur la présence de Cécilia. Je ne sais pas ce qu'elle fit durant ce samedi de veillée d'armes. Et quand le dimanche arriva, elle refusa même de venir avec moi au bureau de vote. Elle l'avait fait au premier tour, elle ne le fit pas au second. L'effort devait lui être devenu trop pénible. Elle prit seulement le temps de me faire savoir qu'elle irait voter de son côté. Ce qu'elle ne fit pas. Je l'appris trois semaines plus tard, par la presse. Je ne l'en blâme pas. Je relate juste un fait. Ses sentiments devaient l'emmener ailleurs. Elle accepta, cependant, que nous allions déjeuner chez des amis le dimanche du deuxième tour. Elle fut extrêmement distante. Je ne la revis, d'ailleurs, pas avant 22 h 30, c'est-à-dire juste au moment d'aller place de la Concorde remercier mes partisans. C'était un problème de plus qu'il allait bien falloir gérer un jour ou l'autre, ou plus exactement trancher. J'aurais dû le faire bien plus tôt. Ce fut une faiblesse, et une erreur. J'ai manqué de lucidité ou de courage. Peut-être des deux. Toute la seconde moitié de l'après-midi, je fus à mon siège de campagne. J'étais plus serein, entouré de mes plus proches, Claude Guéant, Laurent Solly, Brice Hortefeux, Franck Louvrier, Pierre Giacometti, Jean-Michel Goudard, Henri Guaino, Emmanuelle Mignon et quelques autres, dont Stéphane Richard, pourtant venu de la gauche, qui fut un soutien constant autant qu'intelligent. Mes enfants étaient là aussi, Pierre, Jean et Louis. Ils me donnaient leur amour, et leur force. C'était bon de les sentir si près et si affectueux. Christian Clavier ne me quittait pas, toujours aussi drôle, fidèle, amical, enthousiaste, désintéressé. Il est l'ami qu'on souhaite avoir. Vers 19 h 30, nous nous sommes tous mis dans mon bureau devant l'écran de télévision. Lorsque j'ai vu mon visage se dessiner avec les 53 % inscrits sur l'écran, ce fut une explosion. Tout le monde criait, sautait, riait, certains pleuraient de joie. Nous y étions. C'était enfin fini. J'avais réussi ce qui était mon objectif intime depuis tant d'années. Pour la première fois, depuis si longtemps, je me suis bizarrement senti libéré d'un poids. Le poids de cette ambition que je ne pouvais vraiment expliquer, et qui me tenaillait depuis mon adolescence. C'était comme si on m'avait retiré une enclume qui se trouvait à l'intérieur de moi. Je devenais président de la République lors de ma première candidature. Curieusement, cela m'avait libéré d'une forme d'inquiétude que je portais. Je devenais enfin légitime. Je n'avais plus besoin de démontrer encore et encore que je pouvais le faire. C'était fait. Le premier appel téléphonique que je reçus fut celui du président des États-Unis, George W. Bush. Il était chaleureux, encourageant et amical. Je lui étais reconnaissant de m'avoir reçu dès 2006 lors de mon voyage à Washington. Je n'étais alors que ministre de l'Intérieur, et, contrairement aux règles très strictes du protocole américain qui font interdiction à leur président de recevoir un ministre, il avait tenu à le faire en me rencontrant dans le bureau de son secrétaire général. Mon ami canadien, Paul Desmarais, avait servi d'intermédiaire. Ils étaient proches tous les deux. Jamais, l'affection de Paul Desmarais pour moi ne s'est démentie. Quelques mois avant le démarrage de la campagne présidentielle, dans le courant du printemps 2006, il était venu me voir à Paris. Il croyait en ma victoire mais il me fit la proposition flatteuse de travailler avec lui dans son groupe Power-Corp. « Tu vas gagner, mais si jamais tu n'y arrivais pas, j'ai trouvé une maison pour toi à Montréal. Tu viendras enfin dans mon groupe. Tu verras, tu seras heureux et moi aussi de t'avoir à mes côtés. » Malgré la différence d'âge, je l'aimais beaucoup. Nous parlions souvent ensemble.

J'écoutais ses conseils. Aujourd'hui encore, je pense à lui avec nostalgie. Il fut l'un des bâtisseurs du Canada moderne, et un amoureux inconditionnel de la France et de sa culture. Il avait, à plusieurs reprises, parlé de moi à son ami Bush. Grâce à lui, je pénétrai à la Maison-Blanche. C'était une première. Une fois dans le bureau du secrétaire général, je n'ai guère eu à attendre plus que quelques minutes pour que George W. Bush apparaisse. « *My friend Paul told me that you were a special guy.* » Telle fut son entrée en matière. Nous passâmes ainsi quelque quarante-cinq minutes ensemble. Je l'ai toujours apprécié. Son image ne correspond en rien à ce qu'il est en réalité. Il est cultivé, il a notamment lu Camus dont il parle aisément, il est sympathique, intelligent et courtois. Il est sans doute le dernier président des États-Unis qui a eu une vision universelle du rôle de son pays et des valeurs qu'il porte. Il s'est peut-être trompé parfois, mais il croyait sincèrement en ses idées et en leur portée universelle. En voyant de près Donald Trump aux cérémonies du 11 novembre 2018, je me suis souvenu de l'élégance, de l'éducation et de la prestance de Bush. Ce n'est pas être passéiste que d'affirmer qu'il avait une tout autre allure ! Sans parler bien sûr de Barack Obama. Ce sont ces circonstances qui firent que la conversation téléphonique avec George W. Bush fut, à ce point, aisée et sympathique. Nous parlâmes ainsi un bon moment. Puis, il m'invita à venir, dès l'été suivant, dans la propriété familiale qu'il possède dans le Maine, au bord de l'Atlantique. Je promis de m'y rendre à la première occasion. C'est ce que je fis.

Le soir de l'élection, chaque fois qu'un chef d'État ou de gouvernement appelait pour me féliciter, je sautais sur l'occasion pour m'isoler, demeurer seul et tranquille. En vérité, je n'éprouvais aucune euphorie et encore moins de l'exaltation. Je compris sur l'instant que tout avait changé, plus encore que je ne l'avais anticipé, et que plus rien ne serait simple. Tout entretien ou toute visite prenait désormais une dimension politique. Aller dans la rue accompagné de moins de vingt-cinq personnes était impossible. Même les amis me parlaient différemment. Les enjeux étaient considérables. J'ai senti, à cette minute, la solitude du pouvoir suprême. Cécilia me téléphona pour me féliciter. Je lui demandai quand elle avait l'intention de me rejoindre. Elle fut évasive. Ses filles, gentiment, étaient venues, et participaient à la fête. Je me disais que la vie était étrange, au moment où j'atteignais le Graal de ma vie professionnelle, mon couple se fracassait, que pouvais-je y faire ? Je n'avais guère le temps d'y penser sur le coup, car je devais mettre la dernière main à ma première déclaration de président, que j'allais prononcer à la salle Gaveau, déjà bondée de mes plus chauds partisans. Nous nous enfermâmes avec Claude Guéant et Henri Guaino. Le texte était déjà bien avancé mais je tenais, malgré tout, à le reprendre. Puis je quittai définitivement mon siège de campagne. Je traversai Paris précédé par un cortège de motards de police et suivi par une meute de journalistes qui retransmettaient en direct ma « traversée de la capitale ». Les gens applaudissaient sur les trottoirs à mon passage, j'entendais les cris enthousiastes. Je me sentais porté, soulevé, entraîné dans un tourbillon dont j'imaginais qu'il ne tarderait pas à s'interrompre, et bien sûr à se retourner. Nous étions le 6 mai. C'était le printemps. Il faisait beau. Nous avions gagné. J'essayais de profiter du moment sans vraiment y parvenir. J'étais déjà dans la suite. J'avais plusieurs fois vu ces images à la télévision les soirs d'élection présidentielle. Giscard, Mitterrand,

Chirac : elles me faisaient rêver. J'imaginais alors fiévreusement ce que le président élu pouvait ressentir. Le jeune homme que j'étais n'était pas loin de les considérer comme des surhommes. Je les idéalisais. La fonction m'impressionnait. Le mythe me fascinait. Le décorum m'aveuglait sans doute aussi. Et maintenant que j'étais à leur place dans la même situation, et sans doute dans la même voiture ou presque, je pouvais voir l'envers du décor. Je mesurais qu'en trente-cinq années, j'étais passé du statut de simple spectateur à celui d'acteur principal. Curieusement, ce soir-là, je ne me suis jamais senti rempli d'orgueil ni de fierté. Je n'ai pas davantage considéré que j'étais arrivé. Ma tête n'a pas tourné en cette soirée d'élection comme elle avait pu le faire au moment de ma première nomination comme ministre. Je n'étais pas déçu, bien sûr, c'était magnifique de voir l'espérance de tous ces Français, mais je me sentais plus libéré qu'heureux. Je pouvais enfin devenir moi-même sans en rajouter. Une nouvelle vie allait pouvoir commencer. Nous mîmes une bonne demi-heure pour atteindre la salle Gaveau où plus de 3 000 personnes m'attendaient avec enthousiasme. J'essayais de contrôler mes émotions. Surtout ne pas se laisser griser, telle était ma première pensée. Je donnai lecture de mon texte le plus calmement possible. Il était assez court, à peine vingt minutes. J'étais Président. Il me fallait donner confiance. Je souhaitais bien sûr m'adresser, d'abord, à ceux qui avaient voté pour moi, mais aussi à ceux qui ne l'avaient pas fait. Je connais trop la violence dont est capable notre pays, et notre peuple. Je voulais absolument conjurer ce risque de dérapage, si présent en France. Cela a toujours été mon obsession : éviter la violence, en tout cas son déclenchement. Pour cela, il fallait, apaiser, rassurer, rassembler. On m'a souvent reproché de parler sans prendre trop de précautions oratoires, m'accusant au passage de déclencher en retour des réactions de violence. Ce reproche est injuste, mais surtout il est faux. Contrairement à ce que dit la « bien-pensance », c'est le cadenassage des mots qui engendre l'affrontement. À l'inverse, leur libération apaise et soulage. Nos compatriotes comprennent parfaitement que l'on ne peut pas tout réussir mais ils enragent que ceux qui les dirigent n'aient pas le courage de nommer la réalité.

Je rajoutai à mon texte que la France serait aux côtés d'Ingrid Betancourt, retenue par les FARC dans la jungle colombienne, des infirmières bulgares emprisonnées et violées en Libye et de tous ceux qui étaient persécutés. Dans mon esprit, cela concernait aussi le soldat Shalit, otage du Hamas. Ce soir-là, certains me trouvèrent un peu triste en regardant leur télévision. Ils devaient m'imaginer plus heureux que je ne l'étais. La vérité est que je voulais être grave, signifiant ainsi que la campagne était terminée. Je ne pouvais demeurer salle Gaveau tant elle était envahie par d'innombrables militants qui avaient rejoint les lieux en masse après mon intervention télévisée. J'ai le souvenir des trottoirs aux alentours, où dix rangées compactes se pressaient derrière les barrières métalliques. Bien que la nuit fût tombée depuis longtemps, j'avais l'impression d'être en plein jour, tant les projecteurs et les flashes des photographes crépitaient sans cesse. Il devait être 22 heures passées quand je me rendis au Fouquet's, où devaient m'attendre ma famille et quelques proches amis, quarante ou cinquante tout au plus. J'avais prévu cette halte sur le chemin de la place de la Concorde, où une fête était organisée jusque tard dans la nuit, pour tous ceux qui souhaitaient, et ils étaient nombreux, se réjouir ensemble de mon élection.

Le Fouquet's fut la première polémique de mon quinquennat et sans doute la plus ridicule. Que je retrouve quelques amis aux alentours de 22 heures le jour de mon élection n'avait rien de choquant. Que je le fasse au Fouquet's non plus. Il ne s'agit pas, tant s'en faut, d'une grande table gastronomique aux prix exorbitants. C'est une bonne brasserie. D'ailleurs, la profession du cinéma la choisit chaque année pour la remise des César, sans que personne n'y trouve à redire. De surcroît, ce lieu appartient à l'un de mes proches et fidèles amis, Dominique Desseigne. Qu'y avait-il à tout cela de choquant ? Rien, en tout cas, pour les gens de bonne foi. Certes, nous étions sur les Champs-Élysées mais c'est traditionnellement le lieu des grands rassemblements du peuple de droite, en tout cas depuis la manifestation du 30 mai 1968. On n'attendait certainement pas de moi que j'organise une grande fête à la Bastille ! Le soir de son élection, Emmanuel Macron a réuni ses proches dans la brasserie bien connue La Rotonde, à Montparnasse. Les prix y sont équivalents à ceux pratiqués au Fouquet's. Ce qu'il y avait de différent, c'est seulement qu'il s'agissait de moi, et qu'il fallait à tout prix, pour une certaine gauche, me faire passer pour un homme qui aime l'argent. François Mitterrand a passé une partie de sa vie à écumer les bonnes tables. Qui songerait à lui en faire le reproche ? Les excellences de gauche sont les habitués des grands restaurants parisiens. Qui y trouvera jamais à redire ? Ainsi, François Hollande, durant son quinquennat, avait invité quelques hiérarques socialistes chez Laurent, excellente table étoilée.

Qui en a parlé ? Personne. Mon procès, car c'est bien d'un procès qu'il s'agissait, avait commencé la veille du second tour par un éditorial enflammé du directeur du *Monde* de l'époque, Jean-Marie Colombani. L'homme est intelligent, sympathique et modéré. Mais pour sauver son poste (ce qu'il ne réussit pas à faire), il devait donner des gages à la partie le plus à gauche de son journal. Il rédigea donc un texte appelant à voter pour Ségolène Royal et, surtout, à faire barrage à ce candidat « bushiste » de la droite française, tellement fasciné par les États-Unis. J'étais donc le candidat des Américains. Or, l'Amérique est le pays de l'argent roi. J'aimais donc l'argent ! Martine Aubry, quelques années plus tard, fit encore mieux en faisant le lien direct entre Madoff et moi. Toujours la même antienne, celle de la référence aux États-Unis, à l'argent, et, dans le cas précis, à un juif américain et un escroc notoire. Le Fouquet's, aux yeux de cette gauche sans principes, donnait une racine géographique pour détester le candidat de l'argent. Et le pire, c'est que cela a marché. Il s'est même trouvé deux journalistes du même organe de presse, *Le Monde*, pour commettre tout un livre sur cette soirée qui n'avait pas duré plus d'une heure et demi. Sans doute, le mot livre est-il trop élogieux pour une commande partisane de ce type, de surcroît aussi mal rédigée que mal renseignée. Au moins, tout ceci avait l'avantage d'être clair. J'étais prévenu. Je savais ce que serait la nature des attaques. Il ne s'agira pas de combattre ma politique ou mes idées, mais ma personne. C'était tellement conforme aux principes et à l'histoire de la gauche des droits de l'Homme ! Jaurès, Blum, Mendès, Rocard, réveillez-vous, regardez ce qu'ils ont fait des principes de la gauche française...

Je pris donc un verre au Fouquet's avec les quelques amis qui s'y trouvaient. Personne n'osait me demander où était passée Cécilia. Je leur savais gré de leur délicatesse. D'ailleurs, qu'aurais-je pu leur répondre ? Je ne savais ni où elle était, ni ce qu'elle faisait, ni même ce qu'elle pensait au fond, car ses annonces de volonté de divorce étaient aussitôt suivies de période d'apaisement durant lesquelles je m'imaginais naïvement que les choses pouvaient s'arranger. Je ne savais plus trop à quoi m'en tenir quand, vers 22 h 30, je l'ai vue arriver au Fouquet's, et me dire « Ne t'inquiètes plus, je suis à tes côtés maintenant. » Nous n'eûmes pas le temps de la moindre conversation. Il fallait sans trop tarder partir pour la place de la Concorde où pas moins de 30 à 40 000 personnes attendaient impatiemment. J'ai vu dans les yeux de mon équipe rapprochée le soulagement quand Cécilia est arrivée. Dix minutes de voiture à peine, et nous étions hissés, conduits, portés sur l'immense scène qui avait été dressée pour l'occasion. J'ai pris la parole pour remercier chacun de ses efforts, de son soutien, et de son affection. Je ne me souviens plus du contenu exact. Pour le coup, il devait être assez convenu. Que peut-on dire d'original dans ces circonstances ? Il faut vivre ses émotions sans trop ajouter de mots. Nous ne restâmes guère plus d'une heure sur la place. Puis, toute la famille se retrouva pour passer la nuit dans l'hôtel qui jouxte le restaurant du Fouquet's.

C'est ici que j'ai commis ma véritable erreur. Je venais de passer plus de quatre années au gouvernement. Je sortais de quatre mois d'une campagne aussi épuisante que stressante. Ma famille était en train de voler en éclats, et, pour la première fois, je disposais de deux semaines pour me reposer et me préparer avant la cérémonie de passation des pouvoirs et le démarrage du quinquennat. J'étais le président élu mais pas encore le président effectif, qui était encore pour quelques jours Jacques Chirac. Ces délais sont prévus par la Constitution. Ils sont salutaires, ne serait-ce que pour que le candidat élu puisse reprendre son souffle. Ils gagneraient d'ailleurs à être plus longs. Pour le coup, les Américains seraient un bon exemple à suivre. En tout cas, au moins un mois de complet repos ne serait pas de trop. Aveuglé par ma situation familiale, et croyant naïvement que la volonté pouvait tout surmonter, j'ai cru pouvoir consacrer la première semaine de cette période d'attente à sauver mon couple. J'y tenais personnellement, et je ne m'imaginais pas annoncer aux Français mon divorce à peine élu. Au fond, j'étais dans une nasse sans même m'en rendre compte. J'ai cru que j'étais, encore pour deux semaines, une personne privée, et que je ne redeviendrais un personnage public qu'au moment de la passation des pouvoirs avec Jacques Chirac. En me remémorant ces souvenirs, je me demande bien comment j'ai pu, à ce point, manquer de bon sens. Mon intention était sincère. La réalisation détestable. Je voulais faire oublier à Cécilia les mois de campagne et les moments d'épreuve que nous avions traversés. J'espérais sincèrement tourner la page de cette période trouble, et repartir du bon pied. Je ne voulais lui faire aucun reproche. Je tentais juste de tourner le dos au passé. J'avais simplement oublié, ce qui n'était pas un détail, que pour mener à bien une telle ambition, il aurait fallu être deux, or, j'étais seul. Je ne m'en étais pas encore rendu compte. Pour le coup, je ne peux m'en prendre qu'à moi-même de cette bêtise. J'en suis l'unique responsable. À qui d'ailleurs aurais-je pu en parler ? J'ai alors téléphoné à mon ami Vincent Bolloré, en qui j'ai une grande confiance, et pour qui j'éprouve une sincère affection depuis près de quarante ans. Il m'avait souvent invité sur son bateau, sans que je ne puisse jamais m'y rendre. Il aimait à me raconter que son propre père avait reçu sur ce même navire familial, à plusieurs reprises, le président Pompidou. C'était une autre époque. J'aurais dû le comprendre, et l'anticiper. Je me disais, sur ce bateau, nous serons seuls, je pourrai rebâtir mon couple, alors que n'importe où ailleurs, dans un hôtel, il y aura les touristes, les photos, les indiscrets. Comme il était prévisible pour chacun, sauf pour moi, l'endroit où j'étais fut découvert en moins de quarante-huit heures. Et c'était reparti, cette fois non sans raison, pour le président des riches... Nous étions sur les côtes maltaises. Du coup, la pression extérieure se joignant à la pression intérieure, ces quatre jours qui devaient être salvateurs furent tout le contraire, tant sur le plan professionnel que personnel.

Le retour à Paris fut même un soulagement pour moi. Claude Guéant avait négocié avec le gouvernement Villepin que ma petite équipe et moi puissions nous installer dans des bureaux modestes mais sympathiques de la rue Saint-Dominique. Mon bureau était au rez-de-chaussée, et je disposais d'une petite cour-jardin où j'aimais me trouver en ce printemps bien ensoleillé. C'est là que j'ai vraiment commencé à travailler à la composition de mon premier gouvernement. Au grand dam de mes amis politiques, je voulais d'abord réussir l'ouverture politique à la gauche, et celle tout aussi complexe à la diversité. J'ai déjà expliqué pourquoi elles étaient importantes à mes yeux. Mais il s'agissait maintenant de passer du principe facile à théoriser à la réalisation par nature plus complexe. Je voulais intégrer

Bernard Kouchner, je le trouvais sympathique, ouvert, et politiquement compatible. De surcroît, je savais par les confidences de sa femme Christine Ockrent qu'il rêvait des Affaires étrangères, et qu'il avait été blessé que jamais un président ni un Premier ministre de gauche ne lui ait réservé la place qu'il pensait mériter. Il est vrai qu'il éprouve une assez grande satisfaction à l'endroit de sa propre personne. En fait, je convainquis d'abord sa femme de l'opportunité de sa participation, avant même de le voir lui. C'est elle qui me conseilla, et me guida. Elle est intelligente, ambitieuse et plutôt sans scrupule. Une fois son accord en poche, convaincre le mari fut assez simple. Nous nous vîmes une fois, et l'affaire fut entendue. Il exigea simplement de pouvoir choisir ses collaborateurs librement, ce qui me semblait la moindre des choses. Je proposai également à Hubert Védrine d'être dans l'équipe. Il était d'accord, mais souhaitait lui aussi les Affaires extérieures, or, j'avais choisi Kouchner. Ce ne fut donc pas Hubert Védrine, que j'appréciais pourtant, mais qui me semblait avoir vu trop de choses pour être capable de manifester encore un véritable enthousiasme. C'est peut-être injuste, mais je l'ai senti sans illusion sur la possibilité réelle de faire bouger les choses. Or, je voulais qu'elles bougent. Le choix de Jean-Pierre Jouyet s'imposa d'autant plus facilement qu'il avait déjà été mon collaborateur à Bercy. Bien que très proche de François Hollande, non seulement il ne fit aucune difficulté pour entrer mais, bien davantage, il fut enthousiaste et très heureux de cette perspective. Ce fut plus difficile avec Martin Hirsch, non pas qu'il n'en eût pas envie, mais il doutait de ma volonté de changer le revenu minimum d'insertion. Je fis valoir qu'il s'agissait du combat de sa vie, et qu'il serait incompréhensible qu'il refusât de le mettre en œuvre au seul motif que je n'étais pas de gauche. Je voulais le revenu minimum d'activité. J'étais décidé à lui laisser carte blanche. Je finis par le convaincre d'accepter un poste de haut-commissaire. La présidente de « Ni pute Ni soumise » Fadela Amara considéra mon offre comme un honneur pour elle comme pour sa famille. Je l'avais vue agir au moment de la crise des banlieues. J'avais apprécié sa simplicité, son courage, sa façon franche et même cash de s'exprimer. Elle ne fut ni courtisane, ni maniérée, ni faussement alambiquée. Elle dit oui tout simplement, et fit toujours bien ce qu'elle avait à faire. Au final, je n'essuyai qu'un seul véritable refus, celui de Jean-Yves Le Drian. Nous parlâmes au téléphone. Il me confia n'avoir aucun problème politique à travailler avec moi, mais que pour lui, c'était trop tôt, car il voulait demeurer à la tête de sa région Bretagne récemment acquise, et qu'il voulait conforter. Je regrettai sa décision car c'est un homme que j'avais toujours apprécié. Il aurait fait un bon ministre. Il l'a d'ailleurs démontré par la suite. S'agissant de la diversité, Rama Yade s'imposait, même si elle ne goûtait guère que je lui rappelle ses origines. Mon choix le plus structurant fut celui de Rachida Dati au ministère de la Justice. J'avais été bluffé par son énergie inépuisable, et son authenticité. Elle réussissait le pari d'être tout à la fois parfaitement élégante et distinguée sans faire disparaître sa culture des banlieues, dont elle est fière et qui lui colle à la peau. Elle était magistrate, femme engagée politiquement, et beur ! Or, à mes yeux, c'était loin d'être un détail, car je voulais adresser un message fort aux jeunes de la banlieue qui étaient issus de l'immigration : « Avec l'une des vôtres place Vendôme, vous ne pourrez plus dire ni penser qu'il y a une justice pour les uns et une pour les autres. » Comme, de plus, je voulais beaucoup durcir la politique pénale, la promotion de Rachida cochait toutes les cases. Alain Juppé accepta de bon gré le ministère de l'Écologie. Je n'ai jamais pensé à lui proposer les Finances, car je craignais trop ses réflexes d'inspecteur des Finances et son extrême rigidité. J'aurais alors passé mon temps à le désavouer, ce qui aurait beaucoup nui à l'efficacité du gouvernement. Je tentais, avec quelques inquiétudes, l'expérience Borloo à Bercy. Je pris rapidement conscience de mon erreur quand, lors de la campagne des législatives du mois de juin, il annonça, sans même m'en prévenir, « la possibilité d'une augmentation de la TVA ». Laurent Fabius, habilement, s'en servit. À l'arrivée, nous perdîmes pas moins de quarante députés. La fiscalité, spécialement en France, n'est pas un sujet qui s'accommode d'une créativité foisonnante ! Je tenais informé François Fillon de la teneur de mes discussions. Il était toujours d'accord, et ne formulait aucune demande particulière à l'exception peut-être de Roselyne Bachelot, qu'il tenait à avoir dans l'équipe gouvernementale. Je n'étais guère enthousiaste, l'ayant toujours trouvée trop cruelle, pour ne pas dire méchante avec tous, et sur tous les sujets. J'acceptai cependant, car cela n'avait rien de déterminant. François Fillon me disait souvent : « J'aimerais en faire davantage. Laisse-moi prendre des contacts. » J'étais bien sûr d'accord, même si j'ai toujours trouvé étrange que le problème se posât. Je pensais qu'il y avait tellement à faire, je me demandais : « Pourquoi ne fait-il pas ? ». Ce fut sans doute un malentendu entre nous. Je voulais qu'il fasse, il attendait que je le lui demande.

Je terminai la liste gouvernementale en intégrant nombre de jeunes espoirs : Laurent Wauquiez, Xavier Bertrand,

Valérie Pécresse et Nathalie Kosciusko-Morizet. Ils firent bien leur travail. Laurent comme Xavier étaient des travailleurs infatigables. J'aimais leur compagnie. Nous parlions beaucoup littérature avec le premier, dont la culture est réelle. J'échangeais sur le sport et sur la vie avec le second ; je les considérais comme des amis. Déjà, je voyais grandir leur inimitié, que je trouvais inutile car prématurée. Je proposai enfin le ministère de l'Immigration à mon ami de toujours Brice Hortefeux qui, fidèle à ses principes, et à sa droiture, ne m'avait rien demandé. Je proposai enfin à Patrick Devedjian de devenir secrétaire général de l'UMP. C'était, à mes yeux, une responsabilité importante, et passionnante. Il le prit comme une offense, et cultiva, en conséquence, une aigreur aussi incompréhensible que déplacée. Il aurait voulu être garde des Sceaux. Il n'en était pas question, à mes yeux, tant il était parfois aveuglé par sa formation d'avocat. Je ne voulais pas paralyser la mise en place de la nouvelle politique pénale par un jusqu'au-boutisme intellectuel et libertaire. Ce fut une erreur de ma part, car je dus le remplacer rapidement à l'UMP, où il ne faisait pas grand-chose. Je m'en fis un ennemi. Je refusai également un poste de ministre à Jean-François Copé, moins par ce que nous n'avons que peu d'atomes crochus que parce que son idéologie sans nuance ne correspondait pas à ce que je souhaitais pour ce nouveau gouvernement. J'avais observé sa capacité à braquer les gens même lorsqu'il disait des choses somme toute raisonnables. Quand, aux primaires de la droite, il réunit moins de 1 % sur sa personne, je n'en fus guère étonné. Il a une réelle propension à susciter l'antipathie. Il ne s'en rend pas toujours compte, ce qui peut contribuer à aggraver le problème. Je lui demandais, cependant, de prendre la présidence du groupe à l'Assemblée nationale. Ce fut, là aussi, une erreur. À la différence de Patrick Devedjian, il travaille beaucoup mais s'entoure d'une secte hermétique à toute influence extérieure. Il voulut construire un contre-pouvoir face à l'Élysée. Il se donna beaucoup de mal, et n'y parvint pas. L'équipe de mes proches collaborateurs à l'Élysée était, elle aussi, fin prête. Claude Guéant était secrétaire général. François Pérol dirigeait la stratégie économique en coordination avec Xavier Musca au Trésor et Stéphane Richard à Bercy. Raymond Soubie avait finalement (et heureusement) accepté le poste de conseiller social. Je voulais vraiment avoir cet homme d'expérience à mes côtés. Cela représentait un grand sacrifice financier pour lui, qui a dû abandonner, au moins provisoirement, la gestion de ses propres affaires. Aujourd'hui encore, je lui en suis très reconnaissant. Je pressai également Patrick Ouart d'accepter d'être mon conseiller justice. J'ai rarement vu un homme capable d'allier une intelligence si subtile et une amitié si profonde. Mon équipe diplomatique était elle aussi fin prête, groupée autour de Jean-David Lévitte, mon indispensable sherpa. Il disposait de deux jeunes talentueux diplomates, Fabien Raynaud et Pierre Régent, qui ne tardèrent pas à prendre une grande place.

C'est peu de dire que ces quinze jours de trêve passèrent à la vitesse de la lumière. J'étais moi-même plus qu'impatient de commencer. Je savais exactement ce que je voulais faire. Je n'en pouvais plus d'attendre. Enfin, le jour fatidique de la passation des pouvoirs arriva. C'était le 16 mai 2007. Il faisait un temps radieux. Les Parisiens étaient nombreux à se promener. Quarante années d'ascension politique arrivaient à leur terme. Une nouvelle période s'ouvrait. Rien ne serait jamais plus comme avant, pour le meilleur comme pour le pire. Je pressentais ces changements mais j'ignorais à quel point ils toucheraient si profondément ma vie professionnelle comme personnelle. Je m'étais préparé. J'avais réfléchi. J'avais observé. Je croyais être prêt. J'appris par la suite qu'on ne l'était jamais tout à fait, tant la vie, les aléas, les événements imposent un rythme, un cadre, un tempo pour lesquels il faudra savoir s'adapter, changer, accepter. Ce jour-là, j'étais tranquille, et surtout concentré comme sans doute je ne l'avais jamais été ma vie durant. Je fixais rendez-vous à ma famille à l'Élysée pour la cérémonie de prestation de serment. Je partis de la rue Saint-Dominique aux alentours de 10 h 30, précédé et suivi par plusieurs dizaines de motards de la garde républicaine. C'était mes derniers instants de relative liberté ! Le spectacle vu de l'intérieur était magnifique. La République française s'y connaît en matière de protocole, de symboles, de grandeur, de tradition. Claude Guéant était à mes côtés dans la voiture, comme il est de coutume pour le futur secrétaire général. Une autre voiture suivait avec ma fidèle Sylvie et mon équipe du secrétariat, toujours discrète, modeste et disponible. J'étais heureux qu'elles puissent vivre ces moments de l'intérieur. J'avais baissé la fenêtre. L'air était doux. J'entendais les applaudissements sur mon passage. Nous traversâmes la Seine au pont Alexandre III entièrement libéré de la circulation. Je tournai la tête pour parler à Claude Guéant. Je vis alors qu'il avait sorti son mouchoir et qu'il essuyait ses yeux embués. Je lui dis : « Qu'est-ce qui se passe, vous qui êtes tellement pudique, ce n'est pas le moment de craquer ? ». Il me répondit d'une voix étranglée : « C'est quelque chose tout de même, toute cette aventure humaine où vous nous avez conduits jusqu'ici ! » Nous nous étions tout dit. Je demeurai silencieux. J'essayais de m'imprégner de tout ce que j'étais en train de vivre. Nous franchîmes les Champs-Élysées. Nous n'allions pas vite. Puis vint l'avenue Marigny. À cet instant, je me remémorai mes joggings provocateurs de 1999 autour de l'Élysée, alors que j'espérais tant revenir. Le « retour » était alors plus qu'improbable. Puis vint la place Beauvau, où j'avais tant aimé être ministre de l'Intérieur. C'était comme un flash-back de ma vie professionnelle. Et, enfin, la rue du Faubourg-Saint-Honoré. Les trottoirs étaient bondés. L'ambiance festive. Une nouvelle ère s'ouvrait. La voiture tourna sous le porche de l'Élysée. La cour était remplie de journalistes et de caméras sur la gauche. La Garde républicaine était sur la droite. Le traditionnel tapis rouge était déroulé jusqu'au milieu de la cour d'honneur. Je sortis de la voiture. Je saluai le drapeau. *La Marseillaise* retentit. Je passai les troupes en revue puis je me tournai vers le perron. La haute stature de Jacques Chirac m'attendait. J'ai compris que ce qui était un commencement pour moi était une fin pour lui. Un frisson me parcourut. C'était à la fois une fête et un enterrement. Je montai les marches. Nous nous serrâmes la main chaleureusement. Nous nous tournâmes vers les photographes pour immortaliser ce moment. Je devenais le 6ᵉ président de la Cinquième République. J'avais 52 ans, et cinq années d'action devant moi.

Composition et mise en pages
Nord Compo à Villeneuve-d'Ascq

Achevé d'imprimer en France en juin 2019
par Normandie Roto Impression s.a.s.
61250 Lonrai
N° d'impression : 1901457

PEFC 10-31-2541 / **Certifié PEFC** / Ce produit est issu de forêts gérées durablement et de sources contrôlées. / pefc-france.org